화폐전쟁, 진실과 미래

The currency Wars

: Truth&Future By Economy 30 Minutes program team

화폐전쟁, 진실과 미래

CCTV 경제 30분팀 지음

류방승 옮김 | 박한진 감수

RHK
알에이치코리아

앞서 나온 시리즈 두 편에 쏠린

관심 때문일까. 듣기에도 생소했던 '화폐전쟁'이란 말이 이제 자연스레 입에 붙는다. 그런 만큼 비판도 적지 않았다. "어디까지가 사실(fact)이고 어디부터가 허구(fiction)인가?", "세계 금융사를 치킨 게임 일변도로 보았다", "신중화주의의 짙은 그림자를 보는 듯하다" 등등. 중국에선 《화폐전쟁 비판(貨幣戰爭批判)》이란 제목을 단 책이 나오기도 했다.

대부분 예상했던 일이다. 글로벌 금융 위기 와중에 음모론적 관점이 등장하고 그 반대 논리들이 이어진 것은 당연한 귀결이기도 하다. 주변에선 내게 의외라는 반응이다. 주류적 의견을 낼 듯한 사람이 음모론 서적에 참여한 점이 의아할 정도란다.

나는 음모론자가 아니다. 그렇다고 주류와 정론에만 몰입하지도 않는다. 중요한 것은 복잡성과 불확실성의 시대 트렌드를 놓치지 않는 것이라 생각한다. 그러기 위해선 갑의 얘기도 듣고 을의 말에도 귀를 기울여야 한다. 주류 의견과 비주류의 관점을 함께 들어보자는 것이다. 내가 《화폐전쟁》 시리즈를 감수하는 이유이기도 하다.

이번에 출간된 《화폐전쟁》은 전작들과 이런 점에서 구분된다. 《화폐전쟁》 1, 2가 작가의 상상력을 가미한 각색 실화(faction)라면 이 책은 사실에 충실한 역사 실화이다. 전작들이 화폐전쟁을 국제 금융 재벌의 계산된 작전으로 규정한 반면, 이 책은 글로벌 슈퍼 파워들의 국력(national power) 싸움이 화폐에 투영된 것을 화폐전쟁이라고 본다. 작가 개인의 분석과 판단을 담아낸 것이 전작들이라면 이 책은 중국 관영 CCTV의 경제 프로그램을 기초로 만든 공인된 결과물이다. 《화폐전쟁》 1, 2에서 비주류의 관점을 본 독자들은 이번엔 중국 내 주류의 판단을 보게 될 것이다.

이 책이 주는 무게감은 또 있다. CCTV는 지난 2006년 12부짜리 대작 '대국굴기(大國崛起: 대국으로 우뚝 일어섬)'를 발표해 중국과 한국은 물론 전 세계적으로도 큰 반향을 일으켰다. '대국굴기'가 슈퍼 파워의 흥망성쇠를 다룬 역사 다큐멘터리라면 이 책은 파운드에서 미국 달러, 엔, 유로에 이르기까지 '슈퍼 화폐'의 탄생과 성공, 실패 과정을 뿌리까지 파헤친 금융 다큐멘터리다. 그런 점에서 '화폐굴기(貨幣崛起)'란 이름을 붙일 만하다.

참여자들의 면면도 예사롭지 않다. 추천의 글을 쓴 리양(李揚) 중국사회과학원 부원장은 중국 정부의 금융 정책 결정에 상당한 영향력을 행사하는 인물이다. 영향력 차원에서 리양 부원장에 결코 뒤지지 않는 사람이 루이청강(芮成鋼)이다. CCTV 경제 채널의 간판 앵커인 그는 책 곳곳에 깊이 있는 분석을 곁들였다. 중국에서 글로벌 VIP를 가장 많이 인터뷰한 경력을 가진 그는 지난 2007년 중국의 상징인 자금성에 스타벅스 매장이 있는 것에 문제를 제기해 결국 철수시킨 바 있다. 2010년 11월 G20 서울정상회의 기자회견에서 돌발 질문을 던져 오바마 미국 대통령을 난감하게 했던 중국 기자도 바로 루이청강이다. 중국의 유명 경제학자는 물론 로버트 먼델(Robert Mundell), 니얼 퍼거슨(Niall Ferguson) 등 세계적 석학들의 진단과 전망도 놓칠 수 없는 부분이다.

이 책을 고른 독자들에게 재미있고 유익하게 읽는 방법 세 가지를 제안드린다.

첫째, 새로운 글로벌 기축 통화 또는 복수 기축 통화의 등장 시기는 매우 천천히 올 것이라는 가랑비론(論)을 생각했으면 한다. 미국은 올해 재정 적자가 1조 5000억 달러에 달할 전망이다. 적자를 메우려면 하루 40억 달러 이상을 외국에서 빌려야 하는 셈이다. 그럼에도 미국이 건재한 것은 달러 단일 기축 통화 체제 때문이다. 미국은 세계 각국에 공급하는 달러를 무한정 찍어낼 수 있는 화폐 주조권을 갖고 있다. 설정 무한대의 마이너스 통장으로도 불리는 시뇨리지(Seigniorage) 효과를 미국은 어떻게 해서든 오래도록 지키려 할 것이다. 단기간 내에 다른 화폐가 급부상할 가능성도 커 보이지 않는다. 위안의 경우 국제화를 향한 조치가 일부 나오고 있지만, 국제화는 돈이 많다고 경제 규모가 커졌다고 자동적으로 이루어지는 것이 아니다. 해외의 많은 기업과 국가, 개인이 위안을 자유롭게 쓸 수 있도록 해야 하는데 아직은 요원한 얘기다. 위안의 국제통화기금(IMF) 특별 인출권(SDR) 바스켓 편입을 골자로 한 국제통화제도(IMS) 개혁 논의도 여전히 더딘 걸음이다. 결국 위안의 글로벌 무대

등장은 '가랑비에 옷 젖듯' 천천히 진행될 것이다. 루이청강도 이 책에서 굴원(屈原)의 '이소(離騷)' 구절을 인용해 위안의 '만만디 국제화'를 얘기한다. "추구하는 진리의 길은 멀고 험하지만 나는 오르락내리락하면서도 있는 힘을 다해 찾아 나선다." 하지만 한국으로선 톨스토이의 명언을 새겨보아야 한다. "한 마리 제비가 봄을 가져오지는 않지만 봄에 대한 준비를 하지 않으면 봄은 영영 오지 않는다." 당장은 큰 변화를 느낄 수 없는 가랑비에도 미리 대비하자는 것이다.

둘째, 휴리스틱과 차이나 드렁크를 경계해야 한다. 휴리스틱(heuristic)은 불확실하고 복잡한 상황에서 경험이나 주먹구구식 판단에 의존하는 즉흥적인 추론이다. 중국의 부상과 스마트 혁명, 소셜 네트워크 등을 정확히 예측한 미래학자 앨빈 토플러(Alvin Toffler)는 《부의 미래(Revolutionary Wealth)》에서 시간과 공간·지식이 미래의 부를 결정한다고 했다. 국력이 화폐에 투영된 것이 바로 화폐전쟁이라는 점을 수용한다면 미래 화폐전쟁의 방식과 결정 요인은 완전히 달라질 것이다. 과거의 화폐전쟁 모델을 미래에 그대로 적용할 수 없다는 얘기다. 끊임없이 관찰하고 분석하는 노력이 필요하다. 중국의 현실에 쉽게 취해버리거나 한눈에 거대 중국을 파악하려는 경향을 뜻하는 '차이나 드렁크(China drunk)'도 피해야 한다. 중국을 G2라고만 정의하거나 공산당의 통일된 목소리만 존재한다고 믿는 것이 그 대표적 사례다. 경제 총량으론 세계 2위지만 1인당 국민소득은 100위권 밖인 이중적인 나라가 중국이다. 중국의 부실 금융기관들이 연쇄 도산할 것이란 얘기를 한 것이 엊그제 같은데 어느 샌가 세계 10대 은행 리스트에 중국계 은행이 여럿 포진해 있다. 중국이 세계를 원하는 것보다 세계가 중국을 더 원하는 시대가 됐고, '위안화(人民幣)'는 중국 인민의 돈이지만 우리가 풀어야 할 숙제가 됐다. 중국에《화폐전쟁》1, 2의 음모론적 시각만 존재한다는 것도 착각이다. 인터넷만 켜봐도 무수히 많은 서로 다른 목소리를 확인할 수 있다. 달라진 그들이 무슨 생각을 하고 있는지 세심한 관찰이 필요하다.

셋째, 통합적인 사고력을 길러주는 연계 독서를 권한다. 동일 대상, 유사 주제에 대한 상반된 견해를 편식 없이 받아들이자는 것이다. 동일한 사물도 보는 각도에 따라 달라진다.《메가트렌드(Megatrends)》의 저자 존 나이스빗(John Naisbitt)은 "서양인들은 얕보고 있지만 아시아 특히 중국 르네상스가 오고 있다"고 말한다. 반면 조셉 나이(Josep Nye) 하버드 대학 교수는 "중국은 아직 멀었다. 그렇게 커지지 않는다"는 입장이다. "세계는 평평하다(The World is Flat)"는 생각이나 "세계는 평평하지 않다(The World is Curved)"는 주장 모두를 들었으면 한다. 고든 창(Gordon chang)의《중국의 몰락(The Coming Collapse of China)》도 보고 마틴 자크(Martin Jacgues)의《중국이 세계를 지배하면(When China Rules the World)》도 보자. 미국 중심의 세계화에 낙관론을 펼친《렉서스와 올리브나무(The Lexus and the Olive Tree)》를 보면서 미국의 쇠퇴를 다룬 니얼 퍼거슨의《콜로서스(Colossus)》도 보아야 한다. 어느 한쪽의 옳고 그름을 따지기보다는 다양한 가능성을 열어두자는 것이다. 이 책과 함께 읽어볼

만한 저서를 몇 권 추천한다. 최근 미국 여행길에 구입한 조셉 나이의 《The Future of Power》(2011)와 조지 프리드먼(George Friedman)의 《The Next Decade》(2010) 그리고 중국에서 역서로 나온 로랑 코엔타누기(Laurent Cohen-Tanugi)의 《불확실성의 세계(世界是不確定的)》(2009)는 화폐전쟁의 미래를 읽는 혜안을 더욱 키워줄 것이다.

이 책은 중국 위안의 국제화 전략을 제대로 해부한 걸작으로 손색이 없다. 동시에 미래 화폐전쟁의 양상을 조망하고 그 속에서 한국의 좌표는 어디인지를 고민하게 한다. 감수를 마치며 고대 그리스의 역사가 투키디데스(Thukydides)의 명언이 떠오른다. "강자는 자기가 원하는 대로 하며 약자는 자기가 반드시 해야 하는 일로 인해 고통받는다. 강자와 약자는 힘(power)이 결정한다. 정의와 공정이란 것이 있지만 그저 강자의 이익을 달리 표현한 것에 불과하다." 강자가 되기 위한 슈퍼 파워들의 경쟁이 가열될 것이다. 한국은 능동적인 대응책을 마련하는 한편, 어떻게 하면 "냉정한 방관으로 어부지리를 얻을 수 있는지(冷眼傍觀 坐收漁父之利)"도 곰곰이 따져볼 일이다.

박한진
(KOTRA 베이징 KBC 부장)

중국공영방송 CCTV의 〈경제 30분〉은
1989년에 방송을 시작해 어느덧 20여 년의 역사를 자랑하고 있다.
그동안 〈경제 30분〉은 최장수 경제 프로그램으로서 시종일관 중국
경제 최일선의 관찰자이자 기록자, 평론가 역할을 해왔다.

이 프로그램은 1990년대부터 '3·15 완후이(晚會: 세계 소비자 권리
의 날인 매년 3월 15일 개최하는 소비자의 권익 신장 캠페인 – 옮긴이)'를 주관
하고, 중국에서 최고 권위를 가진 소비자 보호 기관 '중국질량만리
행(中國質量萬里行) 촉진회'를 조직했으며, 국영 기업 개혁을 위한 전
국민 토론을 개최하고, 'CCTV 올해의 경제 인물'을 선정하기도 했
다. 또 21세기 들어서는 국내외 경제·사회 부문에 더욱 전면적이고
도 심도 깊은 영향력을 발휘하며 일반 국민 곁으로 한 걸음 바짝 다
가서고 있다.

최근에는 주식 시장·부동산 시장·물가·사회 보장 등 중대한 경
제 문제에 대해 깊이 있는 분석을 제공하고, 세계적인 경제 위기를
발 빠르게 밀착 보도하고, 국가의 중대한 경제 및 사회 정책을 깊이
있게 분석하고, 일반 국민의 생활에 따뜻한 관심을 보여줌으로써 국

내외에 신선한 매체라는 이미지를 각인시켰다. 실로 '중국 최고의 경제 프로그램'이라는 칭호가 조금도 부끄럽지 않다.

2009년 말, TV 부문에서 이미 확고한 위치를 다진 이 프로그램은 다시금 새로운 시도를 시작했다. '중국 문화 산업의 선구자'로 일컬어지는 쓰촨(四川)의 신화원쉔(新華文軒) 체인 스토어와 합작해 '중국 경제 홍람서(紅藍書) 시리즈'를 기획한 것이다. TV 매체 분야에서 축적한 풍부한 노하우와 경험을 바탕으로 두 미디어가 손을 잡고 '도서출판'이라는 전통적으로 평면적인 매체에서 새로운 바람을 일으킬 것으로 확신한다.

'중국 경제 홍람서 시리즈'는 100년에 한 번 올까 말까 한 전 세계적인 경제 위기에 맞춰 추진되었다는 점에서 특별한 의미를 갖고 있다. 이번 위기는 너무나도 갑작스레 닥쳐 세계 곳곳에 심각한 영향을 미치고 있으며 회복 기미도 쉽사리 보이지 않아 깊이 있고 체계적이고 다각적인 분석이 그 어느 때보다 시급하다. 바로 이런 시기에 '홍람서 시리즈'가 독특한 자기만의 관점으로 이번 위기를 이해하고 여기에서 벗어날 수 있는 길을 제시해주리라 믿는다.

현재 금융 위기는 심각한 상태를 벗어나 새로운 발전 단계에 진입했다. 지금의 형세에 대해서는 대체로 세 가지 다른 관점이 제시되고 있다. 첫 번째 관점은 경제가 회복되었을 뿐 아니라 이미 지속적인 성장의 길로 다시 진입했다는 주장이다. 두 번째 관점은 경제가 회복되지는 않았지만 위기는 이미 지나갔다는 견해이다. 마지막으로 세 번째 관점은 아직까지도 위기가 계속되고 있으며 경제가 하락을 멈추고 안정세로 돌아선 것은 단계적인 조정을 의미할 뿐이라고 주장한다. 우리는 대다수 경제학자들이 바로 이 세 번째 관점에 찬성한다는 사실을 주목해야 한다. 2009년 12월 막을 내린 중국 중앙경제공작회에서 후진타오(胡錦濤) 주석도 이와 유사한 발언을 했다.

많은 경제학자들이 위기가 아직 끝나지 않았다고 조심스럽게 판단하는 이유는 다음과 같다. 먼저 100년에 한 번 찾아올까 말까 한 글로벌 금융 위기의 주요인들이 아직 제거되지 않았고, 또 위기를 겪는 동안 각국이 취한 여러 가지 비정상적인 구제 조치의 부작용이 점차 현실로 나타나고 있기 때문이다.

위기를 초래한 근본 요인은 크게 실물 경제와 금융 두 측면에서 찾을 수 있다. 먼저 실물 경제를 살펴보면, 글로벌 경제의 불균형, 즉 서로 보완해야 할 각국의 경제적 불균형 및 남반구와 북반구의 불균형적인 발전이 전혀 해소되지 않고 오히려 악화되는 추세에 있다. 한편 금융 측면에서는 비합리적인 세계 화폐 시스템, 실물 경제와 동떨어진 금융 발전, 후진적인 금융 관리 감독 시스템, 약발 떨어진 화폐 정책, 왜곡된 금융업 정비 메커니즘 등이 주요인으로 지적되고 있다.

이번 위기에서 벗어나기 위해 각국 정부는 여러 가지 강력한 비상조치를 강구했다. 하지만 이러한 조치로 경제가 추락하는 것을 재빨리 잡을 수는 있었지만 반대로 회복 과정이 더뎌지는 부작용도 나타나고 있다. 뿐만 아니라 경제 구조가 한층 더 왜곡되고 통화 유동성이 지나치리만큼 확대되고 있다. 이에 따라 국가 재정은 심각하게 악화되고 시장 질서가 완전히 붕괴되고 있는 실정이다.

우환이 아직 사라지지도 않았는데 새로운 골칫거리들이 눈앞에 닥치자 사람들은 한층 깊은 시름에 빠지고 말았다.

이처럼 수많은 새로운 과제와 도전에 직면해 우리는 더욱더 연구를 게을리 하지 말아야 한다. 각 분야 전문가들의 전방위적이고 다각적이고 장기적인 연구가 반드시 필요하다.

리양
(중국사회과학원 부원장 겸
중국사회과학원 금융연구소 소장)

2009년 4월에 끝난

G20 정상회의 폐막식 기자회견장에서 나는 주최국인 영국의 고든 브라운(Gordon Brown) 총리에게 이런 질문을 던졌다.

"회의를 시작하기 전에 중국인민은행 저우샤오촨(周小川) 총재가 달러를 대체할 새로운 초주권(超主權) 화폐를 제안했는데, 본회의에서 이 안건을 다루었습니까?"

이에 브라운 총리는 구체적이고 세밀한 제안이 없었기 때문에 본회의에서는 이 문제를 전혀 거론하지 않았다고 대답했다.

그렇지만 전 세계적으로 경제 한파가 몰아치면서 각국은 만물이 소생하는 봄날을 기대하듯 금융 및 화폐와 관련해 토론과 반성 그리고 연구를 활발히 진행했다. 여기에 저우샤오촨 총재가 제안한 '초주권 화폐'가 큰 이슈를 일으키며 전 세계적으로 강력한 반향을 이끌어냈다. 인류의 수천 년 화폐사에서 사용 범위가 가장 넓고 가장 오래된 화폐는 당연히 황금이다. 황금이야말로 가장 전형적인 '초주권 화폐'라고 할 수 있다. 그러나 근대 들어 대영제국이 전성기를 맞으면서 변화가 일어났다. 잉글랜드 은행(Bank of England)을 통해 독점 발행하고 영국의 국가 권력을 대표하는 파운드가 황금을 대신해 전 세계적으로 통용되기 시작한 것이다. 이로써 인류 역사상 최초로 주권(主權)의 성격을 가진 국제 기축 통화가 탄생했다. 이후 달러를 비롯해 마르크, 엔, 유로 등이 더 많은 경제 발언권을 얻기 위해 끊임없이 화폐전쟁을 일으키고 있다.

이러한 화폐들은 어떻게 전 세계적으로 통용되었을까? 그 성공 요인은 무엇이며, 또 어떤 이유로 인해 실패를 겪었을까? 특히 세계 적으로 이목이 집중되고 있는 '위안'의 현재와 미래의 운명은 어떻 게 될 것인가? 또한 미래의 세계 화폐는 어떤 방향으로 나아가게 될 것인가? 바로 이것들에 대해 알아보는 것이 우리가 제작한 〈화폐전 쟁〉이라는 특별 프로그램의 최초 기획 의도였다. 이 프로그램에서 는 파운드·달러·엔·유로·위안 등 세계 주요 화폐의 발전사를 간 략하게 소개하고, 지금까지 걸어온 중국의 경제사와 여전히 진행 중 인 화폐전쟁을 돌아보았다. 그리고 쓰촨의 신화원쉔을 통해 출간한 이 책에서는 TV 프로그램의 내용을 기초로 화폐전쟁의 본질을 더 욱더 깊이 분석하고 있다.

파운드, 달러, 엔, 유로의 국제화 과정을 살펴보면서 우리는 다음 과 같은 결론을 얻었다. 화폐전쟁은 실상 각국의 국력이 화폐에 반 영된 싸움이라는 것이다. 파운드나 달러가 기축 통화가 될 수 있었 던 이유는 바로 이들 국가의 경제, 정치, 군사, 외교, 문화 방면의 힘 이 강력했기 때문이다. 이러한 힘이 얇은 지폐에 응축되어 황금과 어깨를 나란히 할 수 있었던 것이다.

화폐의 발전사에는 실질적으로 한 국가의 정치경제적 파워가 그대로 투영되어 있다. 영국과 미국은 전성기를 누릴 때 전 세계의 경제와 무역을 강력히 통제하고 정치군사적으로도 세계를 완전히 장악했다. 그리고 전 세계적인 패권을 쥔 이런 강력한 무기를 발판으로 자국 화폐를 통해 세계에서 흔들림 없는 발언권을 향유했다.

이처럼 한 국가의 화폐가 흥성하기 위해서는 먼저 경제 발전을 통한 건실한 물질적 기반이 필요하다. 다음으로 필요한 것이 자신감이다. 강력한 국가 기관과 확고하고 분명한 국가적 의지가 있어야만 한 국가의 화폐를 가진 다른 나라에 믿음을 줄 수 있다. 여기에 안정적인 신용 환경과 완벽한 금융 시스템을 갖춰야 한다. 이것이 바로 기축 통화의 기반을 이루는 기본 환경이다.

그러나 이러한 조건이 갖추어졌다고 해서 반드시 세계적인 기축 통화가 되는 것은 아니다. 앞에서 언급한 능력과 의지, 시스템 외에도 정책 결정자의 엄격하고 치밀한 계획 그리고 이를 지속적으로 밀고 나가는 추진력 또한 반드시 필요하다.

그렇다면 위안의 운명은 과연 어떻게 될 것인가? 위안은 세계 화폐의 막중한 임무를 맡을 수 있을까?

30년 전까지만 해도 국제 화폐 시스템에서 미미한 존재나 다름없던 위안은 오늘날 많은 나라에서 통용되고 있으며, 심지어 중앙은행에 위안을 비축하는 국가도 생겨났다. 이처럼 위안이 걸어온 예사롭지 않은 국제화의 길은 지난 30년 동안 이룩한 중국 경제의 발전 속도를 직접적으로 반영하고 있다.

30년간의 개혁개방을 통해 이룩한 경제 성장에 모든 중국인이 도취해 있을 때, 나는 오히려 우리의 이웃 일본으로 눈을 돌렸다. 그 이유는 일본 경제의 발전 궤도와 엔의 순탄치 못한 운명이 중국 경제 및 위안에 귀감이 되고, 심지어 경종을 울리기 때문이다.

30년 전의 일본 경제와 오늘날의 중국 경제는 여러모로 비슷한 점이 많다. 일본에서 제조한 상품이 끊임없이 해외로 팔려나가 일본의 GDP(국내총생산)는 연평균 9퍼센트 이상 성장했고, 일본의 금융 기관은 글로벌 10대 기업 안에 잇달아 진입했다. 그러나 30년이 지난 지금 득의양양하던 일본은 깊은 경기 침체의 늪에 빠져 헤어 나오지 못하고 있다. 기나긴 쇠퇴기를 겪는 동안 일본의 GDP는 현재 미국의 40퍼센트에 불과하고, 2007년 닛케이 지수가 최고치에 달했을 때도 1989년의 46퍼센트에 불과했다.

롤러코스트를 탄 일본 경제와 엔의 운명은 물론 거시적 화폐 정책의 거듭된 실수 그리고 미국의 압력과 밀접한 관련이 있지만 무엇보다 일본 자신의 의지와 목표가 반영된 결과라고 볼 수 있다. 미일 두 나라 사이에 수차례 무역 마찰이 빚어졌을 때 일본은 결정적인 순간 타협과 양보를 선택했다. 이는 문제를 만들지 않고 분쟁을 없애기 위한 선택이었지만 결국 훗날 장기간의 경제 불황을 낳는 불씨가 되고 말았다. 아시아를 휩쓴 금융 위기 중에도 일본은 엔을 보호하기 위해 평가 절하를 단행해 동남아 국가의 신임을 잃었다.

엔의 이러한 굴곡과 스토리는 국제 화폐를 둘러싸고 국가 간에 전 방위적 힘겨루기가 이루어지고 있음을 다시 한 번 입증한다. 우리는 지난 역사 속에서 나타나는 성공과 실패에 관한 이야기에 깊은 관심을 가져야 한다. 일테면 한 국가의 화폐가 국제화를 실현하기 위해서는 다른 나라의 압력에 과감하게 맞설 수 있는지, 난관을 극복할 수 있는지, 그에 따른 엄청난 책임을 감당할 수 있는지 여부 등이 중요하다는 것이다.

이러한 사례는 중국에 중요한 교훈을 던진다. 자신감과 능력을 가지고 위와 같은 문제에 해답을 제시할 때, 중국은 국제 금융 시장에서 더 많은 발언권을 획득할 수 있다.

전 세계 금융 판도에서 위안의 국제화는 이제 명확하고 분명해지기 시작했다. 이런 특수한 시점에 중국은 위안의 미래에 더 큰 자신감을 가질 필요가 있다. 중국 경제가 여전히 건실하게 성장하고, 결정적인 시기마다 책임 있는 대국으로서의 역할을 수행한다면 이런 자신감을 전 세계에 떨칠 수 있다.

최근 초주권 국제 화폐를 채택하자는 논의가 전 세계적으로 활발하게 진행되고 있다. 이는 미국의 경제적 지위가 하락하고 있기 때문이기도 하지만 경제의 글로벌화를 추진하는 강력한 힘이 그것을 뒷받침하고 있기 때문이기도 하다. 특히 이번 금융 위기를 통해 달러가 지배하는 국제 화폐 시스템에 수많은 단점이 있다는 사실을 인식함에 따라 개혁은 피할 수 없는 현실이 되었다.

그렇다면 미래 세계 화폐의 구도는 어떤 모습을 갖게 될까? 또 초주권 화폐는 정말 실현될 수 있을까? 나는 유로의 탄생과 발전이 사람들에게 큰 희망을 주었다고 믿는다. 유로의 역사는 고작 10년에 불과해 수백 년 동안 사용된 파운드나 달러에 비교해 아직까지는 유치한 수준에 머물러 있다. 그러나 많은 사람들은 유럽 대륙에서 창조한 이 화폐가 바로 미래 세계 화폐의 선구자가 될 것이라고 믿는다.

유로의 탄생은 분명 시대적 소명, 지리적 관계 그리고 화합이라는 특수한 역사적 환경과 뗄 수 없는 관계에 있다. 강대국이 세계 경제의 판도를 좌지우지하던 세상에서 여러 나라가 각축을 벌이는 시대로 바뀌고, 국제 무역이 전 세계 시장을 하나로 연결하고, 국제 자본이 마우스 클릭 한 번으로 국경을 넘나드는 지금 세계는 더욱 믿을 만하고 안전하고 공정한 화폐를 원하고 있다. 경제 글로벌화라는 궁극적 목표는 필연적으로 유로와 유사한 화폐를 창조해낼 것이다. 그리고 이 화폐는 국가와 대륙, 경제 공동체 및 빈국과 부국의 경계를 초월할 것이다. 바로 이런 이유 때문에 세계 화폐의 탄생은 유로보다 한층 복잡하고 긴 과정을 필요로 하며 인류의 커다란 도전 과제이기도 하다. 지금으로서는 누구도 이런 화폐가 언제 탄생할지, 또 어떤 이름으로 불릴지 전혀 예측할 수 없지만 세계 경제가 글로벌화를 향해 매진한다면 언젠가는 반드시 새로운 세계 화폐가 달러를 대신하는 시대가 올 것이다.

시대가 영웅을 만든다는 말도 있듯이 시대는 또 새로운 세계 화폐를 만들어낼 것이다.

루이청강
(CCTV 경제 전문 기자, 경제채널 대표 앵커)

파운드

1602년
세계 최초의 주식회사인 네덜란드 동인도회사 설립.

1688년
명예혁명이 발발해 입헌군주제 통치 시작.

1694년
7월 27일. 최초의 현대적 은행인 잉글랜드 은행 설립.

1816년
영국, 금본위제 법안이 통과됨으로써 법률의 형식으로 금지본위제(金地本位制)를 승인함.

1821년
영국, 공식적으로 금본위제 시행. 파운드가 영국의 기준 화폐 단위가 됨. 파운드당 7.32238그램의 순금 함유.

1844년
영국, '잉글랜드 은행 조례' 반포. 잉글랜드 은행이 파운드를 발행할 수 있는 유일한 은행이 됨. '잉글랜드 은행 조례'는 세계 최초의 중앙은행법으로 일컬어짐.

유로

1951년
4월 18일. 프랑스·독일연방·이탈리아·벨기에·네덜란드·룩셈부르크 6개국이 '쉬망 플랜'에 근거해 파리에서 '유럽석탄철강공동체조약(ECSC)'에 서명함. 이 조약에서 각국은 석탄과 철강의 단일 공동 시장을 설립하고 관세 제한 및 생산, 유통, 분배 과정에서 빚어지는 간섭을 철폐하기로 약속함.

1957년
3월 25일. ECSC의 6개 회원국 정부 대표가 '로마 조약'에 서명함. 이로써 유럽 단일 화폐 수립의 물꼬를 틈.

1989년
유럽경제공동체 집행위원장 자크 들로르가 '들로르 보고서' 발표. EMU 결성에 크게 공헌함.

1991년
12월. 유럽경제공동체 12개국 수뇌가 '마스트리히트 조약'에 서명하고 유럽연합(EU) 결성.

1998년
7월 1일. 유럽 중앙은행 정식 출범.

1717년

9월. 아이작 뉴턴이 금의 가격을 온스당(순도 90퍼센트) 3파운드 17실링 10펜스로 정하자고 건의함. 이것이 금본위제 형성에 기초를 제공함.

1720년

역사적으로 유명한 '남해 회사 버블' 사건이 발생해 영국이 금융 제도의 관리 감독을 강화하는 계기가 됨.

1776년

애덤 스미스의 《국부론》이 출간되어 자유방임 경제 정책에 이론적 기초를 제공함.

1931년

영국, 파운드 블록 조직.

1990년

10월. 영국, 유럽통화제도(EMS) 가입.

1992년

영국, EMS 탈퇴 선언. 이후 유럽통화연맹(EMU)과는 거리를 두고 있음.

1965년

4월 8일. 위 6개국이 '브뤼셀 조약'에 서명하고 유럽공동체를 결성하기로 결정함.

1967년

유럽경제공동체(EEC) 출범.

1970년

10월 7일. 피에르 베르너가 '베르너 보고서'를 작성해 1980년까지 공동체 각국의 화폐를 통일하고 EMU를 실현하기로 계획함. 유로 성립의 기념비적 이정표가 됨.

1999년

1월 1일. 유로 탄생.

달러

1913년
세계에서 가장 강력한 중앙은행인 미국 연방준비은행(Fed) 탄생. 달러가 파운드를 대신해 세계에서 가장 중요한 화폐가 되었음을 의미함.

1914년
6월. 오스트리아 – 헝가리 제국의 황태자 부부가 사라예보에서 암살됨. 이 사건으로 인해 제1차 세계대전이 발발함.

1944년
브레턴우즈 체제 출범.

엔

1946년
8월. 일본 정부가 '경제안정본부'를 설치하고 경제 회복에 총력을 기울임.

1949년
2월. '도지 라인'이라는 긴축 정책을 시행해 일본의 재정 수입이 1949년 처음으로 적자에서 흑자로 전환함.

1949년
4월 25일. 엔의 환율을 1달러당 360엔으로 고정함. 이때의 환율이 22년간 유지됨.

위안

1948년
12월 1일. 인민 정부의 중앙은행인 중국인민은행이 중화인민공화국(1949. 10. 1)보다 앞서 설립됨.

1949년
1월 19일. 신중국의 위안이 톈진 항구에서 공식 환율로 서방 국가의 화폐와 최초로 교환됨. 당시 환율은 1달러당 80위안.

1978년
중국공산당 제11기 삼중전회(三中全會)에서 개혁개방 노선 채택.

2005년
7월 21일. 중국인민은행 저우샤오촨 총재가 고정환율제에서 관리변동환율제로 개혁하겠다는 방안을 발표. '제2차 환율 제도 개혁'으로 불림.

2007년
아세안 10개국 및 일본 · 중국 · 한국의 재무장관이 역내 환율 안정을 위해 통화 바스켓을 만들기로 합의. 이로써 위안이 아시아에서 가장 중요한 화폐 중 하나로 지위를 공고히 갖춤.

2008년
12월. 국무원이 광둥성 · 창장삼각주와 홍콩 · 마카오 지구의 무역 결제, 광시 자치구 및 윈난성과 아세안 국가와의 무역 결제에 위안의 시범 사용을 정식 승인함.

1947년
미국, 마셜 플랜을 발표해 전쟁으로 폐허가 된 유럽 각국에 대출을 제공하고 경제 원조를 실시함으로써 전 세계의 경제를 장악함.

1971년
8월 15일. 닉슨 대통령이 달러의 금태환제를 폐지함으로써 브레턴우즈 체제가 무너짐.

1974년
키신저 국무장관이 사우디아라비아를 방문해 달러로만 석유를 사고팔 수 있도록 확정함. 이로써 달러의 지위가 급격히 상승함.

2007년
서브프라임 모기지 사태가 발생해 미국이 경제 위기의 늪에 빠짐.

1978년
12월. 대장성이 엔의 국제화 방침을 발표하고 엔과 마르크를 대폭 평가 절상함으로써 지나치게 높이 평가된 달러 가치를 끌어내리겠다고 공언함.

1987년
2월. 서방 7개국 재무장관이 '루브르 합의'에 서명하자 미국의 압력에 굴복해 초저금리를 실시함.

1987년
6월 9일. 국내 기관 투자자들이 불리한 입장에 처하자 최초로 주가지수선물을 도입해 50종의 주가선물계약을 체결함.

1988년
닛케이 225 지수선물 거래를 도입함.

1992년
고령인 88세의 덩샤오핑이 남순강화[南巡講話: 덩샤오핑이 1992년 1월 18일부터 2월 22일까지 우한(武漢), 선전(深圳), 주하이(珠海), 상하이(上海) 등을 시찰하고 중요한 담화를 발표한 일 – 옮긴이]를 통해 개혁개방의 중요한 길목에서 개혁 정신만이 중국이 나아갈 길임을 재차 천명함.

1994년
1월 1일. 이중환율제를 폐지하고 단일 고정환율제 실시. 위안 발전사에서 '제1차 환율 제도 개혁'으로 불림.

2002년
중국, 세계무역기구(WTO) 가입.

2009년
3월. 중국인민은행 저우샤오촨 총재가 달러를 대신할 초주권 화폐의 필요성을 담은 글을 잇달아 발표함.

뉴턴 만유인력을 발견한 과학자로 널리 알려져 있지만 훗날 영국 왕립 조폐국 국장을 역임하기도 했으며 금본위제 확립에도 지대한 공헌을 했다. 《고대에서 현대까지 돈의 역사》의 저자 글린 데이비스는 뉴턴이 조폐국 국장을 맡은 것은 화폐사의 일대 사건이라고 지적했다.

먼델 1979년 레몽 바르 프랑스 총리가 로버트 먼델에게 유럽 화폐를 통합하는 데 시간이 얼마나 필요한지 물은 적이 있다. 이에 먼델은 3주면 충분하다고 대답했다. 그러나 유로가 탄생하기까지는 3주도, 3개월도, 3년도 아닌 꼬박 30년이 걸렸다.

키신저 달러가 심각한 평가 절하 압력에 직면하자 미국은 사우디아라비아와 석유 결제 통화로 달러만을 사용하기로 전격 합의했다. 키신저와 사우디아라비아 왕자의 이 회담은 훗날 위기에 처한 달러의 패권을 회복하는 데 큰 역할을 했다고 평가받았다.

미국 연방준비은행 1913년 창설된 미국 연방준비은행은 탄생하자마자 세계에서 가장 강력한 중앙은행으로 자리매김했다. 이는 또한 달러가 이미 파운드를 대신해 세계에서 가장 중요한 화폐가 되었음을 의미한다. 이때부터 세계 화폐는 달러의 시대로 진입했다.

저우샤오촨

1970년대에 먼델이 공동 통화를 제기한 지 40년이 지난 2009년 3월, 중국 인민은행 저우샤오촨 총재는 초주권 화폐 구상을 담은 일련의 글을 발표해 전 세계적으로 커다란 반향을 불러일으켰다.

유로 탄생

1999년 1월 1일, 유로는 30년간의 기나긴 산고 끝에 드디어 알을 깨고 모습을 드러냈다. 그러나 전망은 그리 밝지 못했다. 그린스펀 미국 연방준비제도이사회(FRB) 의장은 유로의 생존 기간은 그리 길지 않을 것이라 전망했고, 노벨 경제학상 수상자인 밀턴 프리드먼도 그린스펀처럼 유로의 미래에 부정적인 견해를 밝혔다. 당시 독일 총리를 역임한 슈뢰더는 심지어 '유로는 병든 조산아'라는 직격탄을 날리기도 했다.

플라자 합의

1985년, 미국·일본·독일·프랑스·영국 5개국 재무장관 및 중앙은행 총재들은 뉴욕 플라자 호텔에서 '플라자 합의'에 서명했다. 이 합의를 통해 달러 강세 현상을 시정하기 위해 엔과 마르크의 평가 절상을 유도하기로 했다. 이 협약으로 인해 일본은 엔고에 시달리며 버블 붕괴 등 지금까지 후유증을 앓고 있다. 교텐 토요오 일본은행 총재는 훗날 플라자 합의가 날로 격화되는 미일 무역 관계를 완화하기 위한 조치였다고 변명했다.

루스벨트

"이 위대한 국가는 장차 더 중요한 역할을 담당하게 될 것이다. 이처럼 눈부신 발전과 지속적인 번영으로 이 세계를 변화시킬 것이다." 루스벨트 대통령은 자신감 충만한 목소리로 전 세계에 미국의 패기와 힘을 분명하게 전달했다.

차 례

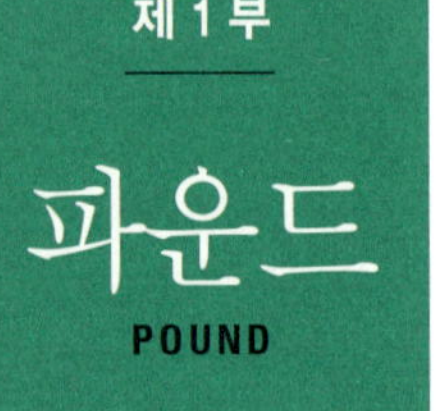

1
해가 지지 않는 제국의 화폐 패권

2
파운드의 쇠퇴

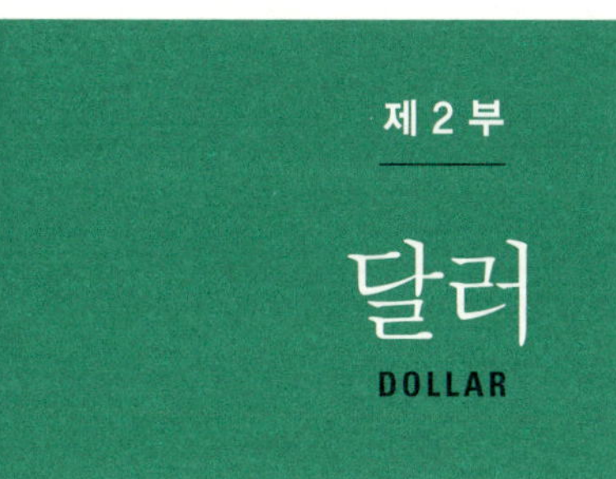

3
달러 시대의 시작

4
달러 시대의 쇠락

5
달러 주변의 '적수들'

6
달러의 부흥

제 1 부

파운드

POUND

1

해가 지지 않는 제국의 화폐 패권

"화폐는 다만 자기 침대에서 숨을 거둘 뿐이다." 이는 독일의 전설적 투자가 앙드레 코스톨라니(Andre Kostolany)의 명언으로, 화폐의 가치와 그 국가의 운명은 영원히 뗄 수 없는 관계에 있음을 설명하는 말이다. 일찍이 세계에서 가장 중요한 화폐였던 파운드는 해가 지지 않는 제국의 오만에서 잉글랜드 귀족의 몰락까지를 모두 경험했다. 하지만 파운드의 중흥을 얘기하기 위해서는 반드시 네덜란드까지 거슬러 올라가야 한다.

시류에 편승하지 못한 네덜란드 휠던

1602년, 세계 최초의 주식회사인 네덜란드 동인도회사가 설립되었다. 이 회사는 융자를 받기 위해 주식을 발행했다(현대적 의미의 주식은 아니었다). 일테면 사람들이 사무실을 찾아와 노트에 자기가 빌려 준 액수를 기록하면, 회사에서 그 액수만큼의 주식에 대해 배당금을 주기로 약속한 것이다. 이것이 바로 네덜란드 동인도회사가 자금을

1602년 3월 20일에 설립되어 1799년에 해산했다. 네덜란드어로는 'Vereenigde Oostindische Compagine'라고 하며, 약칭은 'VOC'이다. 당시 대항해 시대를 맞은 유럽 각국은 바다로 탐험에 나서 지리적 발견을 달성하고, 특히 해외 무역을 발전시켰다. 이때 의회로부터 권한을 위임받은 네덜란드 동인도회사는 동쪽으로 희망봉에서 서쪽으로 남미 대륙 남단의 마젤란 해협까지 무역 독점권을 장악했다. 네덜란드 동인도회사는 최초로 용병을 조직하고 화폐를 발행한 회사이자 최초의 유한주식회사이기도 했다. 아울러 다른 나라와 정식 조약을 체결해 그 지역을 식민 통치하기도 했다.

끌어모은 방법이었다. 이런 방식으로 이들은 650만 휠던의 자금을 모집했다.

이렇게 융자받는 방법을 통해 동인도회사는 사회에 분산된 부를 자신의 대외 확장 자본으로 전환하는 데 성공했다. 동인도회사의 설립 목적은 상선을 동남아시아로 파견하고 무역을 통해 당시 유럽에 없던 도자기, 향료, 방직품 등을 들여오기 위해서였다. 이 상품들은 당시 유럽에서 매우 비싼 값에 팔렸다. 그러나 개인이 거액의 자금을 투입해 상선의 항해와 무역을 감당할 수는 없었으므로 주식 발행을 통해 필요한 자금을 모았던 것이다.

동인도회사의 주식을 매입한 사람들은 이윤을 황금이나 화폐 또는 향료 등으로 받을 수 있었다. 선단에서 구매해 들여온 상품의 값어치가 해마다 올라감에 따라 이윤도 덩달아 수직 상승했다. 그러자 사람들은 앞다퉈 동인도회사의 주식을 대량으로 구매하기 시작했다. 심지어 암스테르담 시장(市長)의 하녀까지도 동인도회사의 주주 명단에 이름을 올렸다. 세계 최초의 증권거래소와 주식은 이렇게 그 역사적 사명에 시동을 걸었다.

뒤이어 영국의 잉글랜드 은행보다 약 100년 앞서 암스테르담 은행이 설립되었다. 이 은행은 주로 예금 유치 및 자금 대출, 네덜란드 경제를 안정시키는 역할을 수행했다. 1609년 이전까지 국내외 경화

세계 최초의 주식 거래소인 암스테르담 증권거래소가 1609년 네덜란드 암스테르담에서 탄생했다. 이곳에 최초로 주식을 상장한 회사는 네덜란드 동인도회사이다. 동인도회사는 융자받는 방법을 통해 사회에 분산된 부를 자신의 대외 확장 자본으로 전환하는 데 성공했다.

(硬貨)가 난립해 무역과 경제 발전에 불리한 영향을 미쳤기 때문에 네덜란드 정부는 안정적인 화폐 시스템이 절실히 필요했다. 암스테르담 은행은 이러한 시대적 요구에 부응해 탄생한 것이다.

암스테르담 은행은 이전에 출현했던 은행에 비해 양질의 은행 화폐(bank money: 오늘날 수표의 일종 – 옮긴이)를 제공했고, 이 은행의 계좌를 가진 사람들은 아무 때나 자신이 예치한 돈을 찾을 수 있었다. 이로써 암스테르담 은행이 제공하는 화폐와 어음은 고도의 안정성과 편리성을 갖추게 되었다. 이러한 장점을 발판으로 암스테르담 은행은 지역 비즈니스에서 가장 중요한 결제 은행이 되었다. 네덜란드 화폐가 날이 갈수록 위력을 갖고 암스테르담이 세계 무역에서 확장 일로를 걷게 되자 암스테르담 은행은 국제적 은행으로 발돋움하기 시작했다. 1660년 즈음 암스테르담 은행은 이론의 여지없이 다국적

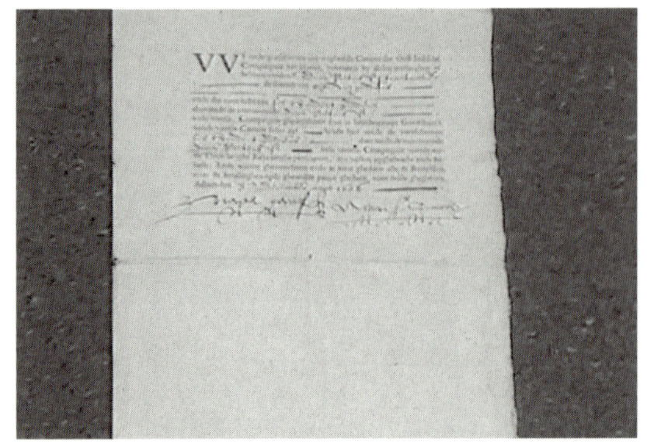

증권 구매를 승인할 때 쌍방이 서명한 간단한 계약서. 네덜란드 국민은 어떻게 동인도회사를 믿고 기꺼이 그들에게 돈을 빌려준 것일까? 그 이유는 바로 네덜란드 정부가 동인도회사의 대주주였기 때문이다. 게다가 네덜란드 사람에게는 신의를 중시하는 전통과 문화가 있었다. 역사적으로 네덜란드 선상(船商)들은 차라리 굶어 죽고 병들어 죽거나 사람들을 희생하는 한이 있어도 절대 고객의 식품과 약품에는 손을 댄 예가 없었다.

지불 시스템의 핵심 역할을 담당했다. 그리고 이러한 역할은 1710년까지 지속되었다.

암스테르담 은행과 암스테르담 증권거래소의 설립으로 네덜란드 화폐의 유통이 가속화되었고, 또 암스테르담이 국제 결제 은행 및 국제 귀금속 무역 센터, 유럽 주식 거래 센터의 지위를 확보함에 따라 네덜란드 화폐의 유통을 더욱 크게 촉진했다. 활발한 화폐 자본의 유동성은 네덜란드의 이자율을 다른 유럽 국가에 비해 크게 떨어뜨려 네덜란드 무역과 경제의 고속 성장을 효과적으로 지탱했다. 이것이 바로 17세기에 네덜란드가 급부상한 주요인이다.

네덜란드의 이자율은 당시 유럽의 절반 이하 수준이어서 영국이나 프랑스 같은 유럽의 기타 금융 시장에서 이자율이 아무리 하강 곡선을 그려도 네덜란드와 경쟁할 정도까지는 결코 미치지 못했다.

이와 동시에 국제 결제 은행, 국제 귀금속 무역 센터, 유럽 주식 거래 센터의 지위를 발판으로 암스테르담은 국제 금융 센터로 급성장했고, 네덜란드는 당시 최강의 해상 무역국이 되었다. 그러나 당

17세기에 네덜란드가 세계 최강의 해상 무역국으로 급부상한 데에는 충분한 이유가 있었다. 네덜란드 사람들은 현대 상품 경제 제도의 창시자로서 은행 및 증권거래소, 신용, 유한책임회사를 유기적인 하나의 금융·상업 시스템으로 통일시켰다.

시에는 아직 세계 무역 시스템이 형성되지 않아 네덜란드 화폐 휠던(gulden)은 자국이 패주로 군림한 시류에 편승하지 못했다. 이후 영국이 스페인, 네덜란드, 프랑스, 러시아를 잇달아 격파하며 명실상부 해가 지지 않는 제국으로 자리매김한 후 파운드가 최초로 세계를 호령하는 화폐가 되었다. 이러한 역사는 먼저 잉글랜드 은행의 설립에서 시작된다.

잉글랜드 은행 설립

콜럼버스의 신대륙 발견과 신항로 개척은 전 세계를 주름잡는 대국이 발흥할 기회를 제공했을 뿐 아니라 유럽 열강의 해상 통제권 쟁탈전의 서막을 열었다. 근대 이후 유럽이 세계적으로 확장됨에 따라 전쟁은 모든 유럽 국가에 닥친 가장 심각한 시련이 되었고, 다른 나라들과의 전쟁 위협이 상존하면서 군대 건설과 군비 지출은 각국 왕실이 반드시 해결해야만 하는 어려운 문제로 대두되었다. 만약 이

1492년, 아메리카 대륙을 발견한 콜럼버스. 15세기 들어 유럽에 자본주의가 출현하면서 수많은 국가가 경쟁적으로 해외 시장 개척에 나섰다. 동쪽의 아시아 국가는 이들의 표적이 되었다.

러한 군사 경쟁을 회피할 경우에는 국제 무대에서 도태되거나 소멸하는 수밖에 없었고, 전쟁을 불사할 경우에는 국가 재정에 커다란 재난을 겪어야만 했다.

이에 따라 자금을 모집해 전쟁을 벌이는 것이 거의 모든 유럽 왕실의 일상다반사가 되었고, 돈 많은 유럽인들은 이처럼 끊이지 않는 전쟁에 관심을 갖지 않을 수 없었다. 왕실에 돈을 빌려줄 수밖에 없는 부자들에게는 두 가지 걱정이 있었다. 하나는 왕실이 핑계를 대며 돈을 갚지 않는 것이고, 다른 하나는 전쟁에서 패한 국가에게 돈을 빌려준 경우였다. 이에 왕실에서는 원활한 자금을 확보하기 위해 대외적으로 자금 상환 능력과 군사력을 증명해야만 했다.

16세기에는 한 번 전쟁을 벌이는 데 수백만 파운드 정도만 필요하던 것이 17세기 말에 들어서는 수천만 파운드로 급증했다. 나폴레옹 전쟁 말엽에는 전쟁으로 인한 지출이 무려 수억 파운드에 달했다. 아무리 재정이 넉넉한 국가에서도 평소의 정상적인 수입으로는 그 많은 전쟁 비용을 감당하기 어려웠기 때문에 돈을 빌릴 수밖에 없었다.

중국의 영국사학회 상무이사 천쭈저우(陳祖洲)는 이렇게 설명한다. "이전의 국왕들은 돈을 빌리는 데 크게 개의치 않았다. 돈이 있으면 빌려주고, 없으면 그만이라는 식이었다. 그리고 빌린 돈을 갚는

데 3년이면 충분하다고 말했다. 그러나 이때에 이르러서는 사정이 크게 변했다. 돈을 갚지 못하는 상황이 발생할 수도 있었고, 또 확정된 이자율이 언제 어떻게 바뀔지 몰랐기 때문이다."

훗날 전쟁 비용 조달은 영국 왕실의 가장 큰 골칫거리가 되었다. 17세기에 영국 왕실이 통제할 수 있는 재력 및 자금 모금 능력은 커다란 한계에 부딪혔다. 여기에 영국 왕실이 유럽 대륙의 왕실과 달랐던 점은 정부가 장악할 수 있는 돈이 두 부분으로 나뉘었다는 것이다. 하나는 왕실의 봉토이고, 다른 하나는 전매권과 관세 수입이었다. 그 밖에 맥주 같은 특별 소비품에 부과하는 세금이 있었다. 그러나 전쟁을 수행하려면 이 돈으로는 턱없이 부족했다. 그래서 왕실에서는 의회에 법안을 상정해 전쟁 비용에 대한 비준을 받아야만 했다.

전쟁에 소요되는 비용이 날로 급증함에 따라 왕실 재정은 종종 적자에 허덕이게 되었다. 이것이 바로 17세기에 왕실과 의회가 끊임없이 갈등을 빚게 된 주요인이었다. 그러던 중 1688년 마침내 혁명이 발발했다.

1688년 10월 초순, 영국 각 도시의 주요 도로와 인파가 몰리는 장소, 심지어 농촌에서까지 "신교(新敎)를 보호하라!", "우리의 재산과 자유의 상징인 의회를 보호하라!", "신앙의 자유를 허락하라!", "가톨릭을 몰아내자!", "국왕 제임스 2세는 폭군이다!"라는 구호와 선전물이 갑자기 나돌기 시작했다. 내용은 모두 국왕을 힐책하고 신앙의 자유와 의회 보호를 요구하는 것이었다. 전에는 생각지도 못했던 일들이 벌어지자 순간, 사람들의 의견이 둘로 갈리면서 무언가 큰 사건이 일어날 것만 같았다.

영국 런던 서쪽 교외 템스 강변에 위치한 윈저 성 내부. 사람이 거주하는 성 중 규모가 가장 컸으며, 영국 군주가 행정 업무를 보는 관저로 사용되었다. 이 성의 역사는 영국 군주제와 상당히 밀접한 관련이 있다.

올리버 크롬웰(Oliver Cromwell, 1599~1658)_ 영국의 정치가, 군인이자 종교 지도자. 17세기 영국의 청교도혁명에서 자산 계급과 신 귀족 집단을 대표한 독립파의 영수였다. 1653년, 군사 독재 체제를 수립한 후 스스로 '호국경'에 올랐다.

11월 초, 영국 서남부의 토키(Torquay) 항구에 갑자기 군함 수백 척이 나타나더니 군사 1만 5000명이 상륙해 런던으로 진격했다. 알고 보니 이 군대를 이끈 장본인은 제임스 2세의 사위이자 네덜란드 총독인 윌리엄이었다.

그렇다면 네덜란드 총독이 왜 군대를 이끌고 영국으로 진격한 것일까? 이를 설명하기 위해서는 먼저 호국경(Lord Protector, 1653년부터 1659년까지 존재했던 영국 혁명 정권의 최고 행정관 - 옮긴이) 올리버 크롬웰을 언급하지 않을 수 없다.

1658년 9월, 올리버 크롬웰이 세상을 떠나자 그의 아들 리처드 크롬웰이 호국경의 자리를 물려받았다. 그러나 리처드는 용렬하고 무능해서 고위 군관들이 그의 말을 전혀 듣지 않았다. 리처드는 결국 1년도 채 못 되어 퇴임을 강요당하고, 정권은 고위 군관들 손으로 넘어갔다. 하지만 이들은 권력을 놓고 서로 으르렁대며 툭하면 전쟁을 벌여 나라가 일대 혼란에 빠지고 말았다.

이때 크롬웰에 의해 쫓겨났던 왕당파가 서서히 기지개를 켜기 시작했다.

1660년 2월, 스코틀랜드를 통치하던 조지 멍크(George Monck, 1608~1670)가 군대를 거느리고 런던으로 진격했다. 그는 런던에 도착하자마자 프랑스로 사람을 파견해 찰스 1세의 아들인 찰스 2세를 불러들여 국왕으로 삼으려 했다. 그해 4월, 네덜란드에 머물던 찰스 2세는 브레다에서 선언문을 발표했다. 선언문의 내용은 청교도 혁명에 가담한 사람들을 사면하고 신앙의 자유를 보장하며 혁명 중에 구입한 토지와 상품의 보유권을 인정한다는 것이었다. 이에 의회는 법안을 통과시켜 찰스 2세를 '잉글랜드, 스코틀랜드, 아일랜드에서 가장 강력하고 의심의 여지없는 국왕'이라고 선포했다. 이로써 몰락한 스튜어트 왕조가 부활하고 왕정복고가 실현되었다.

찰스 2세(1630~1685). 스코틀랜드 및 잉글랜드 국왕. 반란이 일어나자 어린 나이에 아버지인 찰스 1세를 잃은 뒤 외롭고 고된 생활을 하며 이곳저곳을 떠돌았다. 1651년 스코틀랜드의 작은 마을에서 왕으로 등극해 찰스 2세라 칭했다. 1661년 4월, 영국 국왕에 올랐다. 찰스 2세는 의지가 강하고 임기응변에 능했으며 사람을 적재적소에 발탁하는 능력이 탁월했다. 또 교파 간의 충돌이 격화되는 위기 상황을 원만히 수습했다. 사후에 합법적인 후계자가 없었지만, 정부들과의 사이에서 적어도 14명의 사생아를 낳았다.

그러나 찰스 2세는 왕위에 오르자마자 브레다 선언을 완전히 저버리고 혁명 가담자들을 무자비하게 탄압하기 시작했다. 찰스 1세 심판에 관여한 사람들에게 '군주 시해'라는 죄명을 씌워 중형으로 다스렸다. 살아 있는 자들은 몽땅 사형에 처하고 죽은 사람들도 그냥 놔두지 않았다. 무덤을 파헤쳐 올리버 크롬웰의 시신을 꺼낸 다음 교수대에 매달았다. 그리고 머리를 잘라 찰스 1세를 심판한 웨스트민스터 홀에 걸어놓고 여러 사람들에게 보여 경각심을 일깨웠다.

찰스 2세는 망명 시절 프랑스 루이 14세의 비호를 받은 탓에 국가의 대사를 루이 14의 간섭에 크게 의존했다. 국민들의 반대에도 불구하고 크롬웰이 스페인에게서 빼앗은 됭케르크(Dunkerque)를 프랑스에 팔아버리기도 했다. 유럽 대륙으로 진출하는 유일한 교두보인 됭케르크 항구를 잃은 후 영국은 대외 무역에서 막대한 손실을 입게 되었다.

1685년, 찰스 2세가 세상을 떠나자 동생인 제임스 2세가 왕위에 올랐다. 가톨릭 광신도인 그는 오로지 군주 전제 정치를 강화하는 데만 열을 올렸다. 가톨릭 사제들을 국가 요직에 임명하고 수많은 가톨릭 신자를 궁중으로 불러들여 가톨릭 예식을 거행했으며 옥스퍼드에 출판사를 설립해 가톨릭 선전물을 인쇄하기도 했다. 제임스 2세의 이러한 조치는 자산 계급과 신귀족의 이익을 심각하게 위협하는 등 대다수 국민의 반대에 부딪혔다.

1688년에 이르러 저항 운동이 일어나기 시작했다. 사람들은 가톨릭 의식에 참가하길 거부하고, 국왕을 미화하거나 치켜세우는 선전을 들으면 즉각 자리를 떴다. 제임스 2세는 자기 명령을 따르지 않는 주교들을 잔혹하게 박해하며 법정에 넘겼다. 하지만 법관들은 자산 계급과 신귀족 그리고 수많은 민중의 지지를 등에 업고 주교들에게 무죄를 선고했다. 이렇게 쌍방의 충돌이 갈수록 격화되자 혁명은 불가피했다.

자산 계급과 신귀족은 정변을 일으켜 제임스 2세의 통치를 끝내기로 결정했다. 그들은 네덜란드의 윌리엄 총독과 담판을 벌여 영국에 군사적으로 개입할 것을 요구했다. 윌리엄은 제임스 2세의 사위로서 그의 아내 마리가 제임스 2세의 장녀였다. 제임스 2세에게 아들이 없었기 때문에 마리는 자연스럽게 왕위 후계자가 되었다. 그런데 1688년 6월 10일, 왕후가 아들을 낳으면서 왕위 계승권에 변화가 발생했다.

6월 30일, 영국 의회는 윌리엄에게 편지를 보내 즉각 군대를 파견해 자신들의 자유를 보호해달라고 요청했고, 윌리엄도 이를 수락했다. 10월 10일, 윌리엄은 영국 국민들의 고통에 심심한 동정을 표한다고 발표하며 자신이 출격하는 목적은 영국의 '신교와 자유, 재산, 의회'를 보호하기 위한 것이라고 선언했다.

1688년 11월 5일, 윌리엄은 600척의 군함과 1만 5000명의 군사를 거느리고 영국 서남부의 토키 항구에 상륙한 다음 곧장 런던으로 진격했다. 윌리엄이 진격하자 귀족과 지방 세도가들이 지지를 보냈으며, 수많은 고위 군관들은 직접 윌리엄의 주둔지를 찾아가 환영의 뜻을 표했다. 심지어 제임스 2세의 둘째딸과 사위마저 윌리엄에게 투항했다. 위기를 느낀 제임스 2세는 몰래 프랑스로 도망쳤다.

1689년 2월, 영국 의회는 윌리엄을 영국 국왕으로, 마리를 여왕으로 임명함으로써 양두 체제를 수립했다. 뒤이어 의회는 '권리장전'과 '왕위계승법'을 통과시키고, 의회의 동의 없이는 국왕이 법률을 폐지하거나 임의로 세금을 징수하거나 군대를 모집하거나 상비군을 조직할 수 없도록 규정했다. 왕위 계승 문제도 국왕이 독단적으로 결정할 수 없고 반드시 의회의 토론을 거치도록 했다.

1688년에 일어난 이 정변은 유혈 사태가 일어나지 않았기 때문에 '명예혁명'이라고 불린다.

명예혁명으로 영국은 전제주의 통치가 완전히 막을 내리고 입헌

국왕 제임스 2세가 전제 정치를 강화하고 가톨릭 교회를 부활시키려 하자, 의회 지도자들이 제임스 2세를 추방하고 네덜란드 총독 윌리엄을 새로 왕으로 추대해 권리장전을 승인케 했다. 이처럼 피를 흘리지 않고 성취한 혁명이기 때문에 명예혁명이라고 부른다.

군주제의 길로 접어들었다. 이는 전에 없던 일대 혁명으로서 국왕이 의회의 결정에 따른다는 것은 군주의 권한이 '신수(神授)'에서 '민수(民授)'로 바뀌었음을 의미했다. 이로써 영국에서 1000년 이상 지속돼오던 왕권의 성격은 근본적인 변화를 맞이했다. 1688년을 기점으로 영국은 의회가 왕권보다 우위에 있다는 정치 원칙을 수립하고 입헌군주제를 향한 발걸음을 내딛었다. 이때부터 국왕은 국민의 돈을 빌리면 반드시 갚아야만 했다.

이전까지 국왕들은 막강한 권력을 무기로 걸핏하면 의회를 무시하거나 멋대로 세금을 올리고 군사들을 민가에 주둔시키고 자기 맘에 들지 않는 사람들을 잡아들이고 재판도 거치지 않은 채 마음대로 벌을 내렸다. 명예혁명은 바로 국왕과 의회의 이런 불평등한 관계를 재정립하고 의회의 주권을 확립했다는 데 가장 큰 의의가 있다. 이로써 명예혁명은 영국의 정치 민주화 과정에 매우 큰 영향을 미치게 되었다.

이 밖에 명예혁명으로 영국에는 새로운 국가 체제가 수립되었다. 영국의 군주는 그때까지 국가원수, 정부 수반, 교회 수장 및 군대의 총사령관을 겸하고 있었다. 그러나 이제는 실질적으로 국가를 직접 통치할 수 없어 반드시 총리를 임명해 국가 관리의 임무를 맡겨야만 했다. 총리는 당연히 의회 다수당의 영수가 임명되었다. 이것이 바로 영국의 입헌군주제이며 그 본질은 법치국가였다.

또 하나 매우 중요한 사건은 '권리장전'을 제정한 것이다. '권리장전'은 국왕이 마음대로 국민의 재산을 침범하지 못하도록 명확히 규정했는데, 이는 곧 국왕이 재판 과정 없이 멋대로 국민의 재산을 몰수하거나 벌금을 매길 수 없음을 뜻했다. 이처럼 '권리장전'은 사유 재산 제도를 확립하는 데 매우 중요한 기점이 되었다.

그러나 개혁은 전쟁으로 인해 발목이 잡히고 말았다. 명예혁명이 일어난 이듬해에 왕위에 오른 윌리엄 3세는 아일랜드 정복 전쟁을 시작했다. 그리고 이후에는 자신의 통치 기반을 공고히 하고 아우크스부르크 동맹(1686년 프랑스 루이 14세의 침략에 대비해 신성로마 황제 레오폴트 1세를 중심으로 체결한 동맹 – 옮긴이)에 가입하기 위해 프랑스와 전쟁을 일으켰다. 군대를 파견해 1689년 4월 17일부터 7월 30일까지 데리(Derry) 성을 포위 공격하며 프랑스에 대한 전쟁의 서막을 연 것이다.

윌리엄 3세는 사활을 건 이 전쟁을 수행할 돈이 필요했다. 그러나 영국 왕실은 이전부터 신용이 매우 낮아 전쟁 자금을 모금하기가 쉽지 않았다. 1689년에 영국 왕실이 모금한 전쟁 자금은 겨우 200만 파운드에 불과했다. 이 돈은 프랑스라는 강적을 상대하는 데는 절대적으로 부족한 액수였다.

그런데 일찍이 14세기에 이탈리아 북부 롬바르디아 지역에서 건너온 은행가와 상인들은 런던 템스 강 북쪽의 큰 거리에 상점을 차리고 대출 업무를 하면서 영국 은행업의 기반을 다지고 있었다. 이 거리는 롬바드 가로 불리며 훗날 런던 화폐 시장과 동의어가 되었다. 당시 런던의 민간에서는 대출이 매우 활발하게 이루어졌는데, 시민들 사이에서는 특히 일수가 크게 유행했다.

급전이 필요한 영국 국왕과 의회는 더 많은 군비를 모금하기 위해 윌리엄 패터슨이라는 스코틀랜드 상인의 제안을 받아들여 정부에 돈을 대출해줄 은행을 설립하기로 했다. 그리고 1694년 7월 27일, 마침내 런던 상인 1268명이 공동 출자한 잉글랜드 은행이 정식으로 발족했다. 이후 11일이라는 짧은 기간 안에 잉글랜드 은행은 정부에 120만 파운드의 거금을 빌려주며 유럽 대륙을 상대로 벌인

1694년 윌리엄 패터슨의 제안으로 설립된 잉글랜드 은행. 최초의 주식회사 형태를 띠었다. 프랑스와의 전쟁 비용 조달에 고심하던 윌리엄 3세의 재정난 해소에 큰 도움을 주었다.

군사 행동의 든든한 지원자가 되었다.

민간 소유의 이 은행이 정부에 빌려준 현금 120만 파운드는 정부의 '영원한 채무'가 되어 연 8퍼센트의 이자와 관리비 4000파운드를 매년 국민의 세금으로 충당해야 했다. 또한 잉글랜드 은행이 국가 화폐를 발행하면서 정부는 매년 10만 파운드만 지불하면 바로 현금 120만 파운드를 빌릴 수 있었고, 그 원금은 영원히 갚지 않아도 되었다.

잉글랜드 은행의 설립 배경은 크게 두 가지로 나누어볼 수 있다. 첫째, 영국 국왕은 프랑스와의 전쟁에 동원할 군비가 부족했기 때문에 돈을 빌릴 곳이 필요했고, 또 돈을 대출하는 데 어떤 유형의 저당도 필요없고 단지 특정 세금을 담보로 제공하면 그만이었다. 둘째, 영국의 금속세공 업자와 상인 및 일부 대출 업자(반드시 은행가를 지칭하는 것은 아니다) 역시 안정된 투자 대상이 필요했다. 그들에게 영국 국왕은 엄청난 잠재력을 가진 투자처나 다름없었다. 이처럼 쌍방의 의도가 딱 맞아떨어지면서 협상은 일사천리로 진행되었고, 영국 의회가 이를 법률로 확정함으로써 잉글랜드 은행의 설립은 순조롭게 이루어졌다.

국민이 왕실에 돈을 빌려주는 전제 조건은 바로 신용이었다. 이에 왕실의 자금 남용을 방지하고, 동시에 은행의 신용 체계를 구축하기 위해 잉글랜드 은행은 매우 엄격한 규정을 마련했다. 이러한 규정을 수립하는 과정에서 중요한 인물이 등장하는데, 바로 회계심사장 그렌빌(Grenville)이었다. 그는 영국 내에서 완전히 독립된 존재로 정치에 참여할 수도, 상원이나 하원 의원에 출마할 수도 없었다.

국민이 왕실에 돈을 빌려주는 전제 조건은 바로 신용이었다. 왕실의 자금 남용을 방지하고, 동시에 은행의 신용 체계를 구축하기 위해 잉글랜드 은행은 매우 엄격한 규정을 마련했다.

또 중대한 과오를 저지르지 않는 한 양원도 그의 직무를 정지시킬 수 없었다.

1811년에 발생한 사건이 그의 역할과 지위를 명백히 증명한다. 당시 프랑스와 치열한 전쟁을 벌이던 영국 정부는 급히 100만 파운드의 군비가 필요했다. 이 자금은 이미 의회의 비준을 거쳤기 때문에 재무부는 관례대로 의회의 법안과 은행의 지불 증서를 가지고 잉글랜드 은행에 돈을 달라고 요구했다. 그런데 이때 회계심사장인 그렌빌이 지불 증서의 적법성 여부를 심사하다 위쪽에 국왕의 도장이 없는 것을 발견했다. 마침 국왕이 설사병에 걸려 도장을 찍을 겨를이 없었던 것이다.

만약 국왕이 건강이나 혹은 다른 이유 때문에 직무를 수행하지 못할 경우 의회에서는 섭정 법안을 통과시켜 다른 누군가가 국왕을 대신해 직무를 수행하도록 해야만 했다. 그러나 당시 의회에서는 섭정 법안을 통과시킬 겨를이 없었고, 또 누구도 감히 국왕의 도장을 찍자고 주장하지 못했다. 그래서 전선에서는 한창 전투가 벌어져 당장 자금이 필요했지만 엄격한 제도 때문에 회계심사장인 그렌빌은 재무부에 돈을 지급하지 않았다. 여기서 우리는 잉글랜드 은행이 설립된 이후 일련의 제도 마련을 거치며 신용을 얼마나 중시했는지 알 수 있다.

이처럼 엄격하게 법제화된 은행 신용 시스템을 통해 민간 자본이 끊이지 않고 잉글랜드 은행으로 유입되어 영국은 수월하게 전쟁을 치를 수 있었다. 그리고 승리를 거둘 때마다 투자자에게 엄청난 수익을 안겨주었다. 당시 프랑스는 국토 면적이나 국가 경제력에서 영국보다 월등히 앞서 있었다. 하지만 군비 충당에 곤란을 겪으면서 늘 전쟁에 패하고 말았다.

"전쟁에서 승리하는 쪽은 언제나 마지막 금화를 손에 쥐고 있다"는 말이 있다. 근대 초기의 대다수 서방 정치가들은 이 말에 전적으로 동의했다. 실제로 전쟁의 승패는 누가 마지막까지 많은 돈을 확보하고 있느냐에 따라 결정되었기 때문이다. 다소 과장된 측면도 있지만 현대 전쟁에서 일국의 재정 능력이 얼마나 중요한지 알 수 있는 대목이다.

전쟁의 승패를 결정하는 요소는 매우 많지만 안정적인 재정 기반을 가진 국가가 장기적으로 우세하다는 것이 18세기 유럽 역사를 통해 증명된 셈이다. 일련의 결과로 볼 때, 유럽 최후의 승자는 바로 영국이었다. 그렇다면 영국이 승리한 근본적인 요인을 어디에 있을까?

먼저 영국은 비교적 원활한 자금 조달 시스템을 갖추고 있었다. 잉글랜드 은행과 국채를 통해 충분한 전쟁 경비를 모금함으로써 전쟁을 장기적으로 그리고 정상적으로 이끌 수 있었다. 다음으로 영국은 정확한 전략을 선택했다. 당시 영국은 해상에서 우세를 보였고, 프랑스는 유럽 대륙에서 우세를 떨쳤다. 특히 영국은 바다의 거의 모든 주요 항로를 완벽하게 통제해 손쉽게 유럽의 해양 무역 루트를 차단할 수 있었다. 그래서 대륙에서 우세를 유지하는 프랑스조차 항상 영국의 눈치를 봐야만 했다. 나폴레옹 전쟁이 끝날 무렵, 영국은 실질적으로 세계적인 해양 강국으로 발돋움했다. 그리고 이 해양 강국은 결코 이곳저곳에 무력을 자랑하지 않았다. 항상 국제적인 메커니즘을 통해 여러 나라 사이의 의견을 조율하고 유럽 대륙의 세력 균형을 유지하며 해상의 패권을 보장받았다. 이러한 전략을 통해 영국은 유럽이 세계로 확장하는 가운데 최대한 많은 경제적 이익을 획득할 수 있었다.

다시 말해 영국의 국채 제도와 이에 상응하는 조치는 영국을 곤경에 빠뜨리는 대신 오히려 일련의 전쟁에서 승리하는 데 크게 기여했다. 이런 결과는 당초 영국인들도 전혀 예상하지 못한 것이었다. 이러한 역사를 돌이켜볼 때, 우리는 18세기 영국의 발전이 다음과 같은 순환 시스템을 따라 연결되었음을 알 수 있다.

정부 → 은행 → 대출 → 화폐 → 국채 → 군사 → 공업

정부에 돈이 필요할 때 그 돈을 빌려줄 능력을 갖춘 사람들이 잉글랜드 은행을 설립하면서 은행의 화폐 발행과 국채가 함께 맞물렸다. 국채 발행은 정부의 세수입에 의존했고, 국채 제도의 시행으로

은행은 정부에 충분한 전쟁 경비를 지원할
수 있었다. 또 전쟁 비용 지출은 각종 산업
의 발전을 자극하고, 전쟁의 승리는 영국에
무한한 해외 시장을 제공했다. 이러한 요
인들이 한꺼번에 시너지 효과를 일으켜 마
침내 산업혁명이 일어났다. 산업혁명은 영
국의 경제력을 크게 발전시킴과 동시에 정부에 거대한 세수원(稅收
源)을 제공함으로써 마침내 양성(良性)의 순환 시스템이 수립되었다.

산업혁명_
자본주의의 기계화된 공업이 수공 기술 위
주의 가내수공업을 대체한 혁명이다. 공업
혁명이라고도 부른다. 이는 생산 기술의 혁
명이자 사회 생산 관계의 중대한 변혁이기
도 했다. 1760~1780년대에 시작되어 19세
기 말경에 끝났다.

  잉글랜드 은행의 설립이 18세기 영국의 발전에 유리하게 작용했
음은 불문가지의 사실이다. 잉글랜드 은행의 설립 과정과 방식은 분
명히 역사적 합리성을 띠고 있다. 만약 영국의 발전 시스템에서 이 고
리를 빼버린다면 영국의 운명도 근본적으로 바뀌었을 가능성이 높다.

  영국이 대외 전쟁에서 승리할 수 있었던 이유는 사람들이 적은
자본으로도 큰 이익을 거둘 수 있는 전쟁을 지지했기 때문이다. 그
러므로 어떤 의미에서 그 전쟁들은 '화폐전쟁'이라고 부를 수 있다.
바로 돈을 이용해 상대를 무찌르고 마지막에 최대의 이익을 챙기는
것이다.

파운드의 금본위

잉글랜드 은행 설립 전에 영국 사회에서 주로 유통되던 화폐는 은
화와 금화였다. 잉글랜드 은행이 지폐인 파운드를 발행하기 시작한
것은 1694년이다. 그러나 당시 파운드는 아직 진정한 화폐로 인정

뉴턴이 금본위제 형성에 기여한 것은 자연 과학에서 이룩한 공헌과 함께 후세에 영원히 기록될 실로 엄청난 사건이었다.

받지 못했다.

중국사회과학원 금융연구소 부소장 왕쑹치(王松奇)는 이렇게 설명한다.

"당시 파운드는 한낱 종이돈에 불과했다. 황금이 유통되던 시대에 파운드는 황금을 기록하는 단위였을 뿐 아무런 가치도 없었다. 그래서 영화 〈백만 파운드 지폐〉에서는 파운드 지폐를 100만 장 인쇄해야 황금과 바꿀 수 있다는 대사가 나온다."

1687년, 뉴턴은 저 유명한《자연철학의 수학적 원리》를 출간했다. 이 심오하고 이해하기 어려운 책에서 뉴턴은 수학적 방법으로 만유인력과 3대 운동 법칙을 증명했다. 이 네 가지 법칙은 '인류 지혜의 역사상 가장 위대한 성과'로 꼽힌다. 그런데 이런 유명한 과학자가 영국 왕립 조폐국 국장으로 취임해 이곳에서 무려 30년 이상을 일했다.

뉴턴은 케임브리지 대학에서 강의를 했으나 교수 생활이 결코 유쾌하지는 않았다. 강의 수준이 너무 높아 수업을 이해하는 학생 찾기가 모래밭에서 바늘 찾는 것만큼이나 어려웠다. 케임브리지 대학에서 교편을 잡는 동안 눈부신 연구 성과를 이룩했지만 뒤따라온 것은 동료인 로버트 훅(Robert Hooke)이나 고트프리트 빌헬름 라이프니츠(Gottfried Wilhelm Leibniz)와의 논쟁과 학술적 분쟁이었다. 바로 이런 문제 때문에 후세의 전기 작가들은 뉴턴의 인품에 단점이 많았다고 여겼다. 게다가 대학에서 학생을 가르치고 학문을 연구하

초창기 잉글랜드 은행이 발행한 채권. 국채 제도의 시행으로 영국은 경제의 선순환 시스템을 완성할 수 있었다.

는 일은 뉴턴에게 결코 풍족한 삶을 안겨주지 못했다. 빠듯한 생활을 이어가던 뉴턴이 가난한 삶을 청산하기로 결심하자 많은 사람이 그를 위해 일자리를 찾아주었다.

1696년 영국 왕립 조폐국에 들어가 감독관을 맡은 뉴턴은 1699년 조폐국 국장에 임명되었다. 감독관은 원래 조폐국을 대표하는 자리였지만 1666년 영국에서 화폐 주조세가 폐지된 후 거의 하는 일이 없는 한직으로 전락한 터였다. 그러나 수입은 꽤 많았다. 더욱이 조폐국장에 오른 후 연봉이 껑충 뛰어 무려 2000파운드에 달했다. 당시 그리니치 천문대를 건축하는 데 500파운드가량밖에 들지 않았으니 그

화폐 주조세 (seigniorage)_

화폐를 발행하는 조직 혹은 국가가 화폐 발행 및 등가의 황금 등을 접수한 뒤, 화폐 가치가 하락해 화폐를 보유한 쪽의 부는 감소하고 발행한 쪽의 부는 증가하는 경제 현상을 가리킨다. 금화처럼 가치를 지닌 화폐는 동전의 액면가에 상당하는 금속을 포함하고 있다. 금본위제 하에서는 일정액의 주조세만 내면 마음대로 황금을 조폐국으로 보내 금화로 만들 수 있었다. 이에 비해 보조 화폐나 지폐의 원가는 액면가보다 훨씬 낮았다. 통화의 액면 가치가 생산 원가를 넘어서는 것도 주조세로 볼 수 있다.

의 연봉이 어느 정도였는지 쉽게 알 수 있다.

뉴턴은 루이도르(Louis d'or: 프랑스대혁명 때까지 통용된 프랑스의 금화 – 옮긴이)가 프랑스에서는 17실링의 가치가 있는 반면 영국에서는 17실링 6펜스여서 금이 대량 런던으로 유입된다는 사실에 주목했다. 여기에 금 가격이 은화보다 높아져 시중에 유통 중인 700만 파운드의 은화가 순식간에 퇴출되자 백은(白銀) 부족 현상이 나타났다.

1717년 9월 21일자 화폐 보고서에서 뉴턴은 유럽 각국 및 중국·일본·동인도의 금은(金銀) 가격 동향을 분석한 후, 당시 영국의 백은 부족 현상은 돌이킬 수 없는 사실이라는 것을 인정했다. 황금이 대량 유입됨에 따라 사람들은 지금까지의 지불 수단인 은을 거부하기 시작했고, 설령 은을 받더라도 지불자에게 별도의 비용을 치르도록 했다. 한편, 황금이 대량 유입되자 크게 올랐던 금의 가치가 도로 떨어지기 시작했다. 따라서 정부가 당면한 문제는 금의 가치를 임의로 낮춰야 하는지, 아니면 스스로 무너질 때까지 내버려두어야 하는지 선택하는 것이었다.

뉴턴은 당시 영국에 여전히 많았던 은기(銀器)를 화폐 주조에 사용하면 백은 부족 문제를 해소할 수 있을 것이라고 생각했다. 그러나 금과 은의 이윤 차이가 분명히 존재하는 상황에서 황금이 지속적으로 유입되자 감히 말조차 꺼내지 못했다. 이로써 황금은 사실상 영국의 본위 화폐가 되었다.

뉴턴은 1717년 9월의 화폐 보고서에서

황금 가격을 온스당(순도 90퍼센트) 3파운드 17실링 10펜스로 정하자고 건의했다. 금본위제가 비록 고정된 황금 가격과 백은의 지위 변화에 힘입고, 또 백은이 화폐로서의 가치를 상실한 것은 1774년이 되어서이지만 뉴턴의 개혁이 금본위제 형성의 기초를 다졌다는 것은 부인할 수 없는 사실이다.

뉴턴이 학문을 버리고 돈을 좇았다고 많은 사람들이 비난했지만, 경제학자들은 뉴턴의 업적을 상당히 긍정적으로 보고 심지어 매우 높게 평가한다는 사실을 발견할 수 있다.《화폐의 역사》의 저자 글린 데이비스(Glyn Davies)는 뉴턴이 조폐국장을 역임한 것은 화폐사의 일대 사건으로서 이때가 바로 영국이 은본위에서 금본위로 전환한 시점이라고 생각했다. 그래서 데이비스는 1699년부터 1727년까지 뉴턴이 국장으로서 조폐국 정무를 주관한 것을 화폐 역사 연표에 집어넣었다. 또한 찰스 킨들버거(Charles Kindleberger)는《서유럽 금융사》의 화폐 역사 연표에 1696년의 화폐 재주조(再鑄造)를 삽입한 것 외에 1717년 뉴턴이 황금 가격을 온스당 3파운드 17실링 10펜스로 정했다는 항목을 추가하며 다음과 같은 코멘트를 달았다.

"1717년에 파운드로 황금 가격을 고정한 이후, 이 가격은 1931년까지 지속되었다. 1797년에서 1819년, 1914년에서 1925년까지 단 두 차례만 이 가격이 중단되었을 뿐이다."

뉴턴이 금본위제 형성에 기여한 것은 우연일 수도 있지만 그가 자연과학에서 이룩한 공헌과 함께 후세에 영원히 기록될 실로 엄청난 사건이었다.

중국의 영국사학회 상무이사 천쭈저우는 이렇게 말한다.

"많은 학자들이 영국에서 금본위제를 채택한 것은 1816년이라고 말하지만 사실상 1717년부터 영국에서는 이미 금본위제를 시행하고 있었다. 적어도 뉴턴이 파운드와 황금의 비율 관계를 정립한 것은 금본위제 시행을 촉진하는 데 긍정적인 영향을 미친 것이 사실이다."

1816년, 영국은 '금본위 제도 법안'을 통과시키고 법률로써 황금을 화폐의 본위로 삼아 지폐를 발행하는 것을 승인했다. 하지만 정식으로 금본위제를 시작한 것은 1821년으로, 이때 비로소 파운드가 영국의 표준 화폐 단위가 되었으며, 1파운드당 7.32238그램의 순금을 함유했다.

금본위제 하에서는 황금이 곧 화폐이자 국제적인 경화이다. 금본위제의 주요 내용은 다음과 같다. 첫째, 발행하는 화폐의 대표적 가치를 황금으로 규정해 화폐 단위마다 법으로 정한 금 함유량이 있고, 각국의 화폐는 이 금 함유량에 따라 일정한 가격의 차이를 형성한다. 둘째, 금화는 자유롭게 주조가 가능해 누구라도 법으로 정한 금 함유량에 따라 금괴를 국가 조폐국으로 보내 금화로 주조하거나 금화를 금괴로 교환할 수 있다. 셋째, 금화는 무한 법정 보상 화폐로서 무제한적인 지불 수단의 권리를 가진다. 넷째, 각국은 화폐로서 황금을 보유하거나 국제 결제 수단으로 사용할 수 있다. 황금은 자유롭게 수출 혹은 수입이 가능하며, 무역 적자가 발생했을 때도 황금으로 지불할 수 있다.

위 내용을 통해 우리는 금본위제에 자유 주조, 자유 태환, 황금의 자유 수출입이라는 세 가지 특징이 있음을 알 수 있다. 금본위제가 시행됨에 따라 황금은 상품 교환의 등가물이자 교환 과정의 매개물이 되었다. 일테면 황금의 화폐적 속성을 최대한 구현한 것이다.

파운드의 전성기-글로벌 화폐로 도약하다

영국에서의 금본위제 확립은 파운드가 황금과 긴밀하게 연관되어 있음을 뜻한다. 이때 금본위제는 '자유 주조', '자유 태환', '황금의 자유 수출입'이라는 전형적인 특징을 갖고 있었다. 사람들은 자신이 보유한 화폐에 함유된 금 함량에 따라 그것을 금화로 바꿀 수 있었다. 각국의 서로 다른 금화는 금 함유량에 따라 고정적인 교환 비율이 형성되어 비교적 안정적인 국제 화폐 시스템을 수립했다. 또한 금은 국제적으로 자유롭게 유통되었다.

파운드가 국제적 자산 거래, 대외 투자, 주식 매매의 기축 통화로서 아무 때나 황금과 태환할 수 있는 경화가 됨으로써 영국은 국제

영국에서의 금본위제 확립은 파운드가 황금과 긴밀하게 연관되어 있음을 뜻한다. 사람들은 자신이 보유한 화폐에 함유된 금 함량에 따라 그것을 금화로 바꿀 수 있었다. 각국의 서로 다른 금화는 금 함유량에 따라 고정적인 교환 비율이 형성되어 비교적 안정적인 국제 화폐 시스템을 수립했다.

파운드가 국제적 자산 거래, 대외 투자, 주식 매매의 기축 통화로서 아무 때나 황금과 태환할 수 있는 경화가 됨으로써 영국은 국제 금융업을 지배하기 시작했다. 어느 면에서 봐도 19세기는 파운드의 시대였다고 할 수 있다.

금융업을 지배하기 시작했다. 어느 면에서 봐도 19세기는 파운드의 시대였다고 할 수 있다.

1688년 이후 영국은 역량을 발휘하기 시작했다.

영국 의회가 제정한 '항해법'은 세 차례에 걸친 '영국-네덜란드 전쟁'의 원인이 되었지만 결국에는 네덜란드도 이를 받아들일 수밖에 없었다. 영국 및 그 속국의 화물을 수입할 때는 반드시 영국의 선박이나 해당 수출국의 선박을 이용해야 한다고 규정한 이 법안에 따라 거의 1세기 동안 망망대해를 휘젓고 다니던 네덜란드 선박은 점차 퇴출되었다. 스페인을 물리친 영국이 '해상의 마부'로 불리던 네덜란드마저 바다 위에서 쫓아낸 것이다.

영국은 대륙의 프랑스를 제외한 어떤 국가도 적수로 보지 않았다. 끊임없이 조달되는 군비 지원을 통해 영국은 누구도 대적할 수 없는 강력한 세력을 과시했다. 지속적인 정복 전쟁을 거치는 동안 유럽 최강의 해군으로 군림하며 전 세계를 향해 상업적인 촉각을 곤두세웠다. 1686년의 한 통계에 따르면 당시 절반에 가까운 영국 선박이 아메리카 대륙이나 인도와의 무역에 종사했다고 한다. 1914년 제1차 세계대전이 일어나기 직전까지 영국의 해외 투자액은 40억 파운드가 넘었다. 이는 서방 국가 투자액의 절반에 가까운 수치였다.

당시 세계의 형세를 살펴보면 프랑스는 전제군주제의 절정에 올라 있었고, 러시아의 표트르 1세는 전제국가를 건립하는 과정에서 한창 정복 전쟁을 벌이는 중이었으며, 독일과 이탈리아는 여러 나라로 사분오열되어 있었다. 한편 아시아에서 일본은 봉건 막부 체제 아래 있었고, 중국은 강희제(康熙帝)가 청나라의 전성기를 이끌고 있었다.

대량의 상품 수요는 생산 기술의 발전을 촉진했고, '산업혁명'은 영국을 당시 세계에서 어느 국가도 넘보지 못할 산업 대국 반열에 올려놓았다. 영국은 세계 제일의 산업적 우위를 이용해 자유 무역 정책을 적극 추진함으로써 점차 자유주의 경제 체제를 수립하기 시작했다. 일테면 무역 제한을 앞장서서 철폐하며 해외 시장 확대에 주력한 것이다. 무역 제한 철폐는 영국이 다른 나라 상품의 수입을 제한하지 않는 것처럼 다른 나라도 똑같이 영국 상품의 수입을 제한하지 못하도록 강제하는 것을 말한다.

자유 무역이 영국의 국가 정책이 된 것은 산업혁명이 영국인들에게 부여한 새로운 관념이었다. 이 새로운 관념을 추진하는 과정에서 '미국의 독립'이라는 커다란 사건을 겪은 영국은 그때의 경험과 교훈을 바탕으로 당시 위세를 떨치던 중상주의 이론을 버리고 자유무역주의 정책을 확고히 했다. '해가 지지 않은 제국'은 바로 이러한 자유

애덤 스미스는 1776년 《국부론》을 출간해 자유방임 경제 정책의 이론적 기초를 제공했다. 윌리엄 피트 영국 총리는 자신이 애덤 스미스의 학생이자 자유 무역의 신봉자라고 공공연히 밝히기도 했다.

무역주의의 기반 위에서 건립된 것이다.

사실 미국 독립 이전에도 영국에서는 산업혁명으로 중상주의가 점점 몰락하고 자유 무역 사상이 서서히 역사의 무대에 등장하고 있었다. 주류 사회의 사상도 바뀌어 대외 무역이 식민지 통치보다 훨씬 중요해졌다. "우리의 무역이 통치보다 우선한다."고 주장한 애덤 스미스는 1776년 《국부론》을 출간해 자유방임 경제 정책의 이론적 기초를 제공했다. 윌리엄 피트(William Pitt) 영국 총리는 자신이 애덤 스미스의 학생이자 자유 무역의 신봉자라고 공공연히 밝히기도 했다.

미국의 독립이 표면적으로는 영국에 심각한 타격을 입혔지만 실질적인 손실은 그다지 크지 않았다. 영국은 제국의 영역 내에서만 진행하던 기존의 무역 형태에 종지부를 찍고, 1783년 이후 수년 동안 북미를 상대로 자유 무역을 펼쳐 식민지 시대에 달성했던 최고 수준을 넘어서기도 했다. 또 강력한 산업 기반을 토대로 전쟁에서의 실패를 빠르게 복구했다. 그리고 이때부터 영국은 모든 식민지에 대한 태도를 바꾸기 시작했다. 정치가이자 사상가인 에드먼드 버크(Edmund Burke)는 이렇게 말했다.

"영국은 식민지와의 감정적 유대를 통해 관계를 유지해야만 한다. 만약 그들이 독립을 원한다면 영국은 그들의 독립을 허락해야 한다."

영국은 계속해서 세력을 확장했다. 하지만 과거처럼 식민지의 토지를 모두 점령하는 방법을 쓰지는 않았다. 전 세계의 무역 루트를 유지하고 보호하기 위해 남아프리카공화국, 스리랑카, 몰타 등 전략적 요충지를 통제하는 데 주력했다. 캐나다와 인도 등 기존 식민지에 대해서도 통치 전략을 바꿔 더욱 융통성 있고 온화한 지배 방식을 강조했다. 동시에 이들 식민지를 개발해 자체적으로 발전할 수 있도록 도움을 주었다. 이로써 프랑스어를 쓰는 캐나다의 퀘벡, 소수의 영국인이 점령한 인도는 장기간 영국의 일부가 되었다.

영국은 다른 국가처럼 '제국(帝國)'이라는 명칭을 사용했지만 그 안에 담긴 의미는 크게 달랐다. 단순히 폭력에 의지해 패자로 군림하고 약탈을 일삼는 제국은 연기처럼 순식간에 사라져버린다. 그러나 대영제국은 자유 무역으로 입지를 굳히고 현대화된 정치 시스템을 전파함으로써 제국의 위업을 달성했다. 일테면 자국의 언어, 문화, 전통 및 정치 제도를 전 세계에 전파한 것이다. 지금까지도 영국은 이로 인한 혜택을 보고 있다.

국제 무역에서 영국이 강력한 지위를 누림에 따라 갈수록 많은 국가가 파운드를 결제 통화로 사용하기 시작했다. 난징 대학의 진링 학원(金陵學院) 금융과(金融科) 주임 왕창장(王長江)은 이렇게 설명한다.

"당시 전 세계적으로 유일한 강국은 바로 영국이었다. 국력, 신용, 완벽한 제도. 모든 면에서 영국은 강대국의 상징이었다. 그리고 이것들이 종합적으로 표현된 것이 화폐였다. 파운드를 소유한 사람들은 자신이 그만한 가치를 보유한 것이라고 생각했다. 파운드에 신용이 담겨 있고 등가의 황금을 대표하기 때문에 모든 사람이 파운드에 대한 믿음을 가졌다."

파운드의 세계화는 영국의 강력한 경제력에 대한 세계의 믿음에 기반을 두고 있으며, 특히 영국의 완벽한 금융 제도와 법제화된 금융 관리 감독에 힘입은 바 크다. 1720년 터진 남해(South Sea) 회사 버블 사건은 영국으로 하여금 금융 제도를 완벽하게 정비하고 금융 관리 감독을 강화하는 계기가 되었다. 뉴턴도 남해 버블로 피해를 본 사람 가운데 하나였다.

1711년, 영국 정부는 남아메리카 대륙과의 무역을 확대하기 위해 이를 전문적으로 담당할 남해 회사를 설립했다. 그런데 1718년 영국의 국가 채무 총액이 무려 3100만 파운드를 넘어섰다. 이 무거운 짐을 떠안을 수 없게 된 영국 정부는 부채 상환 자금을 신속히 마련하기 위해 남해 회사의 주식을 일반 사람들에게 판매하는 대담한 결정을 내렸다.

남해 회사는 영국 정부의 특허를 받은 무역 회사로 라틴아메리카와 대서양 연안 지역에서의 사업을 독점하고 있었다. 남해 회사는 이 특허권을 무기로 이들 지역에서 금광, 은광, 향료 등을 발견했다. 이는 당시 돈을 쓸어 담는 사업들이었다. 회사 경영진들은 정부의 묵인 아래 남해 회사의 가치를 크게 부풀려 순식간에 세간의 주목을 받기 시작했다.

그러자 영국인들은 남해 회사의 신기루 같은 이윤에 상상을 초월할 정도로 열광하기 시작했다. 주가도 가파른 상승세를 보였다. 사실 남해 회사는 투기 회사로서 불분명한 목적을 위해 융자를 진행했으며, 그들이 실제 어떤 일을 하는지 아무도 모르고 있었다. 단지

이 회사가 큰돈을 벌기 때문에 매력적인 투자 대상이라는 인식만 팽배했을 뿐이다. 사람들은 열광적인 분위기에 휩싸여 돈을 끌어다 투자하기 바빴다.

이성을 잃은 열풍으로 남해 회사의 주가는 연일 상한가를 기록했다. 기록에 따르면, 1720년 3월부터 9월까지 겨우 반년 만에 주가가 330파운드에서 1050파운드로 껑충 뛰었다. 이때 남해 회사의 주식 시가 총액은 전 유럽 화폐 유통량의 무려 5배에 달했다.

당시 제1차 산업혁명이 일어나기 직전에 있던 영국의 수많은 민간 기업은 앞다퉈 자금 모금에 나섰다. 남해 회사가 큰돈을 버는 걸 목격한 사람들이 잇달아 회사를 설립하고 정부 몰래 주식을 발행하기 시작한 것이다. 그러나 주식 공급량이 급속도로 증가하자 주가는 순식간에 하락했고, 이는 결국 남해 회사의 손실로 이어졌다. 그러자 남해 회사는 민간 기업과 싸워 사회 자원을 쟁탈하기 위해 대규모 로비를 벌이기 시작했다. 정부와의 특수한 관계를 이용해 의회를 설득하고, 또 뇌물을 뿌려 의원들을 매수했다. 의원들은 남해 회사로부터 받은 거액으로 다시금 그 회사의 주식을 사들였다.

1720년 6월, 의회는 '반(反)금융 사기 및 투기법'을 통과시켜 민간의 회사 설립을 금지했다. 그러자 사람들 사이에서 불만의 목소리가 터져 나왔다. 사람들은 이 법을 '거품법'이라고 풍자했다. 민간의 주식을 거품으로 규정한 정부가 이 법률로 민간의 주식 발행을 금지했지만, 동시에 남해 회사의 거품을 조장했기 때문에 붙은 이름이다. '거품법'이 반포되자 남해 회사의 주가는 다시 급등했다. 그러나 애석하게도 그 과정에서 만연했던 부패 행위가 결국 남해 버블을 촉발하고 말았다.

사람들이 앞다퉈 주식을 구매할 즈음, 최초의 '내부 거래자'라고 부를 수 있는 정부 관료들은 주가가 최고점을 치자 주식을 몽땅 팔아치웠다. 여기에는 심지어 재무부 장관과 그 아래의 공무원들도 포함되어 있었다. 내부 인사와 정부 관료들이 한꺼번에 주식을 팔아치우자 결국 남해 버블 사건이 터졌다.

1720년 8월 말, 남해 회사의 주가가 775파운드로 급속히 하락하더니, 10월 1일에는 290파운드로 곤두박질쳤다. 당시 재무부 장관은 내부 거래를 통해 90만 파운드라는 거액의 이윤을 챙겼다. 하지만 그는 비리가 들통 나 유명한 영국 왕실 감옥인 런던탑에 수감되었다. 그러나 그보다 더 참담한 사람은 아무런 내막도 모르는 투자자들이었다. 그중에는 뉴턴도 포함되어 있었다. 그는 남해 버블 사건으로 무려 2만 파운드가 넘는 손실을 보았다. 사건 발생 후 뉴턴은 비탄에 빠져 이렇게 탄식했다.

"나는 천체의 운동 법칙을 정확히 계산해냈지만, 주식 시장의 변화 추세에는 장님이나 다름없었다."

그러나 뉴턴보다 더 큰 손실을 입은 것은 영국의 경제였다. 남해 버블 사건이 터지자 정부의 신용도 따라서 하락해 감히 주식에 투자하려는 영국인이 아무도 없었다. 이후 런던의 체인지 앨리(Change Alley: 금융 거리 – 옮긴이)는 꼬박 100년 동안 정적이 흘렀다. 이 기간 동안 영국은 한 장의 주식도 발행하지 않아 주식 역사에 의미심장한 공백을 남겼다.

오늘날 잉글랜드 은행의 박물관에 가보면 풍자적인 의미가 강한

남해 버블 사건으로 누구보다 참담한 시련을 겪은 사람은 아무런 내막도 모르는 투자자들이었다. 그중에는 뉴턴도 포함되어 있었다. 그는 남해 버블 사건으로 무려 2만 파운드가 넘는 손실을 보았다. 사건 발생 후 뉴턴은 비탄에 빠져 이렇게 탄식했다. "나는 천체의 운동 법칙을 정확히 계산해냈지만, 주식 시장의 변화 추세에는 장님이나 다름없었다."

회화 작품 하나가 눈에 띄는 자리에 전시되어 있는 것을 볼 수 있다. 이 작품은 당시의 남해 버블 사건을 묘사한 것으로 영국의 유명한 예술가 윌리엄 휴가트가 1727년에 발표한 것이다. 이후 영국은 100년이란 긴 세월 동안 끊임없이 화폐 발행 및 관리 감독 시스템을 개선했다. 난징 대학의 왕창장은 이렇게 설명한다.

"이 사건은 결론적으로 영국 정부가 '반거품법'을 제정하는 데 영향을 미쳤다. 실제로 영국 정부는 100년 동안 어떻게 해야 제도를 완비할 수 있는지 고민했고, 파운드의 개혁을 통해 금융 제도를 완벽하게 구축하기 시작했다. 관련 법안의 끊임없는 수정을 거치며 한 국가의 화폐 발전을 이루는 것이 국가 금융 제도에 훨씬 유리하다고 생각한다."

1844년, '잉글랜드 은행 조례'를 발표함으로써 잉글랜드 은행은

영국의 저명한 예술가 윌리엄 휴가트가 1727년 발표한 것으로 남해 버블 사건을 풍자한 작품이다. 여신 조각상들이 파괴되거나 채찍질당하는 것은 우수한 전통이 무너졌음을 의미하며 기념비는 이 도시의 타락을 상징한다. 기둥에 매달린 사람들은 남해 회사에 투자한 어리석은 자들을 가리킨다. 그림 왼쪽 하단에서는 주교들이 도박을 하고 있는데, 이런 투기 행위가 바로 남해 버블 사건의 진짜 모습이다.

유일하게 파운드를 발행할 수 있는 은행이 되었다. 세계 최초의 중앙은행법으로 공인받는 이 조례에서 영국 정부는 잉글랜드 은행을 '발행부'와 '은행부' 두 부서로 나누도록 규정했다. 그중 '발행부'는 1400만 파운드의 증권 및 영업상 불필요한 금속 저장 총액으로 동일한 액수의 은행권 발행을 책임졌다. 기타 이미 취득한 발행권의 은행 발행 기준량도 규정했다. 1872년, 잉글랜드 은행은 다른 은행들이 곤란에 빠졌을 때 자금을 지원하면서 영국 경제의 안정을 도모하기도 했다. 1928년까지 잉글랜드 은행은 영국 유일의 화폐 발행 은행이라는 지위를 누렸다.

이와 동시에 날로 높아지는 위상에 힘입어 상업은행 간 채권·채

1844년, '잉글랜드 은행 조례'를 발표함으로써 잉글랜드 은행은 유일하게 파운드를 발행할 수 있는 은행이 되었다. 세계 최초의 중앙은행법으로 공인받는 이 조례에 의거해 잉글랜드 은행은 영국 유일의 화폐 발행 은행이라는 지위와 함께 '은행의 은행' 지위를 확립했다.

무의 이체 및 경감, 어음 교환의 마지막 청산 등의 업무를 담당했다. 경제가 번영할 때는 상업은행의 어음 재할인을 받아들이고, 경제가 위기에 빠지면 '마지막 대부자(loaner)' 역할을 함으로써 상업은행의 신임을 얻어 마침내 '은행의 은행' 지위를 확립했다.

런던이 세계 금융의 중심지로 자리를 잡음에 따라 잉글랜드 은행은 실질적인 필요에 의해 신축적인 재할인 정책과 공개 시장 조작 등의 경제 조절 정책을 취하면서 근대 중앙은행의 이론과 업무의 실제 및 기초를 제공했다. 이때 잉글랜드 은행은 이미 완벽에 가까운 중앙은행 역할을 수행했으며, 파운드의 굳건한 지위를 효과적으로 보호했다.

파운드를 전 세계에서 널리 사용하고 수백 년 동안 파운드와 황금 간의 환율이 안정되자 런던은 당시 세계의 금융 및 항만의 중심으로 자리매김했다. 또한 영국은 경제 및 군사력의 우위를 바탕으로 포르투갈, 독일, 덴마크, 스웨덴, 노르웨이, 프랑스, 벨기에, 이탈리아, 스위스, 네덜란드, 스페인 등에 잇달아 금본위제를 실시하도록 강요함으로써 1870년대에 국제적인 금본위 시스템을 형성하는 데 크게 기여했다. 이 시기의 국제 금본위 시스템은 주요 자본주의 국가에서 실시한 금화본위제의 기초 위에서 설립되었다. 그 특징은 금화의 자유로운 주조와 태환 및 황금의 자유로운 수출입이었다.

금화를 자유롭게 주조하되 금화의 액면가와 황금 함량은 시종 일치했으며, 수량도 자발적으로 유통 과정에서의 수요를 만족시킬 수 있었다. 또 자유로운 태환이 가능해지면서 보조 금속 화폐 및 은행권이 일정량의 황금 유통을 안정적으로 대표해 화폐 가치의 안정을 유지했다. 한편 황금의 자유로운 수출입은 본위 화폐 환율의 안정성을 보장했다. 따라서 금본위제는 일반적으로 안정적인 화폐 제도라고 인정받기에 충분했다.

국제 금본위제의 토대는 비록 황금이었지만 실질적으로는 파운드가 황금을 대신해 국제 화폐의 각종 기능을 수행했다. 파운드를 보유한 사람은 언제든지 잉글랜드 은행에서 황금으로 교환할 수 있고, 또 파운드를 사용하는 것이 황금을 사용하는 것보다 훨씬 편리했다.

당시 '세계 공장'이라는 경제 대국의 지위와 '해가 지지 않는 제국'이라는 식민 통치 국가의 지위 그리고 무역·해운·해상 보험·금융 서비스 방면의 우위를 바탕으로 영국의 파운드는 전 세계에서 가장 널리 사용하는 화폐가 되었다. 국제 무역에서 대다수 상품이 파운드로 거래되었고, 국제 결제의 90퍼센트가 파운드로 이루어졌으며, 다른 나라의 수많은 중앙은행이 보유한 대외 준비 자산도 파운드 아니면 황금이었다. 런던에서 파운드 계좌를 개설하면 이자를 받을 수 있지만 황금을 보관하면 이자도 없을 뿐 아니라 도리어 보관비를 내야만 했다. 따라서 파운드를 보유하는 것이 황금을 보유하는 것보다 훨씬 편리하고 이익이었다. 심지어 어떤 경제학자는 제2차 세계대전 이전의 국제 금본위 제도를 파운드 본위 제도라고 부르기도 했다.

1850년에 영국의 도시 인구 비율은 60퍼센트를 넘어섰고, 철 생산량은 전 세계 나머지 국가의 생산량을 초과했으며, 석탄은 세계 총생산량의 3분의 2를 점유했고, 면직물 생산량은 전 세계의 절반 이상을 차지했다. 난징 대학 유럽연구센터 주임인 천샤오뤼(陳曉律)는 이렇게 말한다.

"파운드의 국제적 위상은 국가의 소프트 파워를 최고 수준까지 끌어올렸다. 이것이 영국의 발전 추세와 결합해 영국이 세계의 패권을 차지하는 경제적 기반이 되었다. 한 국가의 종합적인 국력이 일정 수준에 도달하려면 반드시 자국의 화폐로 그에 걸맞은 실력을 갖춰야만 한다."

2

파운드의 쇠퇴

금본위 제도 아래서 패권을 누린 지 100년 가까이 될 즈음 파운드는 난관에 부딪히기 시작했다. 예를 들면, 황금 생산량의 증가폭이 상품 생산량의 증가폭에 크게 못 미쳐 황금이 날로 불어나는 상품 유통의 수요를 도저히 만족시킬 수 없었다. 이것이 금화 유통의 기반을 크게 흔들었다. 또한 제1차 세계대전의 발발로 금본위 제도가 무너지면서 파운드도 몰락의 길로 접어들었다.

제1차 세계대전의 무거운 짐

1914년 6월, 오스트리아-헝가리제국의 왕세자가 사라예보에서 암살당한 사건을 도화선으로 제1차 세계대전이 발발했다. 전쟁 직전에 참전국들은 전비를 마련하기 위해 황금 약탈에 박차를 가했고, 전쟁이 터진 후에는 군비 지출이 기하급수적으로 늘어나자 금화 주조 및 지폐와 황금 간의 태환을 잇달아 중지하고 황금의 수출입마저 금지했다. 이러한 조치들은 금본위제의 존재 기반을 완전히 파괴

1914년 6월, 오스트리아–헝가리제국의 왕세자가 사라예보에서 암살당한 사건을 도화선으로 제1차 세계대전이 발발했다. 전쟁 직전에 참전국들은 전비를 마련하기 위해 황금 약탈에 박차를 가했고, 전쟁이 터진 후에는 군비 지출이 기하급수적으로 늘어나자 금화 주조 및 지폐와 황금 간의 태환을 잇달아 중지하고 황금의 수출입마저 금지했다. 이러한 조치로 인해 금본위제의 존재 기반은 완전히 파괴되었다.

하는 것이었다.

1918년 11월, 제1차 세계대전이 막을 내렸다. 이 전쟁에서 세계 금융의 중심이자 패권국인 영국은 병사 80만 명이 죽거나 다쳤으며, 군비 지출이 100억 파운드에 달해 국가 부의 3분의 1을 탕진했다. 대외 무역은 1918년 13억 1600만 파운드를 기록했는데, 수출액이 수입액의 겨우 절반에 불과했다. 이에 영국은 해외 투자의 4분의 1에 달하는 10억 파운드를 매각해 구상무역의 적자를 메워야만 했다. 이 전쟁으로 영국은 일순간 채무국으로 전락해 외채를 빌려서 재정 곤란과 무역 적자를 해결할 수밖에 없는 처지가 되었다.

전쟁 전까지만 해도 미국이 영국에 국채로 약 30억 달러의 빚이 있었는데, 전쟁이 끝났을 때는 오히려 영국이 미국에 47억 달러의 빚을 안게 되었다. 이와 동시에 영국 국내에서의 채무마저 수직 상승해 전쟁 전 6억 4500만 파운드이던 것이 66억 파운드로 급증했다. 이런 상황에서 '해가 지지 않는 제국'의 경제는 점점 쇠퇴하기 시작했고, 파운드의 강세 역시 의심을 받는 지경에 이르렀다. 그리고 결국 파운드는 황금을 태환하는 고정 환율의 힘을 잃고 말았다.

비주류 경제학자 상쑹쭤(向松祚)는 달러가 파운드를 대체한 상징적인 해는 당연히 미국 연방준비제도(FRS)가 출범한 1913년이라고 말한다. FRS의 탄생은 우연한 사건처럼 보이지만 사실상 미국의 국력이 이미 영국을 초월했음을 의미한다. 따라서 FRS가 출범하자마자 세계에서 가장 강력한 중앙은행으로 자리매김한 것은 달러가 파운드를 대신해 세계 주요 화폐가 되었음을 뜻한다.

제1차 세계대전은 대서양 건너편에 있는 미국에 번영의 시기를 안겨주었다. 대규모 전쟁 물자 공급은 미국의 각 산업 생산과 서비스 발전을 크게 촉진했다. 1929년 미국의 산업 생산량은 무려 세계 총생산량의 42.2퍼센트를 차지해 유럽 전체의 생산량을 초과했다. 세계 경제가 제1차 세계대전을 계기로 완전히 변화되는 순간이었다.

전쟁이 끝난 후, 자본주의 국가들은 금본위제 회복을 시도했다. 그러나 재편된 세계 판도에서 금화를 다시 유통시키는 것은 불가능했다. 그래서 각국이 새로 실시한 제도는 금본위제를 변형한 금괴본위제 또는 금환본위제 같은 것이었다.

금괴본위제에서는 명목상 여전히 금화를 본위 화폐로 삼지만 실제로 유통되는 것은 지폐나 은행권이다. 은행권은 직접 금화로 태환할 수 없으며 중앙은행에서 금괴로만 태환이 가능했다. 영국은 1925년 은행권으로 1회당 최소 400온스(약 1700파운드) 이상의 금괴를 태환할 수 있다고 규정했다. 프랑스도 1928년 최소 태환 금액을 21만 5000프랑으로 규정했다. 이는 사실상 황금으로의 태환을 제한한 것이나 다름없었다.

금환본위제에서도 마찬가지로 지폐와 은행권을 발행했지만, 이것으로는 황금이 아닌 외화로만 태환이 가능했다. 금환본위제를 실시하는 국가에서는 금괴본위제를 실시하는 국가의 화폐와 고정된 환율을 유지했기 때문에 은행권을 외화로 교환한 후 국외에서 금괴로 태환할 수 있었다. 제1차 세계대전에서 패한 독일과 많은 식민지 국가들이 이 통화 제도를 실시했다.

금본위제를 회복하기 위해 노력하다

100년간 세계를 제패한 영국인들은 금본위제가 무너지는 것을 눈 뜨고 볼 수 없어 부단한 노력을 기울였다. 특히 1925년 당시 재무장관 윈스턴 처칠은 파운드를 기축 통화로 하는 금본위제의 회복을 시도했다.

처칠은 재무장관에 취임하자마자 중대하고 근본적인 문제에 봉착했다. 바로 제1차 세계대전이 발발하기 이전 1세기가 넘도록 널리 시행해오던 금본위제를 회복하는 것이었다. 전후 영국이 처한 상황에서 이 정책을 채택하면 통화 팽창을 효과적으로 억제할 수는 있지만 일부 산업에서 실업률이 올라가고 임금이 줄어드는 부작용을 초래할 것이 뻔했다. 이것이 최악의 상황으로 치달으면 사회적 동요가 일어나고 경제 부흥에도 악영향을 미칠 수 있었다.

전쟁이 끝난 후, 잉글랜드 은행의 몬태규 노먼(Montagu Norman) 총재는 금본위제 회복을 위한 사전 공작에 착수했다. 노먼은 역대 재무장관에게 긴축 통화 정책을 채택하도록 설득해 파운드에 대한 달러 환율을 계속 올렸다. 그 결과 1920년 2월 1파운드당 3.4달러 하던 것이 1922년 말에는 4.635달러까지 올라갔다. 노먼의 최종 목표는 1925년 초에 4.86달러까지 조정해 제1차 세계대전 이전의 금본위제 수준으로 파운드의 화폐 가치를 되돌리는 것이었다.

노동당 정부는 처칠이 취임하기 전인 1924년 전 재무장관 오스틴 체임벌린(Austen Chamberlain)을 위원장으로 금본위제 회복 연구 위원회를 설립했다. 이 위원회는 찬반양론을 진지하게 청취한 후 가능한 한 빨리 금본위제를 회복하자는 데 의견의 일치를 보였다. 단, 당시 긴축 재정으로 초래된 실업률 상승 등의 제반 문제와 계속해서 벌어지는 대달러 환율 등을 고려해 금본위제 실시를 1년간 유예하자고 건의했다.

이듬해 보수당이 정권을 되찾자 노먼과 재무부 주요 관리들은 처

취업은 수많은 민중의 생존권과 관련한 사회 이슈였다. 금본위제 회복으로 영국 노동자 대다수가 실업의 위기로 내몰렸다.

칠에게 금본위제를 시급히 회복해야 한다고 재촉했다. 처칠은 이들의 제안을 받아들이고 노먼을 곧장 뉴욕으로 파견했다. 금본위제 시행 후 나타날 재정 압박에 대비한 자금을 마련하기 위해서였다.

그러나 노먼이 5억 달러의 차관 협정을 맺고 돌아온 후, 처칠의 심경에 변화가 생겼다. 비버브룩(Beaverbrook)이 〈데일리 포스트〉에 기고한 글에서 금본위제 회복 정책을 맹렬히 비난한 것을 보고 마음이 움직인 것이다. 여기에 처칠이 던디시티(Dundee City) 경선에 참여할 당시 전후 긴축 정책에서 비롯된 극도의 빈곤 상황을 목격한 것도 한몫했다. 이런저런 문제로 처칠은 금본위제 회복에 더욱 신중하게 접근하는 자세를 취했다. 심지어는 금본위제 회복에 반대하는 문서를 직접 작성하기도 했다. 재무부 관리들이 '처칠 선생의 습작'이라고 부르는 문서에서 그는 이렇게 말했다.

"금본위제 회복과 관련한 제반 정책은 재정과 통화에만 중점을 두고 추진해서는 안 된다. 그것은 상인, 공장주, 노동자 및 소비자에게도 영향을 미친다. 설사 큰 틀에서는 재정과 통화에 이익이 되더라도 모든 측면에 똑같이 적용되는 것은 아니다."

처칠은 금본위제를 회복하면 무역과 취업이 심각하게 타격을 받을 것이라고 생각했다. 이러한 그의 견해는 당연히 많은 사람의 반대에 부딪혔다. 오스틴 체임벌린은 개인적으로 처칠에게 입장을 바꿀 것을 촉구했다. 처칠의 정적이자 정부 정책에 비판적인 전 노동당 재무장관 필립 스노든(Philip Snowden) 하원의원마저 〈옵서버〉에 체임벌린의 주장과 유사한 글을 발표했다. 저명한 경제학자인 케임브리지 대학의 존 케인스(John Keynes)와 자유당 시절 재무장관을 지낸 레지널드 매케나(Reginald McKenna)만이 금본위제 회복 반대에 찬성했다.

새해 예산안 발표일이 코앞으로 다가오자 명확한 결론을 내리기 위해 처칠은 금본위제 회복과 관련해 대립된 의견을 가진 쌍방 대표를 자신의 관저인 다우닝 가 11번지로 초청해 토론을 진행했다. 이때 존 케인스는 금본위제를 회복하면 재정 적자가 예상보다 크게 늘어나고, 이를 메우기 위해서는 시장 가격을 낮춰야 하는데, 그렇게 되면 실업 사태와 파업이 초래될 것이라고 주장했다. 반면 재계 대표는 케인스의 주장이 최악의 상황을 너무 크게 부풀린 것이라고 반박하며, 그런 불리한 요소는 단기적인 것으로서 은행업·보험업·해운업의 장기적 이익이 그것을 상쇄할 수 있다고 주장했다. 회의에 참석한 사람 대다수가 금본위제 회복을 지지하는 뜻을 밝히자 처칠은 다시 한 번 마음이 움직였다. 얼마 후 노먼을 비롯해 현직 총리와 회담을 가진 후, 처칠은 새로운 재정 예산 보고서에 금본위제 회복 정책을 포함하기로 합의했다.

1925년 4월 28일, 처칠은 마침내 하원에서 재정 예산안을 공표했다. 주요 골자는 금본위제 회복, 소득세 인하, 장례세 및 각종 간접세 인상, 매케나세(재무장관 매케나가 전쟁 수행 노력을 진작시키기 위해 부과한 40퍼센트의 개인소득부가세와 50퍼센트의 초과이득세를 가리킴 – 옮긴이) 징수 부활 등이었다. 한편 이에 따른 부작용을 보완하기 위해 고아나 과부에 대한 지원책을 발표하고, 양로금 수령 연령을 70세에서 65로 대폭 낮추었다. 이 두 가지 지원책은 아서 체임벌린(Arthur Chamberlain) 총리의 경선 공약에 포함된 것이었지만 정작 체임벌린은 이렇게 말했다.

"어떤 의미에서 이것들은 처칠의 계획이나 마찬가지다. 그가 이 정책들을 예산안에 포함시키지 않았다면 올해 우리는 이것들을 실시하지 못했을 것이다. 이런 창조 정신과 열정이 그에게 특별한 영예를 가져다주었다고 생각한다."

체임벌린은 또한 하원에서 행한 처칠의 두 시간 반짜리 연설이야말로 '절묘한 연극'이라고 극찬했다. 노동당의 전임 재무장관 필립 스노든 역시 처칠의 예산안을 오직 중상(中上) 계층에 유리한 '지금까지 공표된 것 중 최악의 부자 예산'이라고 맹비난하면서도 뛰어난 언변으로 일궈낸 위대한 승리라는 점을 인정했다. 반면, 자유 무역 옹호자들은 오랫동안 그들의 기수라고 여겼던 처칠이 자신들을 배반했다며 이를 갈았다.

금본위제를 회복하기 위해서는 극도로 엄격한 채무 상환 정책을 실시해야 했기 때문에 정부 지출을 줄이는 것이 필연적이었다. 처칠은 취임 초기에 스탠리 볼드윈(Stanley Baldwin) 총리에게 군비 지출을 제한하자고 건의한 적이 있었다. 당시 그는 해군과 공군의 예산 확대 계획을 단호히 비판했다. 또 볼드윈 총리에게 20년 안에 영국과 대등한 해군력을 가진 대국이 절대 전쟁을 일으킬 리 없는 상황에서 예산을 늘리는 것은 낭비라고 말했다. 독일 해군은 이미 붕괴했고, 미국과는 적의가 없으며, 일본과는 동맹국인 관계로 가까운 시일이나 장래에 전쟁이 일어날 확률이 희박하고, 나머지 국가는 굳이 언급할 가치도 없다고 처칠은 생각했다. 심지어 싱가포르의 해군 기지 건설 계획을 취소하라고 주장했는데, 이는 처칠이 전에 노동당 정부를 공격한 주요 근거이기도 했다.

내각에서 해군력 증강을 위해 필사적으로 투쟁하던 해군 대신 데이비드 비티(David Beatty)는 해군 문제를 꿰뚫고 있는 처칠을 당해낼 재간이 없었다. 비티는 일찍이 부인에게 이런 편지를 보냈다.

"우린 지금 정부의 맹렬한 공격을 받고 있소. 우리 해군은 노동당 정부가 집권했을 때보다 확실히 어려움에 봉착했소. 끝장을 보려는 재무장관 윈스턴이 미친 듯이 지출 삭감에 나섰기 때문이오."

이때 국방사무위원회가 처칠의 판단에 찬성하는 쪽으로 결론을 내면서 마침내 문제가 폭발했다. 곤경에 처한 해군 대신 비티는 해군 건설 계획 폐지를 완강하게 거부하며 사퇴 일보 직전까지 갔다. 그러자 정치에 악영향을 미칠까 염려한 볼드윈이 직접 조율에 나서 타협안을 제시했다. 결국 해군의 계획을 대부분 수용하되 가능한 한 지출을 절감하고 일부 경비는 하반기 이후에 집행하는 쪽으로 결론을 내면서 사건은 마침내 일단락되었다.

한편, 공군 쪽에서는 공군 대신 새뮤얼 호어(Samuel Hoare)와 공군 원수 휴 트렌차드(Hugh Trenchard)가 비교적 협조적이어서 예산 삭감과 관련해 커다란 갈등을 빚지 않았다. 이리하여 처칠은 군비 감축에 어느 정도 실효를 거두었고, 이로써 채무 상환 계획 집행을 관철하고 소득세 징수 인하를 유지할 수 있었다. 또한 금본위제 회복 정책도 순조롭게 추진했다.

금본위제는 영국 재계에 커다란 이익을 안겨주었다. 통계에 따르면, 이 정책으로 영국 재계는 약 10억 파운드의 초과 수입을 챙겼다. 그러나 이러한 조치는 근본적으로 잘못된 것이었다. 영국의 산업과 노동자에게 심각한 타격을 주었기 때문이다.

통계를 작성한 존 케인스는 이러한 정책으로 영국 상품의 가격이 국제 시장에서 12퍼센트나 급등해 경쟁력을 상실했다고 밝혔다. 이는 영국의 산업으로 하여금 당시 변화를 겪고 있는 세계 무역 구조에 더욱더 적응하기 어렵게 만들었다. 12퍼센트 오른 가격 부담을 덜기 위해 영국의 공장들은 임금을 삭감하고 노동 강도를 더욱 높여 결국 실업과 파업을 초래했다. 1931년이 되자 금본위제는 더 이상 버티지 못했고, 파운드는 다시 한 번 평가 절하 압력에 부딪혔다.

파운드의 금본위제 포기는 물론 자국의 요인 때문만은 아니었다. 세계 경제의 변동 역시 이런 결과에 결정적 영향을 미쳤다.

1929년에서 1933년까지 자본주의 국가들은 사상 초유의 심각한 신용 위기를 맞았다. 신용 위기는 미국의 증권 시장 가격이 급락하

면서 시작되어 순식간에 유럽 전역으로 확대되었다. 오스트리아와 독일·영국에서는 고객들이 예금한 돈을 일제히 인출하는 바람에 은행이 잇달아 파산했다. 1931년 7월, 독일 정부는 외채 상환 중단을 선포하고 엄격한 외환 관리를 실시해 황금의 거래와 수출을 금지했다. 이는 독일이 금환본위제 중단을 선언했음을 뜻한다.

유럽 대륙의 은행이 잇달아 도산하는 가운데 2개월이란 짧은 시간에 런던에서는 반년치 예금이 빠져나가 황금이 대량 유출되었다. 이런 상황이 지속되자 1931년 9월, 영국은 어쩔 수 없이 파운드의 평가 절하를 단행하고 마침내 금본위제를 포기했다. 파운드를 기초로 금환본위제를 실시하던 인도, 이집트, 말레이시아 등도 영국을 따라 금환본위제를 포기했다. 이후 아일랜드, 노르웨이, 스웨덴, 덴마크, 핀란드, 캐나다 등에서 실시하던 각종 금본위제도 막을 내렸다.

1933년 봄, 세계적인 신용 위기가 마침내 부메랑이 되어 미국을 덮쳐 수많은 은행이 도산했다. 미국 연방준비은행이 비축한 황금이 1개월 만에 20퍼센트나 감소했다. 이에 미국 정부는 3월 6일 은행권 태환 중단을 선언하고, 4월 19일에는 은행과 개인의 황금 보유 및 수출을 완전히 금지했다. 5월에는 달러를 41퍼센트나 평가 절하하고, 미국 연방준비은행에 국가 채권을 담보로 통화를 발행할 수 있는 권한을 주었다. 이렇게 해서 미국도 마침내 금본위제의 역사를 마감했다. 한편 프랑스, 스위스, 이탈리아, 네덜란드, 벨기에 등 일부 유럽 국가는 1936년 8월과 9월을 전후로 잇달아 금본위제를 포기했다. 이로써 금본위제는 자본주의 국가의 화폐 제도에서 역사의 뒤안길로 사라졌다. 처칠은 자신의 회고록에서 얄타 회담에 참석할 당시의 심정을 이렇게 묘사했다.

"내 옆에는 거대한 북극곰이 앉아 있고, 다른 한쪽에는 거대한 아메리카 들소가 앉아 있었다. 그 중간에 앉은 것은 가련한 영국 당나귀였다."

이는 당시 영국의 국제적 위상을 상징적으로 묘사한 말이다. 제2차 세계대전 이후 계속 평가 절하된 파운드는 1949년 9월 30.5퍼센트나 평가 절하를 단행해 대달러 환율이 2.8달러로 떨어졌다. 1967년 11월에는 대달러 환율이 2.4달러까지 하락했고, 파운드의 금 함유량도 2.13281그램으로 감소했다. 파운드는 결국 1970년대 말 달러에 연동하는 변동환율제를 채택했다.

금본위제가 붕괴된 후, 자본주의 국가에서는 지폐를 유통하는 화폐 제도를 널리 시행했다. 각국의 화폐는 여전히 금을 함유해야 한다고 규정했지만 지폐로는 태환이 불가능했다. 따라서 각국 정부는 지폐 유통 제도를 통해 손쉽게 화폐를 남발하고 통화 팽창 정책을 실시할 수 있는 길이 열렸다. 이후로 자본주의 국가의 화폐 제도는 더 이상 상대적 안정성을 갖지 못했다. 통화 팽창과 환율의 급격한 변동이 날로 화폐 금융 분야를 동요와 혼란 속으로 빠뜨렸기 때문이다.

1950년대 이후에는 관세 및 무역에 관한 일반협정(GATT), 세계은행(IBRD), 국제통화기금(IMF)이 세계 경제 및 무역과 금융 구조를 떠받치는 3대 지주 역할을 했다. 이 3대 지주는 사실상 1944년에 열린 브레턴우즈(Bretton Woods) 협정을 계기로 설립되었는데, 특히 IBRD와 IMF는 일반적으로 브레턴우즈 화폐 체제라고 불린다. 파운드가 점점 세계 결제 통화 자리를 달러에 내주면서 세계 화폐는 이제 달러의 세기로 진입했다.

파운드에 대한 영국인의 미련

제2차 세계대전 이후, 영국은 '해가 지지 않는 제국'에서 보통 유럽 국가의 위치로 돌아왔다. 그로부터 반세기가 흘렀지만 영국인은 여전히 이런 변화를 받아들이고 싶어 하지 않는다. 파운드는 그 옛날 영국의 찬란했던 전성기를 대변하는 역사적 기념품이다. 이런 파운드를 포기하는 것은 대영제국의 기반을 완전히 버리는 것과 같다. 따라서 영국인이 비통과 낙담에 빠진 것은 어쩌면 당연한 일이다.

파운드는 영국과 흥망성쇠를 함께한 산증인이나 다름없다. 1821년 영국이 금본위제를 처음 실시했을 때, 1파운드로 7.3그램의 순금을 태환할 수 있었다. 이후 100년 동안 파운드는 줄곧 가장 중요한 국제 지불 수단이자 기축 화폐가 되었다. 하지만 제1차 세계대전 이후, 달러가 점차 파운드의 국제적 지위를 대신하기 시작했다. 영국은 황금의 대외 유출을 막기 위해 경기 불황 시기에 금본위제를 포기했다. 제2차 세계대전 후, 파운드는 두 차례 평가 절하를 단행해 전시에 1파운드당 4.03달러 하던 환율이 2.4달러까지 떨어졌다. 이후 계속된 하락으로 현재는 1파운드당 1.65달러 수준이 되었다.

영국은 파운드의 국제적 위상을 유지하기 위해 1931년 파운드 그룹을 조직하고, 1939년에 파운드 블록으로 그 명칭을 바꾸기도 했다. 캐나다를 제외한 영연방 국가를 비롯해 아일랜드, 아이슬란드, 몰디브, 쿠웨이트, 요르단, 오만, 바레인, 카타르, 아랍에미리트, 예멘, 시에라리온 등은 파운드를 기축 통화로 삼고 자유로운 태환, 무역, 신용 대출 등을 모두 파운드로 결제했다.

그러나 제2차 세계대전 이후, 영국이 내리막길을 걸으면서 파운드 또한 위의 지역에서조차 국제 화폐로서의 지위를 유지하기 힘들었다. 1971년, 세계 화폐 위기가 닥치자 파운드 블록 회원국이 잇달아 탈퇴해 영국과 아일랜드, 카이만 군도, 채널 제도만 남게 되었다. 이런 상황에서도 영국은 파운드가 기타 유럽 국가의 화폐와 동등하게 취급받는 것을 원치 않았다. 1973년 3월, 영국은 서유럽 8개국이 결성한 공동변동환율제 가입을 거부했다. 그리고 1990년 10월, 유럽환율제도에 가입했지만 겨우 2년 만에 탈퇴를 선언했다. 이후 영국은 유럽통화연맹과도 거리를 두고 있다.

'자부심'을 어찌 잃을쏘냐?

파운드의 가치가 갈수록 떨어지고 사용 범위 또한 갈수록 줄어드는 상황에서도 많은 영국인들은 파운드를 포기하는 것은 영국이 완전히 '자부심'을 버리고 평범한 유럽 국가의 일원이 되는 것을 의미한다고 여겼다. 영국과 유럽 대륙은 바다 하나를 사이에 두고 있지만 전혀 다른 두 세계를 구성하고 있는 셈이다.

영국의 국력이 가장 강성했을 때, 둘 사이의 체급은 완전히 달랐다. 영국이 세계적이었다면, 독일과 프랑스의 세력권은 유럽에 불과했다. 당시 영국은 유럽 열강의 '세력 균형' 유지를 사명으로 여기며 '세계 1인자' 자리를 고수했다. 제2차 세계대전 이후에도 영국 보수파들은 본국과 유럽 대륙의 세력권을 동등하게 유지하려 했다. 그들은 영국의 국력이 비록 예전만 못하지만 미국과 특수한 관계에 있고, 또 영연방을 거느리고 있어 패전국인 독일이나 국력이 쇠약해진 프랑스와는 전혀 다르다고 생각했다. 그러나 잔혹한 현실은 그런 생각이 틀렸음을 증명할 뿐이었다. 1960년대에 영국의 대다수 정치가들은 영국이 유럽으로 되돌아갈 때가 되었음을 인정하지 않을 수 없었다. 1973년, 영국은 결국 유럽공동체(EC)에 가입하면서 '유럽의 일원'이 되었다.

하지만 영국은 이러한 변화 추세에 완전히 적응하지 못한 채 유럽에서 자기만의 목소리를 유지하려 했다. 1979년 총리에 취임한 마거릿 대처(Margaret Thatcher)는 영국과 미국의 케케묵은 특수 관계를 또다시 들고 나왔다. 또한 '연방주의' 목소리를 크게 내면서 민족 국가를 초월한 '유럽합중국' 건설에 단호히 반대했다. 이처럼 영국은 유럽 국가들 사이에서 늘 조화를 이루지 못하는 눈엣가시 같은 존재였다.

　1980년대까지 만나기만 하면 으르렁거리고 다투던 영국과 유럽 공동체는 토니 블레어(Tony Blair) 총리가 이끄는 노동당이 집권하면서 어느 정도 관계를 회복했다. 하지만 영국의 '개성'은 완전히 바뀌지 않았다. 유로에 대한 그들의 태도가 바로 유럽에 대한 영국인의 태도를 반영한다. 파운드에 미련을 버리지 못하는 심리의 근원은 어쩌면 여기에 있다고 할 수 있다.

변해야만 살아남을 수 있다

화폐와 일반 민중의 삶은 매우 밀접한 관계에 있다. 그러나 이 문제와 관련해 민중은 발언권을 거의 갖고 있지 않다. 결정권은 기업가, 금융가, 정치가들에게 있다. 이런 사람들은 이익을 최고의 가치로 삼기 때문에 이익에 대한 이해가 변하면 입장도 당연히 변하게 마련이다.

수년 전 영국의 〈데일리 미러〉는 직원 10만 명 이상의 영국 대기업 25곳이 연명해 블레어 총리에게 보낸 서한을 공개했다. 그들은 이 서한에서 유로존 가입이 영국의 장기적 이익에 유리하다고 밝히며, 시간이 지체된다면 영국의 미래에 큰 재앙이 닥칠 것이라고 주장했다. 이런 압력이 심해지자 재무장관 고든 브라운이 한층 신중한 자세를 견지했음에도 불구하고 영국 정계에 변화의 바람이 불기 시작했다. 그런데 시민들의 반응은 매우 냉담했다. 영국 언론의 보도에 따르면, 인터뷰에 응한 절반가량의 시민이 블레어 총리가 유로존에 가입하는 꼴을 보느니 파운드를 보존하기 위해 차라리 브라운을 총리에 임명하자고 목소리를 높였다.

그러나 많은 영국인들은 현실적으로 머지않은 미래에 파운드를 포기해야 한다는 사실을 잘 알고 있다. 여론조사에 따르면, 절반 넘는 영국인이 10년 이내에 유로가 파운드를 대신할 것이라고 예측했다. 유로가 탄생하기 이전, 프랑스인은 프랑에 미련이 없고 독일인은 마르크에 미련이 없었겠는가? 사람이 수십 수백 년 동안 몸에 지니고 있던 물건을 하루아침에 버리지 못하는 것은 자연스러운 현상이다. 그러나 이제 프랑, 마르크, 리라, 페세타, 오스트리아실링 등은 어디에서도 찾아볼 수 없다.

역사는 발전의 추세를 따르게 마련이다. 그렇다면 기억 속에 남길 것은 기억 속에 남기고, 박물관에 보내야 할 것은 박물관에 보내야만 한다. 영국이 유로존 가입을 자꾸 미루는 근본 원인은 정치경제적인 측면에 있다. 문화도 어느 정도 작용하고 있지만 개혁을 받아들이지 않을 수 없을 것이다.

몰락한 파운드, 누구의 문제가 될 것인가?

니얼 퍼거슨

하버드 대학 역사학과 교수. 옥스퍼드 대학 지저스 칼리지와
스탠퍼드 대학 후버 칼리지 선임 연구원 역임.

미국 재무장관을 역임한 존 코널리(John Connally)는 1970년대에 "달러는 우리의 통화지만 당신의 문제가 될 것이다"라는 명언을 남겼다. 일찍이 '세계 화폐' 파운드를 발행한 대영제국도 의욕적으로 이런 말을 했지만 현재 달러가 주름잡는 세계에서 과연 파운드 몰락이 누구의 문제가 될지는 알 방법이 없다.

루이청강 논 평 세계 화폐의 지위를 얻게 되면 그 국가는 분명 경제와 금융 면에서 수많은 이점을 누릴 수 있다. 일찍이 '해가 지지 않는 제국'으로 군림하던 대영제국은 현재 세계 제일의 권좌에서 내려왔다. 여기서 우리는 국가의 종합적인 국력이야말로 화폐를 움직이는 큰손임을 깊이 깨달을 수 있다.

영국 경제가 불안해지면서 세금을 대폭 인상하고 공공 지출을 삭감해 재정 상황이 계속 악화되었다. 적자를 메우기 위해 정부가 대량의 자금을 빌릴 수밖에 없게 되자 끊임없이 상승하는 채권 수익률이 구매자들을 유혹했다.

10년 만기 영국 채권 수익률은 2009년 3월 2.9퍼센트에서 현재 3.6퍼센트로 껑충 뛰었다. 채권 투자자들은 영국 금융의 안정성을 의심하며 리스크에 대한 더 높은 보상을 원하고 있다.

상황이 우려할 수준이 되자 3분의 1에 달하는 영국인이 다시 한 번 파운드에 위기가 찾아올 것이라고 예상했다.

채권 투자자들이 리스크에 대한 더 높은 보상을 원하고, 3분의 1에 달하는 사람들이 파운드의 위기를 우려했다는 것은 확실히 파운드에 대한 신뢰가 바닥까지 떨어졌음을 반영한다. 2009년 11월 30일, 로이터 통신이 파운드의 하락을 공표하기 전에 이미 데이터상으로 영국 소비자들의 신뢰가 급락했음을 알 수 있다. 이는 영국 경제가 현재 내리막길을 걷고 있음을 분명히 보여주는 것이다.

엉망이 된 지금의 상황은 국가 파산 상태에 몰린 아이슬란드나 아일랜드에 더 가깝다고 할 수 있다. 아이슬란드는 IMF에 구제 금융을 신청해 은행 도산 후 발생할 골치 아픈 문제들을 해결했고, 아일랜드도 오랫동안 경기 침체를 겪으면서 경제가 심각하게 위축되었다.

'해가 지지 않는 제국'의 전성기를 회상하는가 하면 심지어 영국이 아이슬란드처럼 파산 위기에 처했다고 믿는 사람을 보노라면, 참으로 영웅의 몰락을 느낀다. 그러나 이런 변화는 절대 몇몇 사람이 밀실에서 획책하거나 모의한 결과가 아니라 국가의 종합적인 국력이 화폐에 그대로 투영된 것일 뿐이다.

파운드가 60년 전 몰락의 길로 접어든 때를 사람들은 생생하게 기억하고 있다. 파운드는 자신을 대신한 달러의 지위를 절대 넘볼 수 없는 위치로 떨어졌다.

제2차 세계대전 기간 동안 영국은 전쟁으로 인한 적자를 메우기 위해 국내 및 식민지에서 대량의 차관을 들여왔다. 그런데 1950년대 중반 이 대량의 부채가 사라지기 시작했다. 불행히도 이에 따라 파운드의 가치도 급속도로 하락세를 보였다. 그러나 파운드의 쇠락은 결코 영국의 장기적인 무역 적자를 줄이지 못했다. 특히 제조업의 쇠퇴는 파운드의 세계 화폐 지위를 흔들어놓았다. 세계대전은 세계의 경제와 세력 구도를 완전히 재편했고, 파운드가 쇠퇴함에 따라 대영제국의 지위도 끝없이 추락했다.

영국은 두 차례의 세계대전 동안 엄청난 양의 물자를 투입함으로써 결국 국력이 급속히 쇠퇴했다. 게다가 미국이 전쟁을 이용해 엄청난 부를 축적하면서 새로운 강자로 급부상했다. 달러가 파운드를 대신해 새로운 세계 화폐로 등장한 것은 너무도 당연한 일이다.

엄청난 재정 적자는 재정 지출 삭감과 세수의 대폭 증가를 예상케 한다. 이처럼 상황이 낙관적이진 않지만 채무 위약(違約) 가능성은 매우 낮다고 생각된다. 그 이유는 파운드의 평가 절하가 유사한 위약 효과를 낳아 정부의 상환 자금 가치를 떨어뜨릴 것이기 때문이다.

현재 달러 가치가 하락 추세에 있어 파운드가 회복세를 보이긴 하지만 2007년과 비교해도 여전히 제자리걸음이다. 미국과 영국의 가장 큰 차이점은 이것이다—미국은 현재 세계가 인정하는 화폐를 발행하지만 영국은 아니다. 예전에야 어땠든 파운드는 지금 더 이상 달러를 대신할 위치에 있지 않다. 이것은 파운드가 더 큰 위험에 처해 있음을 의미한다.

영국인들은 1945년 이후 한 가지 교훈을 얻었다—국력이 강대해야만 그 국가의 화폐가 다른 사람들에게 부담을 줄 수 있다. 만약 그렇지 않다면 결국 그 부담을 자신이 질 수밖에 없다.

"국력이 강대해야만 그 국가의 화폐가 다른 사람들에게 부담을 줄 수 있다." 이 말은 대국이 소국을 괴롭힌다는 뜻처럼 들리지만 사실상 현실 세계는 이렇게 돌아가고 있다. 세계 최고의 자리에서 내려온 대영제국은 그 상실감을 가장 절실히 느끼고 있을 것이다.

제 2 부

달러

DOLLAR

3

달러 시대의 시작

'해가 지지 않는 제국'의 국력이 점점 쇠퇴하고, 여기에 금융 위기와 전쟁의 충격이 더해지면서 파운드의 국제적 위상은 날로 하락했다. 그렇다면 무엇이 파운드를 대신해 새로운 세계 화폐로 부상할 것인가? 이 질문에 대한 답은 제2차 세계대전이 진행되면서 서서히 드러나기 시작했다.

전쟁이 달러를 전성기로 이끌다

1940년대 유럽이 두 차례 세계대전의 상처에서 아직 회복되지 않았을 때, 미국의 대도시들은 오히려 번영과 발전의 길로 접어들었다. 미국인들은 무도회에 참가하고 자동차를 구매하고 몰래 술을 제조하고 주식을 마구 사들이는 등 아메리카합중국 수립 이래 최고의 번성기를 구가했다.

미국은 두 차례의 세계대전으로 큰 이익을 얻었다. 그 이유는 전쟁이 미국 본토에서 벌어지지 않았고, 또 대량의 무기와 군수 물자

1940년대 유럽이 두 차례 세계대전의 상처에서 아직 회복되지 않았을 때, 미국의 대도시들은 오히려 번영과 발전의 길로 접어들었다. 유럽에서 치러진 세계대전의 결과로 미국은 전 세계에서 가장 강력한 경제 국가로 발돋움했다.

를 제공함으로써 큰돈을 벌었기 때문이다. 그야말로 전쟁을 통해 부국이 된 것이다.

유럽에서 발생한 세계대전은 미국에 엄청난 기회를 주었다. 전쟁이 세계의 경제와 세력 판도를 완전히 바꾸어놓았기 때문이다. 독일·이탈리아·일본 등 패전국들은 치명적인 타격을 입었고, 영국·프랑스 등의 공업 국가들도 만신창이가 되었다. 이에 비해 미국은 전쟁을 통해 전 세계에서 가장 강력한 경제 국가로 발돋움했다.

1859년 20억 달러에도 미치지 못하던 미국의 산업 총생산액은 1918년 840억 달러로 급증해 세계 시장 점유율이 4퍼센트에서 39.2퍼센트로 성장했다. 미국의 국내총생산 또한 전 세계의 48퍼센트가량을 차지했다. 세계 상품의 절반 가까이가 미국제였고, 무역량은 전 세계의 3분의 1가량을 점유했다. 이러한 데이터들을 종합해 볼 때, 당시 미국의 국력이 얼마나 강했는지 알 수 있다. 미국은 세계 각국의 상황과 비교해 실로 거의 독보적인 위치를 차지했다.

무역이 큰 폭으로 증가하면서 미국의 황금 비축량은 1938년 145억 달러에서 1945년 200억 달러로 급증했다. 이는 전 세계 황금 비축량의 약 59퍼센트로서 달러는 이를 통해 더욱 강력한 힘을 갖게 되었다. 당시 달러 획득은 시대의 유행이자 실질적 혜택을 누리는 방법이었다. 이토록 미국인들이 사치스러운 생활을 누리는 가운데 루스벨트 대통령과 재무부 관료들은 더욱더 강력한 부흥 계획을 세밀하게 계획하고 있었다.

그것은 바로 미국 스스로 패자가 되어 세계를 장악하는 금융 제국을 건설하는 것이었다.

제2차 세계대전 이후의 '영미 전쟁'

제2차 세계대전이 끝난 후, 동맹국이던 영국과 미국 사이에 화폐와 관련해 일대 전쟁이 벌어졌다. 비록 화약 연기도, 원자탄도, 노르망디 상륙 작전도, 〈라이언 일병 구하기〉처럼 피비린내 나는 장면도 없는 전쟁이었지만, 손에 땀을 쥐는 일촉즉발의 상황이 전개되었다. 어떤 의미에서 이 전쟁의 영향력은 제2차 세계대전에 결코 뒤지지 않았다.

미국은 강력한 힘을 발판으로 일거에 영국의 세계 패권 자리를 대신하려 했다. 물론 영국도 순순히 양보할 마음이 없었다. 전쟁을 치르는 동안 영국의 경제력이 쇠약해진 것은 사실이지만 당시 국제 무역의 40퍼센트 정도를 파운드로 결제했으며, 런던은 여전히 세계적으로 중요한 금융 센터였다. 달러가 세계 화폐의 왕좌를 차지하는데 유일한 적수는 파운드였다.

전후 세계 화폐 시스템에서 주도적 위치를 점하기 위한 쟁탈전은 영국과 미국의 심각한 갈등으로 나타났다. 또 파운드의 쇠락과 달러의 부상은 양국의 힘겨루기 양상을 띠고 있었다. 이 전쟁에는 비행기나 탱크는 물론 패튼과 아이젠하워도 없었지만 또 다른 군대와 장수들이 동원되었다. 영국은 먼저 자국 경제계의 거두 존 케인스를 출격시켰다.

존 케인스는 경제학 분야에서 절대적 영향력을 가진 인물 중 하나로 손꼽히는 존재였다. 1936년 그가 발표한《고용, 이자 및 화폐의 일반이론》은 경제학계에 혁명을 일으켰다. 이 저서에서 그는 당시 유행하던 신고전파의 자유방임주의 이론을 비판하며 완전 고용을 실현하기 위해서는 정부의 역할이 중요하다고 주장했다. 경제 침체에서 벗어나고 경기 과열을 방지하려면 정부가 적극 개입해야 한다는 이론적 근거를 제시함으로써 거시경제학의 기본 사상을 수립한 것이다. 존 케인스는 평생토록 경제학에 지대한 공헌을 해 '자본주의의 구세주' 또는 '전후 번영의 아버지'라는 영예로운 칭호를 얻었다.

당시 영국 재무부 고문이자 국제 화폐 시스템에 매우 정통했던 존 케인스는 일종의 세계 은행을 창설해 초주권 화폐를 발행하자고 제안했다. 미래의 화폐 시스템

거시경제학_

국민 경제 전체 과정의 활동을 연구 대상으로 삼는다. 거시경제학은 주로 취업 수준과 국민 총수입 등 경제 총량을 고찰하기 때문에 취업 이론 혹은 수입 이론으로도 불린다.

안에서 진정한 의미의 세계 은행을 설립하고, 각 참여국들이 관리하는 세계 은행이 통일된 세계 화폐를 발행하자고 제안한 것이다. 케인스는 이러한 세계 화폐가 생겨난다면 각양각색의 화폐 투기를 근절시킬 수 있고, 화폐가 각기 달라 발생하는 환율을 이용해 이익을 챙기는 사람도 사라질 것이라고 생각했다.

국무원 발전연구센터 세계경제연구소 부소장 딩이판(丁一凡)은 케인스의 이와 같은 주장을 이렇게 분석한다.

"케인스가 이러한 제안을 한 이유는 당연히 영국의 이익을 보호하기 위해서였다. 그는 영국이 더 이상 파운드의 패권을 누리지 못할 것이라는 사실을 너무도 잘 알고 있었다. 전쟁과 황금의 끊임없는 유출로 인해 영국이 그동안의 지위를 지탱하지 못할 지경에 이르자 기선을 제압해 통일된 화폐를 만들자고 제안한 것이다."

케인스의 주장은 말할 것도 없이 미국의 강력한 반대에 부딪혔다. 당시 미국 대통령 루스벨트는 이 제안을 일언지하에 거절했다. 케인스의 주장이 달러는 물론 미국의 이익에 정면으로 배치되었기 때문이다.

이에 루스벨트 대통령은 미국의 경제학자이자 재무부 차관보인 해리 화이트(Harry White)를 논쟁의 전선으로 내보냈다.

화이트는 달러를 주요 세계 화폐로 삼아야 한다며 열변을 토했고, 루스벨트 대통령도 각종 공식석상에서 화이트의 제안이 세계 무역을 촉진하는 데 도움이 될 것이라고 지원 사격했다.

"이 위대한 국가는 앞으로 더욱더 중요한 역할을 맡게 될 것입니다. 눈부신 발전과 지속적인 번영을 이어나갈 것입니다. 미국은 장

차 이 세계를 변혁할 것입니다.”

루스벨트 대통령은 자신감 충만한 목소리로 세계 각국을 향해 미국의 패기와 파워를 전달했다.

이렇게 해서 영국과 미국은 드디어 결전을 벌이게 되었다.

뉴딜 정책으로 미국을 대공황의 위기에서 구해낸 루스벨트 대통령. 미국의 파워를 세계만방에 떨치는 데 크게 공헌했다.

브레턴우즈 체제-달러의 압승

1944년, 미국의 주도 아래 뉴햄프셔 주 브레턴우즈에서 전후 세계 화폐 시스템을 어떻게 재건할지에 대해 논의하는 회의가 열렸다. 대결 구도를 이룬 쌍방은 당연히 미국과 영국이었다.

당시 파운드는 이미 약세에 처해 국제 무역 및 국제 금융 결제액이 날로 떨어지는 상황이었지만 전통적인 역량은 결코 가볍게 볼 수 없었다. 게다가 당시 런던은 여전히 세계에서 두 번째로 큰 금융 센터 역할을 하고 있었고, 이 금융 센터가 국가에 가져다주는 이익은 숫자로 평가하기 어려울 만큼 컸다. 따라서 전통 강호 영국은 기득권을 절대 쉽게 포기할 수 없었다. 반면 급부상한 미국은 세계 패권자의 자리에 오르길 간절히 원했다. 이런 상황에서 양국의 싸움이 얼마나 치열했을지는 충분히 상상할 수 있다.

그러나 회의 당일, 영국은 완전히 미국에 압도당했다. 회의에 참석한 44개국 중 영국을 제외한 모든 나라가 화이트의 제안을 채택한 것이다. 궁지에 몰린 영국은 모든 계획을 포기하고 겨우 파운드

브레턴우즈 체제는 1944년 7월 미국의 브레턴우즈에서 연합국 44개국 대표들이 모여 개최한 연합국 통화 금융 회의를 통해 체결한 협정으로 1945년 12월에 발효되었다.

블록에서 계속 파운드를 사용할 수 있는 권리를 얻는 데 만족해야 했다. 이로써 달러가 파운드를 대신해 세계 화폐로 공식 선포되었다. 이에 따라 황금은 1온스당 35달러로 고정되었고, 다른 국가의 화폐도 달러와 고정된 환율을 형성했다. 이것이 바로 저 유명한 '브레턴우즈 체제'이다.

그렇다면 회의에 참석한 국가 중 영국을 제외한 모든 나라가 국제 무역 결제에서 달러를 사용하기로 한 이유는 무엇일까? 그것은 바로 달러가 이미 무역 관계에서 매우 중요한 위치를 점유했기 때문이다. 또한 이는 당시 미국의 강력한 국력을 반영한 것이기도 하다.

브레턴우즈 체제는 영미 양국이 국제 금융 분야에서 패권을 놓고 다툰 결과의 산물이다. 이 체제가 수립됨으로써 세계 경제의 실질적 패권은 영국에서 미국으로 넘어갔다.

화폐를 둘러싼 이번 전쟁은 화폐의 힘이 결코 우연에 의해 결정되는 것이 아님을 보여준다. 몇몇 금융가, 은행가, 정치가들이 치밀하게 조종하거나 심지어 음모를 꾸며 달러를 패자의 자리에 올려놓은 것이 아니다. 물론 이들이 매우 중요한 역할을 한 것은 사실이지만 핵심은 바로 미국이라는 나라의 국력에 있다. 한 국가의 국력이 진정 강성해지면 개인의 의지가 아니더라도 그 국가의 화폐가 자연스럽게 위대한 화폐, 대국의 화폐가 될 수 있다.

브레턴우즈 체제가 성립된 이후, 달러가 세계 화폐 시스템에서 패자의 자리를 차지했지만 파운드는 여전히 큰 골칫거리였다.

바로 이때 영국에서 경제 문제가 터졌다. 1946년, 전후 경제의 어려움에 봉착한 영국이 미국의 원조를 구할 수밖에 없는 상황에 처한 것이다. 이는 달러가 파운드에 치명상을 입힐 천재일우의 기회였다. 그해 미국 정부는 영국에 37억 5000만 달러의 단기성 차관을 빌려주었다. 그러나 세상에 공짜는 없는 법이다. 미국은 가혹한 조건을 내걸었다. 미국이 세계 화폐 시스템의 지배권을 쥐고 있음을 인정하라는 것과 파운드와 달러의 자유 태환을 회복하라는 것이었다.

그러자 파운드를 보유한 각국 정부가 잇달아 영국에서 황금을 태환한 후 달러로 교환하는 사태가 벌어졌다. 불과 한 달도 안 되어 영국의 황금이 10억 달러나 빠져나갔다. 이로 인해 영국은 큰 타격을 입었고, 파운드는 달러에 대한 견제력을 완전히 상실하고 말았다.

이로써 마침내 달러는 파운드와의 화폐전쟁에서 완벽한 승리를 거두었다. 오랜 라이벌을 물리친 달러는 이제 세계 제패라는 또 다른 여정의 돛을 올렸다.

한 국가의 국력이 강성해지면 개인의 의지가 아니더라도 그 국가의 화폐가 자연스럽게 위대한 화폐, 대국의 화폐가 될 수 있다.

마셜 플랜-막강 파워를 자랑하는 달러

1940년대에 달러가 패권을 쥠에 따라 미국은 대외 확장의 서막을 서서히 열어젖히기 시작했다.

1947년, 미국 국무장관 조지 마셜(George Marshall)은 전쟁으로 파괴된 유럽 각국에 차관을 제공하는 경제 원조를 통해 전 세계 경제의 명맥을 장악했다. 이것이 바로 저 유명한 '마셜 플랜'이다.

중국인민은행 대학원 박사 지도교수 우녠루(吳念魯)는 마셜 플랜을 이렇게 평가한다.

"이러한 일련의 움직임은 미국이 전 세계의 패권을 쥐려는 전략과 절대 분리해서 생각할 수 없다. 유럽에서는 마셜 플랜을 추진하고, 아시아에서는 경제 회복이라는 명분 아래 일본을 도와주었는데, 이는 실상 경제 약탈을 위한 것이었다."

달러는 미국의 세력 확대에 가장 강력한 무기였다. 1947년부터 1949년까지 마셜 플랜을 받아들인 10여 개 유럽 국가가 미국에서 빌린 차관은 무려 16억 달러에 달했다. 이들 국가는 대량의 달러로 재정 적자를 메우느라 달러 부족 현상에 시달렸고, 이런 상황은 꼬박 10년 동안 계속되었다.

제2차 세계대전 이후 수년 동안 국제 자본 시장은 커다란 풍랑 없이 잔잔히 흘러갔다. 하지만 각국이 미국에서 수입하는 필수품에 지불할 달러를 충분히 확보하지 못하면서 심각한 문제가 발생했다. 이를 해결할 유일한 방법은 마셜 플랜을 수용하는 것이었다. 미국은 유럽과 일본이 경제를 재건하는 데 필요한 달러를 제공함으로써 막대한 이득을 취했다. 또한 이를 빌미로 다른 나라의 내정에도 관여하기 시작했다. 심지어 손에 피 한 방울 묻히지 않고 다른 나라와 금융 또는 화폐 전쟁을 일으켜 그 나라의 경제를 마비 상태에 빠뜨리기도 했다.

이로써 미국은 세계 최강국의 지위를 누리게 되었고, 달러는 유일하게 자유 태환이 가능한 화폐로 기능하면서 국제적 위상이 하늘을 찌를 듯했다. 경제학자 샹쑹쭤는 일찍이 이렇게 말했다.

"런던은 18~19세기에 세계에서 가장 중요한 금융 중심지가 되었고, 20세기에 들어서자 이 금융 중심지는 런던에서 뉴욕으로 이동해 달러가 파운드를 대신해 세계의 주요 화폐가 되었다. 만약 이러한 신구 교체의 상징적인 사건을 꼭 집어 말하라면 당연히 1913년의 연방준비제도, 즉 FRS 출범일 것이다. FRS 탄생은 우연한 사건처럼 보이지만 사실상 미국의 종합적인 국력이 이미 영국을 능가했

시카고에 소재한 미국 연방준비은행. 복수 중앙은행 제도를 채택하고 있는 미국의 중앙은행이다. 1836년에 제2미합중국은행이 해산된 후 77년 만인 1913년 연방준비법에 의해 설립되었다.

음을 의미한다. FRS가 출범하자마자 세계에서 가장 강력한 중앙은행으로 떠오른 것은 달러가 파운드를 대신해 세계 주요 화폐가 되었음을 뜻한다."

이후, 세계 화폐는 달러의 시대로 접어들었다.

4

달러 시대의 쇠락

30년 동안 전성기를 누리던 달러의 패권적 지위는 군사 및 경제의 무리한 확장으로 결국 쇠락의 길을 걷기 시작했고, 이에 따라 미국 경제도 쇠퇴기로 진입했다. 이러한 현상은 세계 경제에 과연 어떤 영향을 미쳤을까?

미국 경제를 무너뜨린 베트남 전쟁

1960년대, 10여 년에 걸친 베트남 전쟁에서 미국은 최소한 2500억 달러의 군비와 50만 명 병사를 투입했다. '혼란의 10년'이라고도 불리는 이 전쟁 기간 동안 미국 젊은이들은 잇달아 차출당해 전선으로 보내졌다. 이 와중에 월스트리트의 은행가들은 정부에 빌려준 전쟁 비용을 얼마나 돌려받을 수 있을지 주판알을 튕기기 바빴다. 한편, 미국 정부는 거액의 군비 지출을 감당하기 위해 해외 각국에 손을 벌릴 수밖에 없었다.

전쟁 규모가 예상외로 크게 확대되자 빌린 돈만으로는 전비를 감당하기 어려워진 미국 정부는 하는 수 없이 수차례에 걸쳐 달러를 마구 찍어냈다. 이런 통화 팽창 정책으로 인해 유럽에 대량의 미국 달러가 쌓이게 되었다. 미국에서 돈을 빌리기 어려워 달러 부족에 시달리던 현상이 역전되어 오히려 달러가 넘쳐나게 된 것이다.

세계 최고의 부유한 채권국이던 미국은 결국 최대 채무국으로 전락해 당시 재정 적자가 무려 1500억 달러에 달했다. 미국의 채무가 갈수록 늘어나자 달러를 대량 갖고 있던 서유럽 국가들은 불안하고 초조해지기 시작했다.

미국이 장차 채무를 갚을 능력을 상실하지 않을까 걱정한 것이다. 그래서 일부 유럽 국가에서는 달러와 황금의 고정 환율 및 자유 태환을 규정한 브레턴우즈 체제에 의거해 서서히 미국의 달러를 황금으로 교환하기 시작했다.

그중 가장 강경한 입장을 보인 나라는 프랑스였다. 당시 프랑스 대통령 드골은 미국의 화폐 패권을 노골적으로 비난하며, 심지어 달러 뭉치를 군함에 싣고 뉴욕으로 가져가 모두 황금으로 바꿔버리겠다고 위협하기도 했다.

미국의 닉슨 대통령은 처음에는 드골의 발언에 별로 신경 쓰지 않았다. 하지만 서유럽 국가들이 단체로 황금 태환에 나서자 좌불안석이 되었다.

닉슨은 당시 미국의 황금 보유량으로는 다른 국가의 태환 요구에 응할 수 없다는 사실을 알고 깜짝 놀랐다. 우넨루의 연구에 따르면, 본래 미국의 전 세계 황금 점유율은 70퍼센트에 달했지만 대량의

프랑스 대통령 드골은 미국의 화폐 패권을 노골적으로 비난하며, 심지어 달러 뭉치를 군함에 싣고 뉴욕으로 가져가 모두 황금으로 바꿔버리겠다고 위협하기도 했다.

황금 유출로 인해 보유량이 갈수록 줄어들어 그 즈음에는 달러를 지탱하지 못할 수준에까지 이르렀다고 한다.

형세를 되돌리지 못한 닉슨

1971년, 닉슨 대통령은 위기가 도래했음을 직시하고 중대한 결정을 내렸다. 바로 달러와 황금과의 관계를 끊는 것이었다. 이에 따라 미국은 1온스당 35달러의 가격으로 황금과 교환할 수 있다는 규정을 완전히 폐지했다. 결국 미국이 앞장서서 달러와 황금의 태환을 중지하고 브레턴우즈 체제를 저버린 꼴이 된 것이다.

닉슨 정부의 결정으로 브레턴우즈 체제가 붕괴하면서 달러는 급속도로 쇠락의 길을 걷기 시작했다. 달러의 평가 절하는 거스를 수

닉슨 정부의 결정으로 브레턴우즈 체제가 붕괴하면서 달러는 급속도로 쇠락의 길을 걷기 시작했다. 달러의 평가 절하를 막을 수 없게 되자 사람들은 필사적으로 달러를 팔아치웠다.

없는 운명이었다. 1온스당 35달러 하던 환율이 38달러로 올랐고, 1973년에는 38달러에서 42.22달러로 급등했다.

딩이판은 이렇게 말한다.

"처음에는 몇 퍼센트에 불과하던 평가 절하 폭이 나중에는 20퍼센트까지 치솟았지만, 당시 미국으로서는 이를 막을 길이 없었다. 사람들이 필사적으로 달러를 투매하는 바람에 연속 몇 년에 걸쳐 달러는 큰 폭으로 평가 절하되었다."

중국 사회과학원 세계경제연구소 연구원 장밍(張明)은 당시의 미국 상황을 이렇게 설명한다.

"이러한 영향으로 미국 경제는 스태그플레이션에 빠지고 말았다. 미국 입장에서 1970년부터 1980년대 초까지의 기간은 '잃어버린 10년'이나 마찬가지였다. 당시 미국의 경제는 내리막길을 걸어 침

체에 빠졌고, 한편으로는 다른 국가들이 미국을 믿지 못함에 따라 달러가 위기에 봉착했다. 이는 결국 전 세계적으로 에너지와 벌크(bulk) 제품의 가격 상승을 초래해 미국 경제는 저성장과 높은 인플레의 악순환이 반복되었다."

닉슨 정부는 이런 현상에 어떻게 손을 써야 할지 전혀 몰랐다.

미국인의 악몽

이러한 국면은 오랫동안 미국 정부를 괴롭혔다. 미국 국민 역시 불과 몇 년 전까지만 해도 세계 최고의 화폐였던 달러가 갑자기 힘을 잃고, 이로 인해 수년간 인플레이션이 지속되리라고는 상상도 하지 못했다.

물가는 매일같이 올라 2~3년 간격으로 약 10퍼센트 또는 20퍼센트씩 상승했다. 이러한 악순환에 직면한 미국 국민은 더 이상 참지 못하고 곳곳에서 시위를 벌이기도 했다.

1970년대 말이 되자 미국이 세계 경제에서 차지하는 비중은 10퍼센트에도 채 미치지 못했고, 국제 경쟁력은 끝도 모를 하락세가 계속되었다. 도산하는 기업이 속출하고, 실업자 수가 1500만 명을 넘어섰다. 돈 나올 구멍이 없어진 미국 국민은 와이셔츠에 신문지 몇 장을 대고 한겨울을 지내야 하는 지경에 이르렀다.

미국 경제학자 케네스 랜들(Kenneth Randall)은 당시의 어려웠던 시절을 이렇게 술회했다.

"당시 상황은 정말 엉망이었다. 방앗간이고 공장이고 모두 문을 닫았다. 철도도 멈춘 지 오래였다. 수백만 명에 이르는 미국인이 실업 상태에 빠졌다. 악몽은 이렇게 시작되었다."

또 다른 미국 경제학자 대니얼 여진(Daniel Yergin)의 묘사는 우리에게도 매우 익숙하다.

"농장주들은 시장에 쇠고기를 내다 팔기를 포기했고, 농민들은 닭을 기를 돈이 없어서 물에 빠뜨려 죽였다. 그들은 생산량을 조절해 가격을 만회하려 했지만 모두 헛된 노력이었다. 경제가 나선형 쇠퇴 단계에 진입하자 어떤 방법으로도 이를 막을 길이 없었다."

누구도 막을 수 없는 경기 하락이 계속되자 위기는 거의 모든 사람에게 영향을 미쳤다. 정부도 떨어질 대로 떨어진 국민의 사기를 막지 못해 국면은 점점 심각한 사태에 이르렀다.

미국 경제학자 스펜서 에커스(Spencer Ekers)는 당시 상황을 이렇게 설명한다.

"정말 모든 것이 악화일로를 걸어 상점이나 공장이 전부 위기에 직면했다. 이런 내리막길은 은행도 당연히 피해갈 수 없었다. 절반에 가까운 미국의 은행이 이때 모두 문을 닫았다."

한편, 케네스 랜들은 이렇게 말했다.

"공황 상태에 빠진 사람들은 곧장 은행으로 달려가 자신이 힘들게 모은 돈을 인출하려고 했다. 은행에는 예금을 찾으려는 사람들로 발 디딜 틈이 없었다. 로비에서 입구는 물론 길거리까지 길게 늘어선 사람들은 언제쯤 돈을 찾을 수 있을지 몰라 발을 동동 구르며 밤낮으로 기다렸다."

1970년대 말, 석유수출국기구(OPEC)가 유가를 대폭 인상하자 제2차 석유 파동이 일어났다. 그 결과 미국에서는 석유와 식품 부족 현상이 나타나 물가가 급등하고, 달러 환율이 불안정해지고, 인플레이션도 심각해졌다. 미국 경제는 금방이라도 와해될 것만 같았다. 30년 동안 전성기를 누려온 미국 경제가 심각한 곤경에 빠지고 만 것이다.

그런데 미국 정부는 이런 심각한 상황을 전혀 인식하지 못했다. 당시 닉슨 행정부에서 일한 딕 체니(Dick Cheney)는 이렇게 회상했다.

"닉슨 집권 기간 동안 대중이 식품 가격이 상승할 것이라고 확신할 때, 우리는 식품 가격을 강제로 동결할 수 있는지를 놓고 열띤 논쟁을 벌인 기억이 있다."

케네스 베이커(Kenneth Baker)의 말은 사람들을 더욱 깜짝 놀라게 한다.

"당시 재무부 관료 서너 명과 함께 회의에 참석한 적이 있는데, 그때 결정한 사항은 다음과 같았다. 다음 주에 수도꼭지 수리비가 얼마나 들지, 택시비는 얼마나 나올지, 이발사 월급은 얼마나 줄지 등등. 이는 경제가 완전히 붕괴된 상황에서 나올 수 있는 얘기가 아니었다."

한편, 국무장관을 지낸 조지 슐츠(George Shultz)는 이렇게 일침을 가했다.

"당시 경제는 인플레이션 때문에 빠져나갈 구멍이 없었고, 해결할 방법도 전혀 보이지 않았다. 그것은 일종의 '경제병'이었다."

달러, 세계 경제를 무너뜨리다

1970년대의 달러 평가 절하는 미국 경제 쇠퇴의 10년, 또는 미국의 국제적 위상이 지속적으로 하락하는 10년을 가져왔다. 세계 각국 또한 미국발 충격파에서 벗어나지 못했다. 수년간 아메리카 대륙과 유럽의 경제 발전은 정체 상태에 빠졌고, 인플레이션으로 인한 고물가에 큰 고생을 겪어야만 했다.

이 10년은 또한 주변 국가의 '잃어버린 10년'이기도 했다.

1970년대의 미국은 경제 불황으로 높은 실업률과 인플레이션이 병존하는 스태그플레이션에 빠졌다. 먹을 것을 구하기 위해 배급을 받는 모습은 당시 낯선 풍경이 아니었다.

멕시코의 경제학자 아이얼 하버거(A. C. Harberger)는 당시를 회상하며 이렇게 말했다.

"우리는 아무런 희망도, 어떤 도움도 받을 수 없다는 사실을 알고 있었다. 우리는 너무 외로웠다. 세계은행 사무실 문은 굳게 닫혔고, IMF도 대표부를 철수한 지 오래였다. 미국 정부와 우방국들은 아예 전화도 받지 않았다."

또한 조지 휴스(George Hughes)는 이렇게 말했다.

"악성 인플레이션이 멕시코를 몹시 괴롭혔다. 이에 정부는 수입 한도 내에서 지출을 해야 하는 지경으로 내몰렸다. 1페소가 있으면 1페소를 쓰고, 2페소가 있으면 2페소를 쓸 뿐이었다. 만약 수입이 전혀 없다면 지출은 제로가 되는 것이다."

휴스의 증언은 주변 여건이 미비해 무기력할 수밖에 없었던 당시 남미의 실상을 여실히 보여준다.

한편, 이 시기에 달러의 패권을 배척하자는 목소리가 곳곳에서 터져 나오기 시작했다.

프랑스 드골 대통령은 재임 기간 동안 여러 차례 달러의 패권에 비판을 제기했다. 그는 미국의 재정 적자를 다른 국가들의 피땀으로 메우고 있음에도 미국은 전 세계에 전혀 책임을 지지 않는다고 질책했다. 이에 미국 고위 관료는 즉각 이렇게 맞받아쳤다.

"달러가 우리의 화폐임을 인정한다. 그러나 달러 평가 절하와 관련한 문제는 여러분의 문제다."

즉, 미국의 국력과 달러가 강력한 힘을 갖고 있어 각국이 미국 화폐를 사용하는 것이니 그 결과도 당연히 받아들여야 한다는 것이었다.

당시 유럽 정치가들이 공개적으로 강력하게 달러에 반대한 이유
는 바로 이처럼 독점적 패권을 가진 달러가 전 세계 화폐 시스템을
불안하게 만들었기 때문이다.

5

달러 주변의 '적수들'

달러의 패권적 지위가 여러 차례 도전을 받으면서 달러는 다양한 합종연횡을 채택했다. 그렇다면 달러에 강력한 도전장을 던진 일본의 엔과 서독의 마르크는 어떻게 패배의 쓴잔을 마시게 되었을까?

잠깐 반짝했다가 사라진 엔

미국 경제가 위기의 늪에서 허우적댈 때 일본은 오히려 매우 빠른 성장세를 보였다. 1950년에 발발한 한국전쟁은 일본에 재기의 기회를 제공했고, 52개 국가가 일본에 대한 전쟁 배상 요구권을 포기한 가운데 미국과 일본은 군사 동맹을 기초로 돈독한 관계를 수립했다. 1950년에서 1960년까지 미국이 일본에 주문한 상품은 수백억 달러를 넘어섰고, 1955년에서 1973년까지 일본 경제는 장장 18년간 연평균 10퍼센트 이상의 놀라운 성장 속도를 기록했다.

딩이판은 일본 경제의 신속한 발전을 간단하면서도 명료하게 설명한다.

"일본은 1970년대에는 사진기, 1980년대에는 자동차와 비디오 카메라를 팔아 전 세계의 돈을 긁어모으며 신속하게 발전했다. 일본이 수출 대국으로 변모한 후 세계 각국은 일본의 하이테크 제품을 사들이기 시작했다."

하지만 달러의 지속적인 평가 절하로 인해 수출 기업들이 심각한 환율 위험에 부딪히자 일본은 무역 거래에서 달러를 엔으로 점차 대체하려 했다.

당시 일본의 여론이나 학계는 물론 정부 내부에서도 이런 움직임을 보이기 시작했다. 한 나라의 화폐가 세계 화폐가 된다는 것은 달리 말하면, 세계가 그 나라의 경제적 지위를 인정한다는 뜻이다. 과거 나폴레옹은 전쟁을 통해 프랑을 전 유럽의 단일 화폐로 사용하려다 실패했고, 히틀러도 라이히스마르크를 전 유럽에서 통용하기 위해 무력을 동원했지만 역시 실패하고 말았다. 미국의 쇠락을 틈타 이미 경제 대국 반열에 오른 일본 역시 자연스럽게 세계 최강국 지위를 탐내기 시작했다. 일본인들은 만약 자국의 화폐를 다른 나라 사람들이 사용한다면 최소한 화폐 주조세에서 일정량의 이득을 챙길 수 있고, 다른 나라 사람들이 리스크를 일부 분담하는 효과가 있을 것이라고 생각했다. 당시 달러가 분명 위기에 처해 있었기 때문에 엔으로 그것을 대체할 수 있을지 저울질하는 것은 너무도 당연했다.

라이히스마르크 (Reichsmark, RM)_
1924~1948년 동안 독일에서 사용한 통화 단위. 1933년 나치 집권 이후 재군비 강행에 따른 통화 증발(增發) 그리고 1934년과 1939년에 개정한 은행법에 의거해 라이히스마르크는 금과 관계없는 관리 통화가 되었다. 제2차 세계대전 동안에는 계속된 잠재적 인플레이션으로 가치가 하락했다. 1948년의 통화 개혁 때 라이히스마르크는 10대 1의 비율로 독일 마르크로 대체되었다

엔이 세계 화폐로 기능한다면 우선 환율의 위험에서 벗어나는 것이 가능할 터였다.

1985년, 일본 외환심의회는 〈엔의 국제화에 관해〉 등 일련의 정부 문건을 발표하며 엔의 국제화를 정식으로 추진했다. 동시에 일본은 중국을 포함한 아시아 국가에 대량의 차관을 제공하고 도쿄에 역외 금융 시장을 설립했다. 또 대외 금융 시장 개방을 선포하고 외자 유출의 한도를 취소하는 등 일련의 조치를 통해 엔의 국제화를 촉진하자 엔의 가치는 빠른 속도로 상승했다.

엔의 가치 상승을 이끈 것은 GDP의 대폭적인 성장에 힘입어 일본이 순식간에 세계에서 두 번째로 큰 경제 대국으로 부상했기 때문이다. 딩이판은 이때의 상황을 이렇게 설명한다.

"당시 일본은 정말 대단했다. 심지어 일본이 세계 최고라는 말까지 나왔다. 지금은 중국에 추월당했지만 한동안 일본은 달러를 가장 많이 보유해 줄곧 미국의 최대 채권국이었다. 더욱이 엔이 평가 절상된 후에는 마치 미국을 집어삼킬 기세여서 미국의 여론조차 일본이라는 늑대가 침투해 미국을 사들인다고 성토했다."

경제력이 크게 팽창하자 일본인들은 전 세계에 투자하기 시작했다. 로스앤젤레스 번화가의 절반 가까운 부동산을 매입했으며, 하와이 외국인 투자의 96퍼센트 이상이 일본인 몫이었다. 1985년부터 1990년까지 일본 기업은 총 21건에 500억 엔 이상의 대형 해외

M&A를 성사시켰고, 1980년대 말에는 미국 전체 부동산의 10퍼센트가 일본인의 수중으로 넘어갔다. 그중 가장 유명하고 상징적인 사건은 바로 록펠러 센터 인수였다. 이 소식을 접한 미국인들은 일본인에게 모든 것을 빼앗길지도 모른다는 불안감에 휩싸였다.

우녠루는 이때 미국인들이 매우 초조해했다며 그 이유를 이렇게 덧붙였다.

"당시 세계 10대 은행 가운데 일본 은행이 무려 여덟 곳이었고, 10대 기업 중에는 대여섯 개를 점유했다. 1달러에 360엔 하던 환율이 순식간에 급등해 가장 높을 때는 80엔까지 올라갔다. 엔의 상승 폭이 얼마나 대단했는지 알 수 있다. 돈이 넘쳐난 일본은 부동산에서 문화 영역에 이르기까지 닥치는 대로 사들여 미국인을 벌벌 떨게 만들었다."

일본은 일련의 대규모 대외 차관과 거래 시장 설립을 통해 달러와 경쟁할 기회를 얻었다. 하지만 이와 같은 강적을 맞닥뜨린 미국도 경제가 비록 하락세를 걷고 있긴 해도 결코 만만하지는 않았다. 그 결과 1980년대 중후반부터 미일 두 나라 사이의 무역 마찰이 급격하게 고조되기 시작했다.

당시 일본 컴퓨터가 대량 수입되자 미국산 컴퓨터 가격이 급락해 공장들이 문을 닫을 위기에 처했다. 이에 미국 상무부가 덤핑 판정을 내리자 일본은 크게 반발하며 국제재판소에 제소했다. 결과는 일본의 패소로 끝났지만 그 뒤에도 판유리, 식물 검역, 전기통신업 진입 등과 관련해 마찰이 계속 발생했다. 한편, 미국은 일본에 금융보험업 개방과 산업 구조 조정을 강력하게 요구했다.

미국은 이처럼 경제력이 수직 상승하는 일본에 대해 갈수록 제재 강도를 높이기 시작했다. 이에 대한 딩이판의 설명은 이렇다.

"미국은 국제 거래에서 세계 경제 대국이라는 지위를 믿고 침략적인 일방주의 전략을 채택했다. '슈퍼 301조'와 '스페셜 301조'를 동원해 일방적으로 일본에 경제 제재를 하고 위협했다. 일테면 일본 상품이 미국 시장에서 덤핑 판매되는 것을 막고, 또 일본이 장벽을 제거해 미국의 상품과 노동력에 시장을 개방하도록 압박한 것이다."

수차례 무역 마찰을 겪는 동안 일본은 결정적인 순간에 늘 양보와 타협으로 일관했다. 그런데 바로 이것이 결국 일본 경제의 장기적인 침체 원인이 되고 말았다. 그리고 이후 터진 아시아 금융 위기 바람을 타고 엔의 가치도 폭락했다. 일본이 동남아에서 자금을 회수하자 엔도 평가 절하되었는데, 심지어 동남아 각국의 화폐보다 그 폭이 훨씬 심각했다. 딩이판은 당시 벌어진 화폐전쟁을 이렇게 평가한다.

"당시 동남아 각국은 일본의 경제 잠식에 불만이 매우 높았다. 그때 마침 잘나가던 엔이 폭락하자 그들은 마치 기다렸다는 듯이 힘을 합쳐 엔의 평가 절하를 더욱 부추겼다.”

이로써 일본 경제는 내리막길로 접어들어 장기 불황의 수렁에 빠지고 말았다.

엔이 대폭 하락하면서 자금이 부족해진 일본 기업들은 하는 수 없이 예전에 사들였던 미국 내 자산을 싼값에 팔아치웠다. 우녠루는 당시 상황을 이렇게 설명한다.

“일본의 경쟁력이 크게 약화되자 결국 일본 경제의 거품이 터지고 말았다. 부동산 가격이 갑자기 폭락했으며 기업들은 돈줄이 막혀 록펠러 센터를 팔고 반 고흐의 그림까지 토해내는 신세가 되었다.”

일본 경제가 지속적인 불황에 빠지자 엔은 달러의 위협에 스스로 무너진 꼴이 되고 말았다. 즉, 1990년 부동산과 주식 시장이 붕괴함으로써 일본의 경제는 장기간 쇠퇴기에 진입했고, 일본 엔의 국제화도 뒷걸음질 치기 시작했다.

또 다른 관점에서 봤을 때, 설령 당시 일본이 내리막길을 걷지 않았다 해도 엔이 진정한 세계 화폐로 부상하기는 매우 어려웠다. 세계 화폐가 되기 위해서는 그 나라 정부가 장기간의 무역 적자를 감당할 능력을 갖춰야 한다. 그러나 일본은 종전 후 국가 재건에 나선 이래 줄곧 무역 흑자 정책을 추진했다. 이는 일본이 자국의 상품 시장을 개방할 여력이 없음을 의미한다. 따라서 엔은 태생적으로 국제화의 길을 걷는 데 제약을 받을 수밖에 없다.

원만하게 생을 마감한 마르크

달러가 맞닥뜨린 또 다른 강적은 독일의 마르크였다. 1960년대에서 1990년대까지 서독은 일본과 더불어 종전 후 세계 경제를 통틀어 가장 눈부신 발전을 이룩했다. 이 30년 동안 서독은 대외 무역에서 매년 거의 흑자를 유지했다. 그 결과 마르크의 가치는 달러 뒤를 바짝 쫓을 만큼 상승했고, 심지어 한때 달러를 앞지르기도 했다.

전후 서독은 경제가 급성장하고 대외 무역이 크게 확대되면서 외환 보유고가 날로 증가했다. 마르크의 국제적 위상은 크게 상승했고, 주요 국제 기축 통화 중 하나이자 5개 특별 인출권 통화로 지정되면서 달러의 패권적 지위를 위협하기 시작했다.

중국 사회과학원 세계경제연구소 연구원 장밍은 군웅이 각축을 벌이던 당시 상황을 이렇게 설명한다.

"1973년 브레턴우즈 체제가 붕괴된 이후, 마르크는 국제 외환 시장에서 엎치락뒤치락하는 주요 화폐로 부상해 프랑·파운드와 함께 달러가 독점하던 이익을 나눠 가졌다."

지속적인 무역 흑자를 발판으로 마르크의 가치도 수직 상승했다. 1960년에 4.17:1이었던 대달러 환율은 1990년에 1.49:1로 무려 2.79배나 껑충 뛰었다. 이는 마르크가 줄곧 달러에 대해 강세를 유지했

특별 인출권 (special drawing right, SDR)_
1970년 세계적인 유동성 공급을 위해 IMF에서 창출한 기축 통화를 말한다. 'paper gold'라고도 부르는데 금이나 달러같이 대외 지급에 사용하는 것이 아니라 IMF를 통해 외국으로부터 외국 통화를 인출할 수 있는 한도를 정할 때 사용하는 계산 단위이다. 회원국은 국제 수지가 악화되었을 때 무담보로 외화를 인출할 수 있는 권리를 갖게 된다. SDR를 창출하려면 특별 인출 계정 참가국 85퍼센트 이상의 찬성을 얻어야 한다. SDR 창출 규모는 세계 경제에 인플레이션이나 디플레이션을 초래하지 않는 범위 내에서 결정한다.

음을 보여준다.

이렇게 급부상한 적수에 대해 미국은 결코 경계를 늦추지 않았다. 독일이 과거 전 세계를 지배하려는 야심을 드러낸 전적이 있었기 때문이다. 일테면 히틀러가 무력으로 전 유럽에 마르크를 통용시키려다 실패했는데, 당시 독일의 경제력은 그것을 실행에 옮길 만큼 강하지 못했다. 그런데 지금의 독일은 달랐다. 미국인들은 마르크가 와신상담하며 달러의 지위를 빼앗지 않을까 걱정하기 시작했다. 이와 관련해 장밍은 이렇게 논평했다.

"미국인들의 걱정은 당연한 것이었다. 어떤 국가라도 경제력이 상승해 무역 점유율이 확대되면 그 국가의 화폐가 세계를 지배하게 된다는 것을 미국은 너무나 잘 알고 있었다. 그래서 그들은 애써 마르크를 외면했다. 당시 일본은 아시아 금융 위기를 겪으며 화폐 정책을 통해 환율을 유지하려 했지만 끝내 실패하고 오히려 인플레이션과 경제 거품만 촉발하고 말았다. 미국은 독일 역시 일본이 선택한 길을 따라 스스로 파멸하길 바랐다."

날로 강력해지는 독일에 대해 미국은 여러 차례 공식석상에서 제재 조치를 취하겠다고 밝혔다. 여기에는 독일에 주둔한 미군 기지와 부대의 완전 철수 및 양국의 산업 협력 중단 등이 포함되어 있었다. 미국의 제재는 여기에 그치지 않고 물리적인 방법으로 화폐까지 마음대로 주물렀다. 당시 상황을 우녠루는 이렇게 설명한다.

"예를 들면, 엔과 마찬가지로 마르크의 가치를 강제로 올려 독일이 자국 화폐를 찍어낼 수밖에 없도록 만드는 것이다. 그러면 독일의 화폐가 시중에 더욱 많이 풀릴 테고, 그 결과 비교적 안정적이던 물가가 갑자기 뛰어오를 수밖에 없다."

미국의 제재에 직면한 독일 화폐 당국의 정책 방향은 매우 명확했다. 바로 국내 물가와 생산량을 안정시키는 것이었다. 1974년, 독일은 외환 분야의 규제를 완화해 마르크의 환율을 유동적으로 만듦으로써 환율 거품이 국내 경제에 끼칠 피해를 성공적으로 피할 수 있었다. 또한 마르크는 결코 세계 화폐의 지위에 오를 뜻이 없음을 분명히 내비쳤다. 그리고 2002년 1월 1일, 유럽에서 유로가 정식으로 통용되기 시작하자 50여 년간 명맥을 유지해온 마르크는 역사의 무대에서 작별을 고했다.

경제학자 샹쑹쭤는 마르크가 원만하게 생을 마감했다고 높이 평가하며 이렇게 언급했다.

"1950년대 중반부터 마르크는 독일의 눈부신 경제 및 정치적 성과와 늘 함께했다. 전쟁 전후의 채무 조기 상환, 이스라엘 및 나치 피해자에 대한 보상, 수출 세계 1위, 대외 정책에서의 발언권 강화, 유럽 단일화 과정에서의 경제적 지원, 독립된 유럽 화폐 시스템 수립을 통한 미국의 세계 패권 견제 등등. 이 모든 것의 원천은 바로 마르크였다. 이런 마르크가 역사의 무대에서 사라지자 미국은 안도의 한숨을 돌렸다."

이렇게 볼 때, 우리는 세계를 중대한 위기로 이끈 배후에 세계 화폐의 그림자가 도사리고 있음을 알 수 있다. 그들은 일국의 경제를 틀어쥐고 그 국가의 정치적 운명까지 장악한 다음 경제적 위기를 유발시켜 세계 부의 흐름과 분배를 손아귀에 넣고 있다. 따라서 세계 금융사는 인류의 부에 대한 지배를 모색하는 역사라고 말할 수 있다.

6

달러의 부흥

미국은 어떻게 경제 불황에서 벗어났으며, 패권적 지위를 다시 회복해 옛 명성을 되찾았을까? 화폐를 둘러싼 치열한 암투는 지금까지 한 번도 멈춘 적이 없다.

달러와 석유의 밀월 관계

1974년, 바람 앞에 등불처럼 다급해진 미국의 경제 위기로 인해 100만 명에 이르는 실업자가 빵을 배급받기 위해 찬바람을 맞으며 길게 줄을 서는 풍경이 펼쳐졌다. 그해에 닉슨이 대통령직에서 사임하고 지미 카터가 새로 대통령에 취임했다. 당시 미국 정부의 가장 시급한 문제는 경제 불황 탈출이었다. 카터는 국민의 신뢰를 회복하기 위해 내각을 개편하고 금융 상공에서 휘몰아치는 폭풍을 잠재우고자 했다. 한편 당시 국무장관 키신저는 사우디아라비아를 전격 방문해 미국이 권토중래할 기회를 노렸다.

국무장관 키신저는 사우디아라비아를 전격 방문해 OPEC에서 원유를 결제할 때 달러를 사용하도록 설득했다. 석유가 달러로 거래되면서 달러는 그 누구도 건드릴 수 없는 패권적 지위를 다시 회복했다.

중국 사회과학원 세계경제연구소 연구원 장밍은 미국과 사우디아라비아의 협력 및 거래를 이렇게 설명했다.

"달러가 심각한 평가 절하 압력에 부딪혔을 때, 미국과 사우디아라비아는 중요한 거래를 성사시켰다. 사우디아라비아는 세계 최대 산유국이었기 때문에 다른 동맹국들도 달러를 석유 거래의 유일한 통화로 삼는 데 동의했다. 이후 달러의 지위는 급격히 상승했다. 미국은 그 대가로 이들 국가의 안전 보장을 약속했다."

키신저와 사우디아라비아 왕자 사이의 회담 성사로 당시 절체절명의 위기에 빠져 있던 달러의 패권적 지위는 원상태를 회복할 수 있었다. 석유는 전 세계 선물 시장에서 거래량이 가장 많은 상품이다. 그런데 이런 석유를 달러로만 결제해야 하니 각국에서는 석유를 수입하기 위해 반드시 달러를 비축할 수밖에 없었다. 그리하여 달러 수요량이 갑자기 큰 폭으로 늘어났다. 일테면 석유가 달러의 패권적 지위를 공고히 하는 데 어느 정도 기여를 한 것이다. 우녠루는 당시의 상황을 이렇게 평가한다.

"화폐에는 세 가지 기능이 있다. 가치 척도, 거래 매개 수단, 저장 수단이 바로 그것이다. 이 협상을 통해 달러는 가치 척도 면에서 실질적으로 독점적 우세를 점했기 때문에 주도적 위치를 계속 유지하는 데 큰 도움이 되었다."

레이건이 심어놓은 나무 그늘에서 클린턴이 편하게 쉬다

키신저의 책략으로 미국은 발등에 떨어진 급한 불을 끌 수 있었다. 그러나 미국이 진정으로 다시 부강해진 시기는 수십 년 후인 1990년대라고 할 수 있다.

미국이 달러를 지탱하면서 부흥의 계기를 맞이한 것은 1990년대의 노동 생산성이 급속도로 성장한 덕분이었다. 여기에는 IT 기술의 발전이 크게 한몫을 담당했다. 당시 미국은 인터넷을 포함한 IT 업계가 큰 번영을 누렸다. 이러한 미국의 경제 부흥을 우넨루는 이렇게 설명한다.

"달러의 재도약은 사실상 레이건이 심어놓은 나무 그늘에서 클린턴이 편하게 쉰 형국이라고 말할 수 있다. 1980년에 레이건 정부는

클린턴 정부는 당시 만연한 재정 적자 폭을 줄이기 위해 부자 증세를 실시하는 동시에 각종 정부 지출 규모를 축소했다.

미국은 1991년부터 세계 최대 상품 수출국의 왕관을 되찾았고, 2001년에는 전 세계에서 미국 GDP가 차지하는 비중이 32.5퍼센트까지 증가해 경제 강국의 패권을 회복했다.

금융 분야의 관리 감독을 느슨하게 하는 등 이전의 거시경제 정책을 대대적으로 개편한 후 금융과 경제 토대의 혁신을 장려했다. 이런 레이건 정부 8년과 '아버지 부시'를 거친 1990년대에 이르러 미국은 다시 강성의 길로 접어들었다."

1990년 이후 미국의 IT 산업은 급속한 발전을 이룩해 기술력 면에서 유럽과 일본을 한참 앞질렀다. 이에 힘입어 당시 클린턴 정부는 경제가 맹렬한 상승기에 진입할 수 있도록 다양한 재정 정책을 펼쳤다. 장밍은 당시의 상황을 이렇게 설명한다.

"클린턴 정부가 당시 미국의 재정 적자를 해소함으로써 1997년과 1998년에 미국은 역사상 유례없는 재정 흑자를 실현했다. 재정 안정은 달러가 강력한 힘을 갖는 데 중요한 요소 중 하나다. 이외에도 몇 가지 요인에 힘입어 달러는 1990년대 중후반부터 21세기 초까지 막강한 힘을 발휘했다."

1991년부터 2001년까지 10년간 미국은 역사상 가장 긴 번영기에 진입해 연평균 성장률이 3.4퍼센트 달했다. 이는 일본의 1.1퍼센트, EU의 2.0퍼센트보다 훨씬 높은 수준이었다. 인플레율도 3퍼센트 이하로 떨어져 안정적인 성장을 실현했다. 미국은 1991년부터 세계 최대 상품 수출국의 왕관을 되찾았고, 2001년에는 전 세계에서 미국 GDP가 차지하는 비중이 32.5퍼센트까지 증가해 경제 강국의 패권을 회복했다.

미국의 국력이 가장 강성할 때 달러도 세계에서 가장 중요한 화폐로서의 지위를 누릴 수 있었다. 이와 같은 달러 성쇠의 굴곡을 통해 우리는 한 가지 이치를 깨달을 수 있다. 그것은 바로 한 국가의 종합적인 국력이 강성해야 그 나라의 화폐도 위대한 자리에 오를 수 있다는 것이다.

유로와 이라크 전쟁

하지만 달러의 왕좌는 결코 안정적이지 못했다. 미국 경제의 회복은 EU 각국의 경제도 동반 상승하는 효과를 가져왔다. 무에서 유를 창조한 유로는 신속한 발전을 이룩해 단일 통화 체제가 된 1999년 대달러 환율이 1유로당 1.18달러에서 2004년에는 1.36달러로 고공행진을 계속했다. 2006년에는 환율 안정 속에서도 성장세를 보여 국제무대에서 달러 다음으로 중요한 화폐로 자리매김하며 달러의 가장 강력한 적수로 부상했다.

미국의 많은 정치가와 학자들이 유로의 탄생을 원치 않은 것은 당연했다. 새로운 화폐가 출현해 달러에 대항할 것을 우려했기 때문이다.

당시 EU 가맹국의 인구는 3억 명이 넘었고, 이들 국가의 GDP를 합산하면 미국과 맞먹는 수준이었다. 무역량 등 각종 경제 지표를 비교해도 미국에 결코 뒤지지 않았다.

유로는 탄생하자마자 달러에 이어 세계 제2의 화폐로 떠올랐다. 유럽의 어마어마한 경제, 금융, 무역 규모가 유로의 튼실한 기초를 형성했기 때문이다. 현재 유로가 전 세계 기축 통화에서 차지하는 비중은 20퍼센트를 넘어섰고, 그동안 미국의 비중은 60퍼센트 이하로 떨어졌다. 이처럼 유로가 달러에 엄청난 충격파를 던져줄 줄 알았기에 미국은 내심 유로의 출현을 원치 않았던 것이다. 유로가 지금까지 겪어본 적 없는 위협이 되리라는 사실을 분명하게 인식한 셈이다.

상쑹쭤는 미국의 이런 의지를 반영한 대표적인 이야기 하나를 들려주었다. 1999년 유로가 세상에 막 모습을 드러내려 할 즈음 〈월스트리트 저널〉에 한 편의 글이 실렸다. 이 글을 쓴 사람은 현재 오바마 행정부의 경제회복자문위원회 위원을 맡고 있는 마틴 펠드스타인(Martin Feldstein)으로, 레이건 대통령 시절 경제자문위원장을 지낸 인물이었다. 이 글에서 펠드스타인은 유로가 필연적으로 유럽을 다시 한 번 전쟁의 소용돌이로 밀어 넣을 것이라고 예언했다. 이는 유로가 출범하면 전쟁이라는 재난을 불러올 테니 당장 그만두라는 뜻이었다. 하지만 이 말에 달러가 절대 권력을 휘두르며 최대 이익을 누리고 있으니 유로의 도전을 불허한다는 뜻이 담겨 있다는 것을 누가 모르겠는가?

각국의 화폐가 세계 화폐 시스템에서 어떤 위치를 갖는지는 그 국가의 경제력과 밀접한 관계가 있고, 또 거꾸로 화폐의 지위를 통해 해당 국가의 경제 발전을 추진할 수도 있다. 그래서 어느 시대를 막론하고 세계 화폐 시스템의 주도권을 놓고 치열한 쟁탈전이 벌어진 것이다. 일테면 '화폐의 정치화'이다. 이러한 화폐전쟁은 한층 격렬한 방식으로 폭발하기도 하는데, 심한 경우에는 실제 전쟁을 불사하기도 한다.

미국은 난데없이 유로라는 새로운 적수가 나타나자 대응 수위를 크게 높였다. 미국이 2003년 왜 갑자기 이라크 전쟁을 일으켰는지 딩이판은 이렇게 분석한다.

"당시 사담 후세인은 이라크의 석유 결제 화폐를 유로로 교체한다고 선언했는데, 이것이 미국의 출병을 부추긴 원인 중 하나였다고 할 수 있다. 훗날 이란이 석유 거래 화폐를 유로로 바꾸겠다고 발표하자 미국은 마찬가지로 강경한 태도를 보였다."

장밍 역시 딩이판과 유사한 분석을 내놓았다.

"2001년에서 2003년까지 유로의 대달러 환율이 끊임없이 상승하자 미국은 어떻게든 유로를 손봐줄 필요가 있었다. 이에 미국은 코소보 사태를 이용해 유럽을 혼란에 빠뜨렸고, 특히 이라크 전쟁을 일으킴으로써 중동 지방에 영향력을 확장하려는 유럽의 움직임에 제동을 걸었다. 실제로 이라크 전쟁이 발발한 후 유로의 대달러 환율은 내리막길을 걷기 시작했다."

이처럼 미국은 달러의 패권을 보호하기 위한 의도를 조금도 숨기지 않았다. 화폐를 둘러싼 치열한 암투는 지금껏 한 번도 멈춘 적이 없다.

7

미래 세계 화폐의 구도

1990년대에 달러의 패권이 다시 맹위를 떨쳤지만 화폐전쟁은 끊임없이 계속되었다. 그러던 중 2008년 전 세계적인 금융 쓰나미가 닥치자 달러는 다시금 쇠퇴의 길로 접어들었다. 그렇다면 이제 달러의 패권은 어떻게 변화하고, 세계 화폐의 구도는 어느 방향으로 흘러가게 될까?

몰락의 서막을 알린 서브프라임 위기

2007년 발생한 서브프라임 위기가 미국을 경제 위기의 진흙탕 속으로 몰아넣었지만 역사가들은 사실상 미국 경제의 위기는 2001년부터 시작되었다고 믿는다. 9·11 테러는 미국을 공황 상태에 빠뜨렸고, 지난 10년간 계속된 번영이 남긴 후유증도 서서히 고개를 들기 시작했다. 1990년대 이래 미국 경제는 급속하게 발전했지만 이는 기업의 과도한 투자, 주식 및 부동산 시장의 거품, 빈번한 전쟁, 채무의 급격한 팽창 등을 가져왔다. 그리고 바로 이것들이 훗날 미

미국이 '테러와의 전쟁'에 사용한 군비는 무려 5조 달러가 넘었다. 미국은 이 엄청난 자금을 전처럼 각국에서 차관 형식으로 빌려왔는데 이 채무가 훗날 미국을 큰 위기에 빠뜨렸다.

국 쇠퇴의 원인으로 작용했다.

1990년대 후반 이후 미국은 두 차례 대규모 거품을 겪었다. 그중 하나는 이른바 '정보 기술 거품'으로, 이 거품이 터진 2000년과 2001년에 미국 경제는 큰 곤경에 빠졌다. 다른 하나는 부동산 거품인데, 이로 인해 2007년 이후 막대한 손실을 본 외국 투자자들은 미국의 자산과 투자에 미심쩍은 반응을 보이기 시작했다.

2001년 이래 미국은 세계 최대 수출국과 해외 투자 대국이라는 왕관을 내려놓은 채 오히려 최대 채무국으로 전락하고 말았다. 현재 미국이 세계 경제에서 차지하는 비중은 제2차 세계대전 이후 50퍼센트 이상에서 3분의 1 수준으로 떨어졌고, 대외 무역 비중 역시 60퍼센트 이상에서 16퍼센트로 크게 감소했다.

이번 위기는 베트남 전쟁 때와 매우 유사한 배경을 갖고 있다. 미국 정부가 채무 감당 능력을 완전히 상실한 주원인은 전쟁에 너무 많은 돈을 쏟아 부었기 때문이다. 특히 2003년 '테러와의 전쟁'을 발동한 이래 지출은 한도 끝도 없었다.

2008년 금융 쓰나미가 전 세계를 휩쓸아쳤을 때 미국의 개인 부채, 회사 부채, 국가 부채를 모두 합한 액수는 무려 50조 달러가 넘었다. 이는 전 세계의 생산 총액과 거의 맞먹는 수치였다. 바꿔 말하면, 전 세계 사람들이 모두 힙을 합쳐 갚아야만 미국의 재정 적자를 해소할 수 있었다.

수년 동안 미국이 '테러와의 전쟁'에 사용한 군비는 무려 5조 달러가 넘었는데, 미국은 이 엄청난 자금을 예전처럼 각국에서 차관 형식으로 빌려왔다. 그런데 이 채무가 큰 문제로 대두된 것은 서브프라임 위기가 발생한 후였다. 금융 위기 타개책으로 고심 끝에 8000억 달러 규모의 부양책을 내놓았지만 안타깝게도 더 이상 돈을 빌릴 구멍이 없었던 것이다.

2008년 금융 쓰나미가 전 세계를 휩쓸아쳤을 때 미국의 개인 부채, 회사 부채, 국가 부채를 모두 합한 액수는 무려 50조 달러가 넘었다. 이는 전 세계의 생산 총액과 거의 맞먹는 수치였다. 바꿔 말하면, 전 세계 사람들이 모두 힙을 합쳐 갚아야만 미국의 재정 적자를 해소할 수 있었다. 2009년 3월, 미국은 기울어가는 국면을 만회하기 위해 3000억 달러의 국채를 매입하는 부양책을 공표했다.

FRB, 즉 미국 연방준비제도이사회 의장 벤 버냉키(Ben Bernanke)는 필요하다면 헬리콥터에서 돈을 뿌려서라도 유동성을 늘리겠다고 여러 차례 언급해 '헬리콥터 버냉키'라는 별명을 얻었는데, FRB가 3000억 달러라는 천문학적인 금액을 투입해 국채 매입에 나섰다는 것은 사실상 모든 금융 시장에 대가를 바라지 않고 자금을 투입한다는 것을 의미했다. 즉, 그냥 돈을 뿌리는 행위나 마찬가지였다.

그러나 미국 경제를 다시금 부활시키려는 이번 조치에 대해 국제 사회는 의심의 눈초리를 보냈다. 딩이판은 미국의 이러한 부양책을 '목이 말라 급한 김에 독주를 마신 꼴'이라고 평가한다.

"유동성을 확대하는 것은 술을 마시는 것과 똑같다. 실제로 '유동성'과 액체를 뜻하는 영어 단어(liquid)도 똑같다. 술을 한 잔 마시면 어느 정도 흥분이 되고 그 자극을 받아 계속 마시고 싶어진다. 그러나 많이 마실수록 흥분과 자극 효과는 감소하고, 술에 취할 정도에 이르면 우울함을 느끼게 된다."

FRB가 국채를 대량 매입함으로써 미국은 훗날 인플레를 초래할 가능성이 매우 높아졌다. 미래에 미국 경제가 안정을 되찾아 화폐 유동량이 늘어나면 이것이 엄청난 통화 팽창 압력으로 작용할 것이다. 이때 미국 정부가 이러한 유동성을 회수하지 못하면 통화 팽창 압력은 통제력을 잃고 달러는 큰 폭으로 평가 절하되고 말 것이다.

1970년대에 미국은 베트남 전쟁을 일으킴으로써 결국 달러 과잉 현상을 빚었다. 이것은 이후 10년 동안의 불황으로 이어졌고 글로벌 경제 발전에도 심각한 영향을 미쳤다. 미국 정부의 이번 부양책도 혹시 이런 옛 전철을 밟게 되는 것은 아닐까?

이에 대한 딩이판의 견해는 이렇다.

"이와 같은 무책임한 방법을 계속 고수한다면 베트남 전쟁 당시의 악성 통화 팽창 문제를 그대로 답습할 확률이 높다. 그런데 돌아가는 상황을 보면 1970년대의 어두운 그림자가 다시 드리우는 것 같다. 이는 미국의 쇠퇴를 알리는 서막이 될 것이다."

누가 달러의 패권을 흔들 것인가?

강력함에서 쇠퇴로, 쇠퇴에서 다시 강력함이라는 사이클을 겪은 달러의 패권은 앞으로 어떻게 전개될 것인가?

장밍은 이미 다시금 쇠퇴의 조짐이 나타났다고 운을 떼며 이렇게 설명한다.

"특히 FRB가 직접 미국 국채를 구매하기 시작한 이후, 달러는 전 세계적 범주에서 중장기적으로 대폭 평가 절하의 위험에 노출되었다. 하지만 미국이 달러의 경쟁 상대인 유로, 파운드, 엔을 사용하는 나라의 국력까지도 크게 쇠락시켜 지금의 세계 화폐 시스템으로서는 여러 가지 가능성이 있을 수 있다. 하지만 좋은 것과 나쁜 것 중 하나를 고르는 게 아니라 나쁜 것과 더 나쁜 것 중 하나를 고르는 형국이 될 것이다. 상대적으로 달러는 유로나 엔보다 그나마 여건이 나아 쇠퇴하더라도 장기적이고 점진적이며 완만한 과정을 보일 것이다."

달러의 패권을 대신할 화폐로 처음에는 유로가 가장 광범위하고 두터운 신임을 얻었다.

본래 이런 포부를 안고 태어난 유로는 최소한 달러와 천하를 양분할 것으로 기대되었다. 또 이번 경제 위기를 겪으면서 유로는 유로존 회원국들이 화폐 투기의 충격을 받지 않도록 보호해주었다. 그러나 유로존은 이에 대한 반응 능력이 크게 떨어진다는 것을 여실히 드러냈고, 경제 위기에 대처할 수단도 그다지 많지 않았다. 통일된 정부나 재무 부서가 없는 상태에서 하나의 화폐 정책만 갖고는 일관된 재정 정책이나 경제 정책을 펴기 어렵다. 따라서 유로의 조정 능력은 달러에 비해 현저히 떨어질 수밖에 없다.

또 하나 시간적인 문제도 있다. 역사상 출현한 위대한 화폐, 즉 로마 제국의 화폐, 파운드, 프랑, 달러는 매우 안정되고 강력하고 사람들의 존중을 받는 화폐가 되기 전까지 모두 기나긴 진화 과정을 거쳤다. 하지만 겨우 10년의 역사를 가진 유로에 이런 요구를 하는 것은 어쩌면 너무 가혹한 일인지도 모른다.

그렇다면 일찍이 세계 화폐 구도를 주도했던 파운드가 재기할 가능성은 없을까?

딩이판은 이에 대해 부정적인 의견을 제시한다.

"파운드는 이번 경제 위기 때 매우 큰 어려움을 겪었다. 이는 화폐 문제일 뿐만 아니라 전체적인 경제 문제이기도 하다. 영국 경제는 미국과 닮아 산업 공동화 현상이 나타나고 있는데, 그 결과 채무가 갈수록 불어나기 시작했다. 금융 수익이 아무리 많아도 그것이 채무를 기반으로 이룩된 것이라면 향후 이 채무를 어떻게 처리할 것인가? 현재로서는 이를 만회할 기미가 전혀 보이지 않는다."

샹쑹쭤 역시 똑같은 견해를 피력한다.

"일전에 영국의 1인당 평균 부채가 5만 파운드에 달한다는 기사를 본 적이 있다. 이러한 경제력으로는 파운드를 주요 화폐로 끌어올릴 수 없을뿐더러 영국은 현재 아이슬란드와 같은 경제 위기에 직면해 있다. 2010년 초 발표된 '템스 강의 아이슬란드'라는 제목의 글에 따르면, 영국이 제2의 아이슬란드로 전락해 국가 파산 상태에 빠질지도 모른다고 했다."

중국에서 들려오는 목소리

세계 화폐의 구도 변화 과정 속에서 위안이 달러를 대신해 국제무대에 등장할지 여부가 현재 논쟁의 초점이 되고 있다.

하지만 딩이판은 위안이 세계 기축 통화가 될 가능성은 그다지 크지 않다는 견해를 밝혔다.

"먼저 중국의 경제 규모로는 아직 그 정도 수준에 도달하기가 쉽지 않으며, 이를 실현하려면 치밀한 계획이 필요한데 중국은 위안을 패권 화폐로 만들려는 노력을 기울이는 것처럼 보이지 않는다. 이 밖에 중국의 경제 발전 모델이 세계 기축 통화로 가는 위안의 길을 제약한다는 점을 들 수 있다. 달러가 세계 금융 시스템의 핵심 화폐가 된 이유는 다른 국가에 상대적으로 많은 채무를 갖고 있고 내부적으로도 적자를 안고 있기 때문이다. 그러나 중국은 흑자를 기록하고 있으며 대외적으로 어떤 채무도 없다. 따라서 다른 사람이 위안을 소유할 기회가 없으니, 세계 화폐가 되는 것은 불가능하다고 할 수 있다."

장밍 역시 위안이 달러를 대체하는 것은 시기상조라며 이렇게 덧붙인다.

"우리는 중국이 아직 개발도상국이라는 사실을 알아야 한다. 1인당 평균 GDP가 세계 100위권을 밑돌고 있는 상황에서는 위안이 지역 통화로 자리 잡는 것이 좀 더 현실적인 선택이 될 수 있다. 만약 패권적인 화폐를 꿈꾼다면 본국의 시장을 다른 나라에 개방할 수 있어야 하며, 또 본국의 일부 제조업을 다른 나라로 이전하고, 스스로 최첨단 산업을 키워야만 한다. 미국이 바로 이런 자격을 갖춘 나라다. 미국은 장기간의 경상 수지 적자와 산업 공동화라는 비판을 감당할 능력을 갖고 있다. 이런 점에서 현재 어떤 나라도 미국을 대체할 수 없다."

세계의 화폐 구도가 향후 어떻게 변할지는 아무도 모른다. 그런데 역사의 사이클이 순환하는 깜짝 놀랄 만한 사건이 2009년 3월에 일어났다. 오래전 케인스는 달러가 세계 화폐가 되는 것을 반대하며 초주권 화폐를 발행하자고 제안했는데, 이 제안이 그로부터 80년 후 다시 주목을 받게 된 것이다.

중국인민은행 저우샤오촨 총재는 은행 웹사이트에 연달아 세 편의 글을 발표하며 케인스의 이론과 유사한 제안을 했다. 이 제안은 오바마 미국 대통령의 강렬한 반대에 부딪혔지만 EU나 브릭스(BRICs: 2000년대를 전후해 빠른 경제 성장을 거듭하고 있는 브라질·러시아·인도·중국 등 신흥 경제 4개국을 일컫는 말 – 옮긴이), IMF 등은 찬성의 뜻을 표시했다. 이에 대한 장밍이 설명은 이렇다.

"미래에는 지역 통화가 글로벌 통화의 축을 담당하게 될 것이다. 유로가 지속적으로 성장하고 아시아의 단일 통화가 시행되면 이 두 화폐는 달러의 점유 공간을 잠식해 들어갈 것이다. 이런 변화가 미래에 일정 단계까지 발전하면 달러, 유로, 아시아 단일 통화가 정립(鼎立)하는 국면을 이루게 되고, 여기서 한 단계 더 발전하면 새로운 세계 화폐가 탄생할 가능성도 배제할 수 없다."

화폐전쟁의 진정한 의미를 깨닫자!

세계가 달러를 선택한 것일까, 아니면 소수의 몇 사람이 배후에서 각본을 쓰고 조종한 것일까? 당연히 화폐의 성쇠는 밀실에서 의논하고 구상해서 나온 것이 아니다. 만약 음모론의 시각에서 달러의 운명을 다룬다면 이는 날조일 뿐이다. 그럴 경우 우리는 화폐전쟁의 진정한 의미를 정확히 해독할 수 없고, 미래에 공평하고 공정하고 포용력 있고 질서정연한 국제 금융의 신질서를 수립할 방법도 없다.

대륙을 횡단하는 대규모 무역이 시작되면서 글로벌 경제라는 개념이 생겨났고, 그에 따라 세계 화폐를 둘러싼 쟁탈전은 한시도 멈춘 적이 없다. 황금과 백은에서 파운드로, 파운드에서 달러로 주권이 이동하며 화폐는 그 배후에 숨은 손을 통해 세계 역사를 고쳐 썼다. 이와 동시에 화폐는 그 자체로서 역사를 기록하는 특별한 부호가 되었다.

달러의 운명을 예로 들면, 성공도 전쟁 때문이요, 실패도 전쟁 때문이라고 할 수 있다. 여기서 전쟁이란 총탄이 빗발치는 전쟁터만을 가리키는 것은 아니다. 눈에 보이는 혹은 보이지 않는 무수한 크고 작은 비즈니스 전쟁, 무역 전쟁, 금융 전쟁 그리고 심지어 수십 년간 지속된 냉전까지도 여기에 포함된다. 이런 전쟁 속에서 미국의 경제·정치 및 군사적 지위는 여러 차례 기복을 겪었고, 달러도 숱한 시련을 겪었다.

오늘날 초주권 국제 기축 통화를 채택하자는 얘기가 사람들 입에 자주 오르내리고 있다. 여기에는 물론 미국의 경제적 지위가 하락했다는 이유도 있지만 경제 글로벌화 추진이 더욱 중요한 원동력이라고 할 수 있다.

한 나라가 독점하던 경제 판도가 점점 다각화되고, 국제 무역이 글로벌 시장을 촘촘하게 연결하고, 국제 자본이 마우스 클릭 한 번으로 국경을 넘나드는 지금 세계는 더욱 믿을 만하고 안전하고 공정하며 특정 국가에 의해 좌우되지 않는 신용 보증이 필요하다. 이런 화폐가 언제 탄생할지, 또 어떤 이름으로 명명될지 당장은 누구도 예측할 수 없지만 세계 경제가 꿋꿋이 글로벌화를 향해 매진한다면 언젠가는 달러를 대신할 때가 올 것이다. 시대가 영웅을 만들 듯이 시대는 또한 새로운 세계 화폐를 만들어낼 것이다.

내가 본 달러와 위안

배리 아이켄그린(Barry Eichengreen)
미국 버클리 캘리포니아 대학 경제학과 교수 겸
스탠퍼드 대학 후버 연구소 선임연구원

중국이 위안을 세계 제일의 화폐로 만들려 한다면 과연 어떤 도전에 직면할까? 이것이 현실화되려면 아무리 빨라도 10년의 시간이 필요하다. 미국도 10년이란 시간을 들여 달러의 지위를 확립했기 때문이다.

1914년 미국의 경제 규모는 영국의 4배에 달했다. 하지만 이때 달러의 국제화 얘기는 입에 담지조차 못했다. 예를 들어, 미국 상인들은 무역 대출을 받을 때 달러가 아니라 여느 국가의 상인들처럼 파운드로 빌렸다. 이자를 지급할 때도 파운드만 통용될 뿐 달러는 전혀 사용되지 않았다. 이는 세계 최초로 산업화된 국가인 영국이 무역 강국과 세계 은행이라는 지위에 있었음을 의미한다. 당시 미국은 체계적인 은행 시스템을 갖추지 못했는데, 특히 중앙은행이 없어 국제 투자자들을 전혀 끌어들이지 못했다. 미국은 이 문제를 해결하기 위해 연방중앙은행을 설립했다.

1914년 설립된 연방중앙은행의 첫 번째 임무는 뉴욕에서 무역 대출을 하는 것이었다. 여기서 내가 말하고 싶은 것은 이런 일이 언제든지 가능하다는 것이다. 현재의 중국 화폐가 세계 화폐로 성장하는 데는 10년이면 충분하다고 생각한다. 미국이 1914년에서 1924년까지 이룬 성과가 바로 이것을 증명한다. 한편, 미국의 성공은 연방준비은행 설립과 제1차 세계대전 기간 동안 런던의 금융 시스템이 큰 충격을 받은 것에 큰 힘을 얻었다는 사실도 기억해야 한다.

중국이 위안의 국제화를 추진하는 과정은 결코 만만치 않을 것이다. 현재 중국 화폐가 사용되는 범위는 몽골, 베트남, 북한 및 특별 행정구인 홍콩과 마카오 등 주변 몇 개 지역에 불과하다. 한편, 중국은 브라질과 쌍방 무역 결제에서 상대국 통화를 사용하기로 결정했는데, 이는 선전 효과에 그칠 가능성이 매우 높다. 상식적으로 생각할 때, 일반적인 브라질 회사가 수출 대금으로 받은 위안을 어디에다 쓰겠는가. 위안은 다른 화폐로 태환하는 것이 불가능하고 브라질의 무역 상대국이 중국뿐만이 아닌 상황에서 브라질은 오직 중국과의 수출입 과정에서만 위안을 쓸 수 있을 뿐이다. 현실적으로 브라질은 여전히 달러를 사용하고 있는데도 중국이 상호 결제를 체결한 의도는 매우 분명하다. 중국이 스스로 국제 금융 분야에서 떠오르는 샛별임을 만방에 알리고자 하는 것일 뿐 실질적인 용도는 전혀 없다고 할 수 있다. 이들 국가의 중앙은행이 외환 시장에서 위안을 사용할 리 없을뿐더러 위안으로 수출 대금을 치를 수도 없으니 말이다.

중국 경제는 아시아에서 반드시 선두를 고수해야 하며, 주변 국가 및 지역과의 직접 투자와 무역을 강화함과 동시에 위안의 가치를 상대적으로 안정되게 유지해야 한다. 이것이 위안 국제화의 기반이 될 것이다. 중국은 종합적인 경제력을 한층 증대시켜 위안을 보유한 각국 사람들에게 자신감을 심어줄 필요가 있다. 그렇지 않으면 투기 자본이 국제 금융 시장에서 말썽을 일으켜 앞다퉈 위안을 투매하는 일이 벌어지고 외환 보유고도 금방 바닥을 드러낼 것이다. 아시아에 금융 폭풍이 몰아쳐 일부 동남아 국가에서 화폐 투매 광풍이 몰아친 전례를 참고해야 한다.

이후 중국이 위안의 국제적 위상을 강화하고 시장 유동성 발전 및 가용 외환 보유고를 늘리면 금융 및 상품 거래 결제에 도움이 될 수 있다. 중국은 과거 10년간 위안의 태환 정책을 꾸준히 펼쳐 오늘날 일부 성과를 거두었다. 과거에 달러를 많이 사용하던 주변 국가의 주민들이 이제는 일정 상품을 위안으로 구매하고 있다. 현재 중국의 금융 시스템은 더욱 투명해지고 은행은 상업화, 감독 관리 강화, 신축성 있는 환율 제도를 전면 실시해 유동성 규모가 더욱 커질 가능성이 높아졌다. 하지만 중국의 은행업은 이에 앞서 대출 및 고정 이율에 의지하는 관례를 먼저 해결해야 한다.

현재 위안은 비범한 매력을 풍기며 일부 국가에서 달러와 같은 대접을 받고 있다. 중국 경제가 급성장함에 따라 중국과 아시아의 경제 협력 관계가 강화되고 중국이 세계 경제에서 차지하는 비중이 더욱 높아져 위안은 필연적으로 국제화의 길을 걷게 될 것이다. 이러한 발전 추세는 전 세계에 특히 중국 경제에 엄청난 영향을 미칠 것이 틀림없다.

우리는 당연히 위안이 국제 금융계에서 차지하는 역할을 과소평가할 수 없다. 미국 금융사의 사례를 보면, 이 목표는 충분히 실현 가능하고 또 좀 더 빨리 달성할 수도 있다. 중국은 상하이와 베이징을 국제 금융 센터로 건설해 이 목표를 이루는 데 필요한 더 많은 금융 기구와 상품을 확보해야 한다. 또 위안의 태환성을 높이기 위해 일련의 정책을 조정할 필요가 있다. 이러한 계획은 하룻밤에 완성할 수 없다. 하지만 2020년이면 실현이 가능하다고 예측할 수 있다.

아시아에서 중국 경제의 위상이 급상승해 아시아 시장을 포괄적으로 통합하게 되었다. 이에 따라 위안은 아시아 국가가 보편적으로 받아들이는 가치 척도, 유통 수단, 저축 수단을 제공해 아시아의 '공동 언어'로 자리를 잡았다. 또한 이를 기반으로 현재의 불평등한 세계 화폐 시스템을 크게 개선하고, 미래 화폐 시스템에서 위안의 위상을 향상시킬 수 있게 되었다. 이러한 것들이 국제 경제에서 중국의 발언권을 크게 높여줄 것이다. 위안의 부상은 21세기 국제 금융 분야에서 가장 중요한 사건으로 기록될 것이다.

그렇다면 달러는 소멸할 것인가? 결론적으로 말해서, 달러는 여전히 계속 사용될 것이고, 주요 국제 기축 통화로서 여전히 기능할 것이다. 예측 가능한 미래에는 이처럼 적어도 달러를 대체할 화폐가 없다. 한 가지 가능성 있는 시나리오는 미국이 장기적인 적자로 인해 심각한 인플레에 빠진다는 것인데, 국면이 이렇게 흐를 가능성은 그다지 커 보이지 않는다. 왜냐하면 미국의 연방준비은행이 항상 가격 안정 유지에 안테나를 곤추세우고 있기 때문이다. 이런 시나리오는 중국인들이 드러낸 관심이 세상에 널리 퍼진 것일 뿐이다. 만약 미국이 이런 상황에 빠진다면 신뢰를 잃을 가능성이 높지만, 나는 19세기의 대문호 마크 트웨인의 말을 인용해 이런 말을 들려주고 싶다. "내가 사망했다는 보도는 크게 과장된 것이다. 현재 내 병세는 안정되었다. 우리가 걱정하는 이유는 그가 건강한 삶을 살길 바라기 때문이다."

중국과 미국은 현재 여러 분야에서 협력하기도 하고 경쟁하기도 한다. 이러한 협력과 경쟁은 틀림없이 화폐 영역까지 침투할 것이다. 미래에 세계 화폐 발언권을 다투는 과정에서 위안과 달러의 직접적인 대결은 세계적으로 큰 주목을 받을 것이다. 미국인이 미국의 위대한 문학가 마크 트웨인의 명언을 인용해 달러의 현재 상황을 묘사했다면, 나는 중국의 위대한 문학가 굴원의 명언을 인용해 위안의 국제화 노력을 설명해볼까 한다. "길은 아득하고 까마득히 멀지만 나는 오르내리며 찾아 나서노라."

제 3 부

———

엔

YEN

8

일본 경제의 전후 회복

제2차 세계대전이 끝난 후, 패전국 일본의 경제는 사경을 헤맬 지경에 이르렀다. 하지만 일본에 닥친 최대 문제는 경제 불황이 아니었다. 가장 큰 문제는 바로 전승국의 신탁통치를 받게 됨으로써 일본이 경제 발전을 이루려면 반드시 미국의 동의를 얻어야만 한다는 것이었다. 그러나 미국은 일본 상공에 날카로운 칼을 내걸고 일본 경제 '약화 정책'을 채택했다. 이는 곧 미국이 일본 경제의 신속한 회복을 불허한다는 뜻이었다.

미국의 일본 경제 '약화 정책'

1946년, 일본의 실질 국민총생산은 전쟁 전의 62퍼센트, 광공업 생산량은 31퍼센트로 급락했다. 1945년의 쌀 생산량 역시 평년의 3분의 1에 불과했다. 심각한 식량 부족으로 기근 문제가 심화되고, 해상 보급로가 차단되면서 어패류 공급이 급감하고, 대다수 도시 주민들은 공습으로 인해 집이 무너져 돌아갈 곳조차 없었다. 일본 최초의 《경제백서》도 "정부, 기업, 가계 모두 적자가 났다"고 시인했다. 한 일본 노인은 당시의 악몽 같은 날을 이렇게 회상했다.

"너무 배가 고파서 썩은 빵까지도 곰팡이를 걷어내고 씹어 먹었지. 1944년에는 쌀을 만져보지도 못했고, 이듬해에는 아예 구경조차도 하지 못했어."

일본 경제를 약화시키고자 한 미국의 전형적인 정책은 바로 전쟁 배상의 몫으로 설비를 이전하는 것이다. 예를 들어, 철강 생산량을 250만 톤 이내로 제한하고 나머지 1100만 톤의 설비는 철거 후 전승국으로 이전하도록 조치했다. 전국 산업 생산 설비 및 화력 발전소 설비의 2분의 1과 기타 우수 설비도 모두 철거해 이전했다. 당시 일본이 배상으로 이전한 공장은 1100개에 달했는데, 이는 평시 산업 생산력의 30퍼센트에 달하는 양이었다.

미국은 '약화 정책'을 통해 일본의 산업 설비를 이전했을 뿐 아니라 경제 부흥을 막기 위해 점령 초기에는 심지어 자동차 생산을 일절 금했다. 그래서 많은 평론가들은 '약화 정책' 아래 일본이 장기간 삼류 농업국으로 전락했다고 평가했다.

1946년 8월, 일본 정부는 경제를 재건하기 위해 경제안정본부를 설치했다. 당시 일본 경제 회복의 최대 걸림돌은 에너지 부족이었다. 석탄이 절대적으로 부족해 용광로가 시도 때도 없이 멈췄고, 전국 열차의 절반가량이 운행 중단되면서 생산 회복에 시급한 원자재 운송이 차질을 빚어 산업은 날로 위축되었다. 이에 경제안정본부는 1946년 가을 '경사생산방식(傾斜生産方式)'을 실시하고 전문 기관인 '부흥금융공고(復興金融公庫)'를 설치해 긴급 자금이 필요한 석탄과 철강 분야에 집중적으로 돈을 빌려주며 이들이 생산력을 회복해 전체 경제의 재건을 이끌어주길 기대했다.

통계에 따르면, 1947년과 1948년 일본은 '부흥금융공고'를 통해 석탄업에 총 475억 엔을 대출했는데 이는 전체 대출금의 약 36퍼센트에 달하는 액수였다. 그 결과 1946년 2274만 톤이던 일본의 석탄 생산량은 1947년 2932만 톤으로 30퍼센트 가까이 증가했다. 같은 기간 철강 생산량도 21퍼센트의 증가세를 나타냈다.

1948년 일본 경제는 처음으로 호전될 기미를 보였지만 좋은 시절은 오래가지 않았다. '경사생산방식'이 일본 경제의 부흥을 이끌었지만 엄청난 가격 보조금과 대출로 인해 통화가 팽창해 고삐 풀린 말처럼 통제가 불가능했다. 그러자 그해에 연합군 사령부가 다시 긴축 통화 정책을 실시해 일본은 심각한 경제 불황에 빠지고 말았다. 절반가량의 기업이 생산 중단이나 휴업 상태에 처했고, 대량의 실업자가 발생해 일본 경제는 거의 빈사 상태에 빠졌다.

태도를 180도 바꾼 미국

미국의 '약화 정책'은 이처럼 전후 일본 경제가 빠르게 회복하는 데 걸림돌로 작용했다. 그런데 1949년과 1950년 일본 주변국에서 연이어 대형 사건이 발생하자 일본에 대한 미국의 입장은 '약화 정책'에서 '부양 정책'으로 180도 선회했다.

이러한 변화를 가져온 첫 번째 도화선은 1949년 중화인민공화국(중국)과 조선민주주의인민공화국(북한)이 잇달아 수립되면서 미국

'도지 라인'을 통해 일본 정부의 재정 수입은 1949년 처음으로 적자에서 흑자로 전환했으며 화폐 발행량이 감소하면서 물가가 내려가고 한때 날뛰던 인플레가 완화되어 경제 회복의 탄탄한 기반을 다졌다.

이 안보 불안 상태에 빠졌다는 것이다. 미국은 공산주의 세력이 아시아로 진출하는 것을 막기 위해 기존의 대일 정책을 완전히 수정했다. 1949년 10월, 연합군 사령부는 일본의 자동차 생산 금지령을 해제하고 경제 관리 감독을 완화하는 동시에 설비 이전 배상을 중단했다. 그에 앞서 1949년 2월에는 재정·금융상의 혼란을 가능한 한 빨리 마무리 짓기 위해 디트로이트 은행장 조지프 도지(Joseph Dodge)를 미국 대통령 특사 겸 점령군 재정·금융 고문 자격으로 일본에 파견했다. 이후 도지는 세수 강화, 임금 동결, 재정 보조금 삭감, '부흥금융공고' 대출 중단 등의 정책을 펼쳤다. 역사적으로는 이를 '도지 라인(Dodge Line)'이라고 부른다.

'도지 라인' 시행 후, 1949년 일본의 예산은 엄청난 흑자를 내며 '초균형 재정'으로 편성되었고, '1달러=360엔'의 고정환율제를 확정했다. 그러자 국민의 과세 부담이 늘어나고 기업의 자금 상황이 악화되어 화물이 쌓이고 수요가 위축되는 현상이 빚어졌다. 하지만 '도지 라인'이 가져온 이점도 상당히 많았다. 일본 정부의 재정 수입이 1949년 처음으로 적자에서 흑자로 전환했으며 화폐 발행량이 감소하면서 물가가 내려가고 한때 날뛰던 인플레가 완화되어 경제 회복의 탄탄한 기반을 다졌다.

일본 경제가 이처럼 지속적인 안정세를 보이는 가운데 두 번째 도화선이 일본에 대한 미국의 지원을 한층 더 늘리게 되었다. 바로 1950년에 발발한 한국전쟁이다. 한국전쟁은 일본 경제가 전쟁 전 수준으로 빠르게 회복하는 데 전대미문의 기회를 제공했다.

한국전쟁을 승리로 이끌기 위해 1950년에서 1960년까지 미군은 일본에 대량의 군수 물자를 주문했다. 그 누계가 무려 600억 달러에 달했는데, 주문량을 맞추기 위해 일본 전력의 70퍼센트, 석탄의 80퍼센트, 선박 및 육지 교통의 90퍼센트가 직간접적으로 동원되었다. 일본은 사실상 미국의 '무기 창고'나 마찬가지였다.

방대한 군수 물자 주문으로 일본의 모든 산업이 연쇄 반응을 일으켜 급속한 성장을 이루었다. 한 예로 마쓰시타는 한국전쟁이 발발하기 전에 전동기 생산 공장 5동을 운영했는데, 판매 부진으로 4동의 생산을 중단한 채 그 공장을 전동기를 쌓아두는 창고로 썼다. 하지만 전쟁이 시작되어 군용 트럭 생산에 대량의 선반이 필요해지자 전동기가 갑자기 인기 상품으로 떠올랐다. 며칠 만에 창고에 쌓여 있던 전동기가 모두 팔려나가고 공장 5동이 밤을 새워가며 생산에 나섰지만 수요를 따라잡지 못했다.

한편, 도요타도 1949년 엄청난 손실을 입어 직원을 대량 감원하는 등 폐업 위기에 몰렸다. 하지만 한국전쟁 발발한 후인 1950년 8월 미군으로부터 10억 엔가량의 군용 트럭 생산 주문을 받아 1950년에만 2억 5000만 엔의 이윤을 달성했다. 일본의 10대 면방직 회사도 이 기간에 이윤이 10~20배씩 증가했다.

한국전쟁 및 베트남 전쟁 '특수'에 힘입어 일본의 국내 산업은 신속하게 생기와 활력을 되찾고 수출도 날로 증가했다. 1500억 엔에 가까운 재고 상품이 순식간에 바닥났고 백화점이 우후죽순처럼 생겨났으며, 의류 및 식량 배급제가 취소되고 농공업 생산지수도 상승세로 돌아섰다. 광공업 생산도 1950년 10월 무렵에는 전쟁 전 수준에 도달했다. 농업 생산은 1952년에 전쟁 전보다 11.2퍼센트 상승했고, GNP도 1951년 152억 달러에 달해 전쟁 전보다 19.4퍼센트나 상승했다.

일본을 더욱 흥분시킨 것은 한국전쟁과 베트남 전쟁을 치르기 위해 미국이 대량의 가공업과 제조업을 일본으로 옮겨와 고도의 과학 기술을 신속하게 배울 수 있었다는 것이다. 통계에 따르면, 전후 일본의 과학 기술 중 90퍼센트가 외국에서 도입되었다(그중 90퍼센트는 미국에서 들여왔다). 일본은 1950년에서 1975년까지 총 2만 5000여 건의 기술을 도입했는데, 이 25년간 고작 60억 달러를 지불하고 미국 등 서방 국가들이 반세기 동안 2000여 억 달러를 쏟아 부은 연구 성과를 손에 넣었다.

한국전쟁 및 베트남 전쟁 '특수'에 힘입어 일본의 국내 산업은 신속하게 생기와 활력을 되찾고 수출도 날로 증가했다.

이런 결과에 대해 당시 일본 총리 요시다 시게루(吉田茂)는 이렇게 증언했다.

"일본 경제가 막 상승 기류를 타고 있을 때, 마침 한국전쟁이 발발해 수출량이 급격히 늘어난 것은 정말 행운이었다."

9

미일 화폐전쟁의 서막이 열리다

1971년 8월, 미국 정부는 베트남 전쟁에 투입된 막대한 전비 때문에 일방적으로 달러의 황금 태환을 포기한다는 내용의 긴급 경제 정책을 발표했다. 이로써 브레턴우즈 체제가 근본적으로 흔들리며 국제 금융 시장과 세계 경제가 극심하게 동요했다. 그 결과 엔의 환율이 상승하기 시작했다.

화폐전쟁을 선언한 일본

1948년, 미국은 공산주의의 아시아 침투를 막기 위한 정치적 목적에 따라 일본을 지원하기로 결정했다. 그해 10월, 미국 국가안전보장회의는 일본의 경제 회복을 최우선 목표로 삼고 고정환율제를 포함한 9개 항목의 경제 안정 원칙을 제출했다. 미국 점령 당국과 일본 측은 거듭된 연구를 통해 1949년 4월 25일부터 '1달러=360엔'의 고정 환율 정책을 실시하기로 합의했다. 이 고정 환율은 이후 22년간 지속되었다.

그러나 이후 미국이 전혀 예상치 못한 일이 벌어지고 말았다. 즉, '1달러=360엔'의 고정환율제가 일본 경제의 엄청난 추진력이 되었을 뿐 아니라 미국의 철강, 컬러 TV, 반도체, 자동차 등 주요 산업에 심각한 타격을 입히고 엔과 달러를 둘러싼 화폐전쟁이 막을 올린 것이다. 어떤 이는 일본 정부가 1956년 발표한 《경제청서(經濟靑書)》를 통해 화폐전쟁을 선언했다고 말한다. 이 《경제청서》에서 일본은 회복을 근간으로 하는 성장은 이미 끝났다고 정식으로 선포하며, 이제는 현대화가 경제 발전을 이끌 것이라고 발표했다. 그리고 이때부터 일본 경제는 현대화를 목표로 한 고속 또는 초고속 성장의 시기로 진입했다.

1955년 이후 18년 동안 일본 경제는 연평균 10퍼센트 이상의 고속 성장을 기록했다. 소니, 히타치, 도시바, 니콘 등 대형 전자 업체들은 모방에서 창조로 혁신을 이뤄 전 세계 시장을 장악하기 시작했다. 이제는 세계 어느 곳에서나 일본 상품을 쉽게 볼 수 있었다. 1985년 일본의 GDP는 1조 3000억 달러를 넘어 미국 GDP의 3분의 1 수준까지 육박했다. 수출 총액은 42조 엔에 달했는데, 그중 대미 수출이 568억 달러에 무역 흑자만 312억 달러를 기록했다. 같은

해 일본의 외환 보유고는 279억 달러를 상회했다.

미일 무역 마찰

이처럼 일본 경제가 눈부신 발전을 하면서 동시에 심각한 미일 무역 마찰을 불러일으켰다.

1950년대 한국전쟁 특수에 힘입어 일본은 노동 집약적인 방직업이 급속히 발전해 중견 산업으로 성장했다. 당시 일본의 방직·섬유는 전 세계 수출량의 60퍼센트 이상을 차지했으며, 대부분의 상품이 미국으로 수출되었다.

일본의 방직품이 밀려들기 시작하자 미국은 점점 불안해지기 시작했다.

미국의 방직 산업은 제1차 산업혁명과 함께 발전하기 시작해 제2차 세계대전 후에는 국제 시장에서 경쟁 상대가 없을 정도였다. 방직 산업은 미국에 엄청난 부를 안겨주었을 뿐 아니라 풍부한 일자

리도 제공했다. 그런데 일본 상품이 미국 방직 산업에 타격을 입히면서 거액의 무역 적자가 발생하고 실업률이 급격히 상승했다. 그러자 미국 방직 산업체의 불만이 극에 달해 정부에 일본 상품의 수입을 제한하는 조치를 취하라고 강력히 요구하기 시작했다.

1969년 5월, 미국 재무장관이 일본을 전격 방문해 협상을 벌였지만 아무런 소득이 없었다. 같은 해 7월, 도쿄에서 열린 미일무역경제연합위원회에서 미국은 일본에 재차 자발적인 제한 조치를 취해 달라고 요구했다. 그러나 국내 방직 업계의 강력한 반발에 부딪힌 일본 정부는 강경한 태도를 보였고, 심지어 중의원에서는 미국의 방직품 수출 제한 요구에 반대하는 결의안을 만장일치로 통과시켰다.

미국 정부는 1969년 12월과 1970년 1월 두 차례에 걸쳐 30여 가지 섬유 제품의 수출 증가율이 일정 비율을 넘지 말아야 한다는 쿼터제를 제안하고 이를 어길 경우 수입을 전격 거부하겠다고 밝혔지만 또다시 거절당했다.

이에 닉슨 정부는 1971년 8월 15일, 돌연 신경제 정책을 선포하며 모든 수입품에 10퍼센트의 부가세를 징수한다고 발표했다. 미국 내 수입품의 가격을 10퍼센트 올리는 이 조치로 인해 일본 경제는 심각한 타격을 입고 엄청난 손실을 감수해야만 했다. 그러자 일본 정부는 눈물을 머금고 방직품과 관련한 미국의 제안을 받아들이는 한편, 정부가 보상하는 방식으로 국내 방직업의 손실을 메워줄 수밖에 없었다. 그리고 그해 10월 15일, 마침내 방직품 문제에 관한 협상을 마무리함으로써 긴장 국면에 빠졌던 미일 관계는 잠시 소강상태를 맞이했다.

든든한 후원군

이러한 무역 마찰에서 일본이 미국의 방직 산업에 타격을 줄 수 있었던 이유는 저임금과 풍부한 노동력 그리고 과학 기술 혁신 등에 힘입은 것도 있지만 무엇보다 든든한 후원군이 있었기 때문이다.

그 든든한 후원군이란 바로 22년 동안 지속된 '1달러=360엔'의 고정환율제였다. 이 정책이 미일 무역 전쟁에서 키포인트 역할을 한 것이다. 일본 기업은 고정환율제 덕분에 20여 년 이상 환율 변동의 위험에 신경 쓰지 않고 생산성 향상, 품질 향상, 신상품 개발, 상품 수출 확대 등에 모든 힘을 쏟을 수 있었다. 고정환율제가 일본의 경제 발전에 지대한 공을 세웠다고 해도 과언이 아니다.

미국을 더욱 골치 아프게 만든 것은 '1달러=360엔'의 고정환율제가 일본의 방직업뿐만 아니라 자동차 산업, 컬러 TV, 반도체, 철강업까지 보호해주었다는 사실이다. 1960년대 후반부터 미국과 일본의 무역 마찰은 거의 모든 산업 분야로 확대되었다. 그럴수록 일본의 대미 무역 흑자는 눈덩이처럼 불어나고, 미국의 관련 산업들은 점차 경쟁력을 잃어갔다. 1966년부터 1968년까지 일본의 GNP는 프랑스, 영국, 독일을 잇달아 제쳤다. 그리고 미국에 이어 세계 제2위의 경제 대국으로 발돋움했다.

미국은 우수한 품질에 가격까지 저렴한 일본 상품의 공세를 막고 자국의 산업을 구제할 방도를 모색해야 했다. 이에 금융 대국 미국은 일본에 엔의 평가 절상을 강력하게 요구했다. 미국이 엔의 평가 절상을 요구한 이유는 간단하다. 환율은 해당 국가의 경쟁력에 직접 영향을 미칠 뿐 아니라 그 국가의 수출형 기업의 존망과도 직결되기 때문이다. 특히 지속적이고 빠른 환율 상승에 직면할 경우 수출형 기업은 치명타를 입을 가능성이 높다. 예를 들어, 수출가가 2만 달러인 자동차가 있다면 일본 자동차 생산 업체가 수출 원가를 1대당 1만 엔 떨어뜨리는 것은 보통 어려운 일이 아니다. 그런데 대달러 엔 환율이 1엔 평가 절상되면 일본 자동차 수출 원가는 2만 엔이 상승하고, 만약 10엔 평가 절상되면 원가는 20만 엔으로 높아진다. 그래서 생산 원가를 아무리 빨리 낮춘다 해도 환율 상승이 가져온 수출 가격 급등을 절대 따라잡을 수 없다.

일본 정부는 '1달러=360엔'의 환율을 고수하고 일본 기업의 경쟁력을 유지하기 위해 중앙은행으로 하여금 시장에 대량의 엔을 풀어 달러를 매입하라고 지시했다. 그러나 이러한 조치에도 불구하고 엔의 환율은 계속 상승하기만 했다.

이처럼 엔의 환율은 꾸준히 상승했지만 구미 국가들은 여전히 불만이 많았다. 그들은 환율 상승폭이 충분하지 못하다며 비난의 수위를 계속 높였다. 이런 상황에서 1971년 12월, 서방 10개국 재무장관은 워싱턴 스미소니언 박물관에서 회담을 열어 엔의 환율을 16.8퍼센트 절상한 '1달러=308엔'으로 확정하고, 변동폭도 ±2.25퍼센트로 상향 조정했다.

그런데 엔이 16.8퍼센트나 절상되었음에도 불구하고 일본의 대미 무역 흑자는 계속되었다. 1971년 미국의 무역 적자는 27억 달러에서 1972년 68억 달러로 급등한 반면, 같은 기간 일본의 무역 흑자는 78억 달러에서 90억 달러로 늘어났다. 동시에 달러 환율도 계속 떨어져 1973년 2월, 미국 재무장관은 금에 대한 달러화 가치를 10퍼센트 평가 절하한다고 발표했다. 이에 따라 결국 일본도 변동환율제의 조류를 거스르지 못하고, 엔의 대달러 환율이 '1달러=266엔'으로 평가 절상되면서 본격적인 변동환율제 시대로 진입했다.

네 차례에 걸친 달러의
평가 절하와 일본의 악몽

22년간 고정환율제를 유지하면서 일본 기업은 대미 수출의 환율 위험에서 벗어나 자국 상품의 국제 경쟁력을 높일 수 있었다. 그러나 고정환율제는 양날의 칼이나 다름없었다. 달러가 네 차례에 걸쳐 위기에 처하자 일본이 보유한 엄청난 달러 자산은 결국 연기처럼 사라지고 말았다.

미국 경제 위기의 파괴력

1957년 3월부터 1958년 4월까지 위기에 처한 미국의 산업 생산성은 13.5퍼센트나 하락했다. 그중 철강과 자동차 부문은 생산량이 무려 절반 이상 감소했다(반면, 일본과 독일은 이 두 부문에서 발전 속도가 가장 빨랐다). 이에 따라 1958년 3분기 실업률이 경제 위기 전보다 2배인 7.5퍼센트로 늘어났다.

이러한 위기는 캐나다와 일본을 비롯해 유럽 각국으로 빠르게 번져나갔다. 일본은 이 여파로 한동안 경기 침체에 빠져 산업 생산성이 10.4퍼센트 하락하고, 도매 물가지수도 7.4퍼센트 하락했다. 미국이 재정 정책과 화폐 정책을 병용해 대처하면서 13개월이나 지속된 이 위기는 일단락될 수 있었다.

그러나 얼마 지나지 않은 1960년 미국은 제1차 달러 위기에 봉착했다.

이번 위기의 근본적인 원인은 제2차 세계대전 후 미국이 전쟁으로 피폐된 유럽 각국에 경제 원조와 재건을 약속한 1947년의 마셜 플랜으로 거슬러 올라간다. 당시 미국은 '염가 화폐' 정책을 펼쳐 엄청난 달러가 유럽으로 흘러들었다. 여기에 경제 위기까지 겹치면서 미국의 국제 수지가 악화되자 달러는 평가 절하 압력을 받게 되었고, 달러와 금의 고정 태환에 대한 사람들의 믿음도 동요하기 시작했다.

1960년 10월, 마침내 전 세계적으로 달러를 팔아치우고 앞다퉈 금을 구매하는 열풍이 불었다. 그 결과 미국의 황금 보유량은 전후 400억 달러에서 178억 달러로 급감한 반면, 단기 외채는 오히려 210억 달러로 늘어났다. 이처럼 황금 보유량이 채무 상환 수준에 미치지 못하자 시장에서는 달러에 대한 신용을 점점 더 불신하기 시작했다.

이에 미국은 금의 공정 가격과 달러의 태환 가치를 유지하기 위해 어쩔 수 없이 금을 투매해 금값을 안정시키는 조치를 단행했다.

이를 통해 달러의 대외 환율 하락세가 안정되기를 바란 것이다.

제1차 달러 위기가 터진 이듬해(1961년) 미국은 장장 14년간의 베트남 전쟁에 돌입했다. 그리고 달러는 이 기간 동안 세 차례나 위기를 맞게 되었다.

1968년 3월, 미국의 황금 보유량이 121억 달러로 떨어지고 단기 외채가 331억 달러에 달하자 시장에서는 다시금 달러를 팔고 금을 사들이려는 움직임이 바빠졌다. 금값이 갑자기 급등해 골드 풀(gold pool: 1961년 10월 런던 자유 금 시장에서 금 가격의 투기적인 변동과 그에 따른 국제적 환시세의 혼란을 막기 위해 구미 8개국이 설치한 국제기구 – 옮긴이)이 대량으로 황금 투매에 나섬으로써 각국은 1967년 10월부터 1968년 3월까지 총 34억 6000만 달러의 황금 손실을 보게 되었다. 이에 각국은 미국에 황금을 태환해 손실분을 메우라고 목소리를 높였다. 이것이 미국이 직면한 두 번째 위기였다. 이 위기로 다시 한 번 세계 각국은 달러에 대한 불신을 드러냈다.

미국은 두 차례의 위기를 맞아 황금을 투매하는 방식으로 위기를 모면했지만 그로 인해 황금 보유량이 위험을 감당하기 어려운 수준까지 떨어지고 말았다. 1971년 5월, 유럽에서 다시금 대규모 달러 투매 바람이 불자 미국 정부는 그해 8월 15일 미국에 대한 외국 중앙은행의 황금 태환 요구를 금지한다고 선포했다. 그리고 8월 18일에는 황금에 대한 달러 환율을 7.89퍼센트 평가 절하했다. 이로써 브레턴우즈 체제의 양대 기둥인 달러와 황금의 고리가 사실상 끊어지고 말았다.

그로부터 2년 후, 마침내 네 번째 달러 위기가 닥쳤다. 1973년

1월, 유럽에서 대량의 달러를 투매하기 시작한 것이다. 유럽과 아시아에 엄청난 달러가 풀리자 금융 시장은 커다란 충격을 받았다. 그해 2월 2일 미국 정부는 황금에 대한 달러 환율을 10퍼센트 평가 절하한다고 선포했다. 그러자 유럽 각국은 잇달아 자국 화폐와 달러 간의 고정환율제를 취소하고 변동환율제를 채택했다. 이로써 마침내 브레턴우즈 화폐 시스템은 완전히 붕괴하고 말았다.

1961년 이후 일어난 세 차례의 달러 위기는 장장 14년간 이어진 베트남 전쟁과 직접적인 관련이 있다. 그 기간 동안 미국은 최소 2500억 달러의 군비와 50만 명의 병사를 전쟁에 투입한 것으로 알려졌다. 뿐만 아니라 미국 정부는 이 자금을 마련하기 위해 각국에서 엄청난 차관을 도입했다.

전후 가장 부유한 채권국이던 미국은 이로 인해 최대 채무국으로 전락하고 말았다. 당시 재정 적자 누계는 1500억 달러에 달했다. 거액의 외채 외에 미국 경제를 설상가상의 위기로 몰아넣은 것은 전후 일본·독일·영국의 경제가 완연한 회복세를 보이면서 미국의 방직업·철강업·반도체·자동차 산업 등이 심한 견제를 받았다는 사실이다. 이로 인한 국제 수지 불균형으로 미국의 대외 채권 상환 능력은 크게 악화되었다.

이처럼 압력이 거세지자 미국은 글로벌 화폐라는 지위를 이용해 달러를 마구 찍어내기 시작했다. 달러의 유동성 확대를 통해 다른 국가가 보유한 달러의 가치를 하락시킴으로써 자국의 전쟁 비용과 경제 위기를 전 세계가 분담하도록 만든 것이다.

달러의 평가 절하는 일본에도 커다란 충격을 주었다. 1960년, 1968년, 1971년, 1973년 네 차례의 달러 위기 중 뒤의 두 차례 때에만 해도 각각 7.89퍼센트와 10퍼센트 평가 절하되었다. 미국은 일본의 최대 무역국으로서 대량의 외환 보유고나 무역 결제 수단이 모두 달러였다. 그런데 달러가 끊임없이 평가 절하됨에 따라 일본이 보유한 거액의 달러 자산도 대폭적인 가치 하락을 피할 수 없었다.

달러의 평가 절하 함정에서 벗어나라

일본은 당연히 이런 상황을 원하지 않았지만 달러가 전 세계적으로 이미 패권을 거머쥔 현실을 바꾸기는 어려웠다. 그렇다면 일본은 어떻게 해야 달러 평가 절하의 함정을 피할 수 있을까?

일본의 고민에 결코 해답이 없는 것은 아니었다. 당시 일본과 마찬가지로 수출 대국이던 독일은 이미 화폐 국제화의 길에 발을 내딛어 마르크가 국제 기축 통화에서 차지하는 비중이 가장 높을 때는 18퍼센트까지 올라 달러에 이어 제2의 화폐로 자리매김을 했다. 이에 자극을 받은 일본 대장성은 1978년 12월 엔의 국제화를 통해 마르크와 함께 국제 통화 부문에서 보완 기능을 발휘하도록 하겠다는 방침을 세웠다.

대장성(大藏省)

메이지유신 이후부터 2000년까지 존재했던 일본의 중앙 행정 기관으로 재무 업무를 담당했다. 2001년 중앙 부처 개편 때, 재무성(財務省)과 금융청(金融廳)으로 각각 권한을 이양한 뒤 역사 속으로 사라졌다.

1985년, 일본의 총무역액이 3052억 달러에 달할 만큼 경제가 번영하자 엔의 가치도 끊임없이 상승해 각국의 외환 보유고 총액 중 엔의 점유 비중이 8퍼센트에 이르렀다. 이처럼 유리한 조건에서 일본의 외환심의회는 1985년 〈엔의 국제화에 관해〉 등 일련의 정부 문건을 발표하고 정식으로 엔의 국제화를 추진하며 달러 패권에 도전장을 던졌다.

엔의 국제화가 가져다주는 가장 큰 이점은 무엇일까? 그것은 바로 무역에서 대량의 엔을 사용하면 일본 기업이 다른 화폐로 태환할 때 발생하는 위험을 없앨 수 있다는 것이다. 일테면 화폐 태환의 위험성을 순조롭게 다른 국가에 전가할 수 있는 것이다.

이처럼 전망은 매우 밝았지만 엔의 국제화는 커다란 걸림돌에 직면했다. 당시 일본은 세계 최대의 무역 흑자 국가로서 매일 달러를 긁어모으면서도 엔을 방출할 기회를 잡지 못하고 있었다.

이런 난제를 돌파하기 위해 일본은 중국을 포함한 아시아 국가에 대량의 엔을 빌려주기 시작했다. 1972년부터 1982년까지 5개 동맹국에 직접 투자한 자금은 101억 6600만 달러였고, 1960년부터 1978년까지 동남아에 제공한 정부 개발 원조 총액은 35억 달러였다. 한편, 중국도 베이징 지하철 1호선, 베이징 서우두(首都) 공항, 우한(武漢) 창장얼챠오(長江二橋) 등의 건설 프로젝트에 엔 차관을 들여왔다. 이러한 차관과 원조에 힘입어 엔은 아시아에서 어느 정도 국제화를 실현했다.

쟈오퉁 은행(交通銀行)의 수석 이코노미스트인 롄핑(連平)은 일본이 아시아 국가에 대량의 차관을 제공한 목적을 다음과 같이 분석했다.

"무엇보다 일본은 무역 결제를 포함한 수많은 국제 거래와 금융 거래에서 차지하는 엔의 비중을 크게 높이려 했다. 그런 다음, 엔을 동남아의 핵심 화폐로 만들고자 하는 야심을 갖고 있었다."

1990년, 일본의 수입액과 수출액 중 엔으로 결제한 비중은 각각 37.5퍼센트와 14.5퍼센트를 차지했다. 이는 1980년보다 각각 8.1퍼센트와 12.1퍼센트 상승한 수치다. 또 세계 각국의 외환 보유고에서 엔의 비중은 8퍼센트로, 달러의 50.6퍼센트에는 크게 못 미치고 마르크의 16.8퍼센트에도 뒤지지만 3퍼센트인 파운드보다는 2배 이상 높았다. 1989년 4월, 전 세계 외환 거래에서 엔의 비중은 마르크와 엇비슷한 13.5퍼센트를 차지해 45퍼센트인 달러의 뒤를 이었으며 파운드의 7.5퍼센트, 스위스프랑의 5퍼센트보다 높았다.

엔의 국제적 위상이 높아지는 과정에서 상대적으로 달러가 약세를 보임에 따라 달러, 엔, 마르크의 이른바 '삼극(三極) 통화 체제'가 나타나기 시작했다.

저격당한 엔의 가파른 평가 절상

1985년을 전후로 세계 제2의 경제 대국에 올라선 일본이 엔의 국제화를 시도하자 미국은 불안에 떨고, 미일 무역 마찰은 해가 갈수록 격화되었다.

미국을 불안하게 만든 제2의 경제 대국

통계에 의하면, 미일 무역의 불균형 현상이 나타나기 시작한 것은 1960년대 중반부터이다. 그런데 1960년대에 고작 몇 억 달러에 불과하던 미국의 대일 무역 적자는 1970년대에 수십억 달러, 1980년대에 몇 백억 달러로 상승하더니 1990년대에는 기본적으로 500억 달러를 넘나들었다. 이는 미국의 대외 무역 적자 중 약 50퍼센트를 차지하는 수치였다.

미일 양국의 무역 마찰 상품을 살펴보면, 1950년대에는 방직품, 1960년대에는 철강, 1970년대와 1980년대에는 컬러 TV와 자동차

1979년 17퍼센트이던 일본 자동차의 미국 시장 점유율은 이듬해에 24퍼센트로 급등했다. 이때를 기점으로 도요타 자동차는 해마다 총생산량이 300만 대를 넘어섰다.

가 주를 이루었다. 그런데 일본의 대미 흑자가 크게 늘어날수록 미국의 실업률은 그만큼 상승했다.

자동차 산업을 예로 들면, 1979년 17퍼센트이던 일본 자동차의 미국 시장 점유율은 이듬해에 24퍼센트로 급등했다. 도요타의 명차 '코롤라'는 1980년에 바야흐로 전성기를 맞아 다카오카(高岡) 공장의 어셈블리 라인에서는 65초당 자동차 한 대를 만들어 연간 생산량이 무려 85만 6000대에 달했다. 이때를 기점으로 도요타 자동차는 해마다 총생산량이 300만 대를 넘어섰다.

이와 대조적으로 미국 3대 자동차 회사의 경영 실적은 급락했다. 클라이슬러는 3년 내리 적자를 기록했다. 1978년 2억 달러이던 적자가 1979년에는 11억 달러로 늘어나더니 1980년에는 무려 17억 달러를 넘어선 것이다. 포드의 경우는 1979년 10억 달러이던 적자가 1980년 15억 달러로 늘어나는 등 해마다 최고 적자 기록을 경신

했다.

1980년, 연간 생산량 1100만 대를 돌파하면서 일본은 미국으로부터 세계 최대 자동차 생산국 자리를 빼앗았다. 반면 미국 자동차 산업에서 1980년은 '악몽의 한 해'로 기록되었다. 공장이 잇달아 도산하고 대량 실업 사태가 발생해 번화하고 시끌벅적하던 자동차 도시 디트로이트는 적막에 휩싸였다. 당시 시장 콜먼 영(Coleman Young)은 인터뷰를 요청한 기자들에게 이렇게 말했다.

"우리는 지금 역사상 최악의 불황을 겪고 있습니다. 전체 시민 가운데 20퍼센트가 직장을 잃었으며, 흑인 실업률은 무려 65퍼센트에 달합니다."

한편, 이와 같은 최악의 사태를 맞아 GM의 한 직원은 이렇게 한탄했다.

"몇 년 전만 해도 다른 경쟁자들이 우리가 자동차 산업을 독점하지 않을까 우려할 정도로 회사가 탄탄했는데, 지금은 오히려 생존을 위해 밤낮없이 걱정하는 신세가 되었습니다."

미국 경제에 절대적인 영향력을 행사하는 철강 회사와 클라이슬러, 포드 등이 큰 타격을 받자 관련 협회와 의회 대표들은 정부에 압박을 가하기 시작했다. 미국 정부도 철강, 자동차 등 경제 성장에 버팀목이 되는 산업에서 열세에 처하면 미국 경제에 심각한 악영향을 미칠 것이라는 사실을 분명히 깨닫고 있었다.

그러는 동안에도 일본의 대대적인 수출 공세에 밀린 미국 제조업체들은 하나둘씩 무너지기 시작했다. 이로 인해 1984년 미국의 무역 적자는 무려 1090억 달러에 달했고, 재정 적자도 1000억 달러

1980년은 미국 자동차 산업에서 '악몽의 한 해'로 기록되었다. 공장이 잇달아 도산하고 대량 실업 사태가 발생해 번화하고 시끌벅적하던 자동차 도시 디트로이트는 적막에 휩싸였다.

문턱에 다다랐다.

미국을 더욱 곤경에 빠뜨린 것은 일본이 수많은 산업에서 경쟁 우위를 점하고 있어 미국 기업들이 숨조차 쉴 틈이 없었다는 점이다.

1950년대 초에 일본은 미국으로부터 라디오, 녹음기, 음향 기술을 들여왔지만 얼마 지나지 않아 미국 시장의 반도체 상품은 전부 일본산으로 대체되었다.

1960년대에는 일본 방직업이 미국을 완벽하게 압도했다. 이로 인해 미국의 정치적 압력을 받자 일본은 미국이 설치한 관세 장벽을 피하기 위해 자발적으로 대미 수출량을 줄이기도 했다.

1970년대에는 미국의 몇몇 주요 TV 생산 업체가 일본과의 경쟁에서 밀려 문을 닫을 위기에 처했다. 이에 미국 정부가 압력을 행사하자 일본 기업은 자발적으로 수출량을 제한하며 한 발 물러섰다. 철강 분야 역시 미국은 복잡한 계산법을 통해 일본 상품의 수입을 철저히 제한했다. 1970년대 말 일본의 철강 생산량은 미국과 엇비슷했지만 공장 설비는 미국보다 훨씬 앞서고 효율성도 높았다. 1978년 당시 현대화된 세계 최대 용광로 22개 중 14개를 일본이 갖고 있던 반면 미국에는 하나도 없었다. 이를 통해 일본 철강 기업의 경쟁력은 세계 최고 자리에 올랐다. 1979년 일본은 전 세계에 총 450만 대의 자동차를 수출했는데, 그중 200만 대 정도를 미국에 판매했다. 반면, 미국 자동차의 일본 판매량은 고작 1만 5000대에 불과했다. 하지만 일본은 미국 및 유럽과의 무역 전쟁을 피하기 위해 자발적으로 자동차 수출량을 제한했다. 그러지 않았다면 일본이 미국 자동차 시장을 완전히 장악했을지도 모른다.

1980년대 초에는 전자와 반도체가 미래의 떠오르는 산업으로 각광을 받았다. 이에 일본은 방직품, 철강, 컬러 TV, 자동차 산업 등에서 30년간 이어온 무역 마찰로 미국의 눈치를 보기는 했지만 전자와 반도체 분야의 미국 시장 진입을 결코 늦출 수는 없었다. 1957년 일본은 '전자산업진흥임시조치법'을 제정해 일본 기업이 미국에서 도입한 선진 기술을 토대로 자국 반도체 산업을 발전시킬 수 있도록 법률적 토대를 마련했다. 그리고 1971년에는 '특정전자산업 및 특정기계공업진흥임시조치법'을 발동해 일본 기업이 스스로 연구 개발과 생산력 강화를 통해 구미 반도체 업체의 공격에 효과적으로 대응하고 일본 반도체 제품이 세계로 뻗어나갈 수 있도록 도움을 주었다. 이 밖에 1978년에는 '특정기계정보산업진흥임시조치법'을 제정해 반도체 중심의 정보 산업 발전을 한층 강화했다. 이로써 일본의 컴퓨터 산업은 짧은 시간 안에 IBM을 비롯한 미국 기업의 위협적인 도전자로 부상했다.

일본 반도체 산업이 기세등등하게 공세를 취하자 미국은 위기를 느끼기 시작했다.

미국은 반도체 산업의 선도 국가였다. 1950년대에 우주 공간에서의 우세를 확보한 미국은 신형 미사일 연구 제작 및 우주 비행을 위해 집적회로 산업을 중점 연구하고 육성하기 시작했다. 더욱이 집적회로는 모든 컴퓨터, 통신 제품, 가전 제품의 핵심 부품이었다. 1960년대 중반 미국 국방부가 거의 모든 집적회로 제품과 40퍼센트에 달하는 반도체 기기를 구매하면서 이들 산업의 발전에 결정적인 역할을 했다. 그런데 1980년대 들어 일본 반도체 산업이 급속히 성장하자 미국 반도체는 품질과 신뢰도 등의 경쟁력에서 점차 일본에 뒤지는 현상에 직면했다. 바야흐로 반도체 분야에서 독보적이던 미국의 지위가 크게 흔들리기 시작한 것이다.

일본은 30년간 이어진 경제 전쟁에서 미국의 주요 산업을 끊임없이 위협하고 또 점차 우세를 점해 미국으로 하여금 일본 상품의 공격을 막아내는 데 자신감을 잃게 했다.

1980년대에 하버드 대학의 저명한 일본 문제 전문가 에즈라 포겔(Ezra Vogel) 교수는 《세계 제일의 일본: 미국을 위한 교훈》이라는 책을 출간했다. 이 책은 나오자마자 센세이션을 불러일으키며 베스트셀러로 등극했다. 일반 시민과 학자·국회의원·정부 관료는 물론 심지어 펜타곤의 장성들까지 앞다퉈 읽고, 언론 매체들도 이 책을 대대적으로 다루었다. 《세계 제일의 일본: 미국을 위한 교훈》이 이처럼 큰 인기를 끌었다는 것은 일본의 경제 공격에 미국 국민이 얼마나 스트레스를 받았는지 단적으로 보여준다.

1980년대 초 미국은 막대한 무역 적자에 시달렸을 뿐 아니라 심각한 경기 침체 현상에서 벗어나지 못하고 있었다. 미국은 일찍이 대일 무역 역조를 만회하려 해도 일본이 시장을 충분히 개방하지 않아 미국 상품이 진입하기 어렵다는 등 노골적으로 불만을 터뜨리곤 했다.

그러나 미국은 설령 일본이 시장을 개방한다 해도 자국 상품이 잘 팔리지 않을 것이라는 사실을 알고 이내 실망했다. 미국이 이런 결론을 얻게 된 것은 보스턴컨설팅그룹이 1978년 미 재무부를 위해 작성한 연구 보고서 때문이었다. 이 보고서는 미일 무역 역조가 발생한 원인은 일본의 보호 정책보다 미국의 경쟁력이 취약해서라고 지적했다.

미국의 음모

화폐의 패권을 장악한 미국은 산업 경쟁력을 신속히 끌어올리지 못하고 거액의 무역 역조를 개선하기 어려운 상황에서 다시 한 번 불패의 무기인 '환율'로 눈을 돌렸다.

그러나 포겔 교수는 이러한 조치는 "목이 말라 급한 김에 독주를 마시는 꼴"이 될 것이라고 우려했다. 달러 평가 절하의 유일한 장점은 효율성 낮은 미국 생산 업체를 보호해주는 것뿐이다. 하지만 이런 기업들은 정부 보호에만 의지하고 진취적이지 않다. 따라서 갈수록 국제 경쟁력을 잃게 되는 더욱 큰 문제가 발생할 확률이 높았다.

사실상 미국 기업이 혁신적인 경영을 통해 하루아침에 국제 경쟁력을 높이기란 거의 불가능했다. 이에 미국은 경제가 끝없이 추락하는 상황에서 달러를 평가 절하하고 엔의 가치를 높임으로써 계속 불어나는 무역 적자를 끌어내리고 미국 상품이 글로벌 시장에서 가격 경쟁력을 회복하길 간절히 바랐다. 그러나 엔의 대달러 환율을 높이려면 미국 혼자만의 힘으로는 어렵다. 반드시 일본의 동의와 협조를 얻어야만 했다. 미국은 달러가 너무 높게 평가되어 평가 절하가 반드시 필요하다며 일본을 설득하기 시작했다. 동시에 일본이 비협조적으로 나올 것을 대비해 위협책도 구사했다.

1983년 10월, 미국의 도널드 리건(Donald Regan) 재무장관은 다케시타 노보루(竹下登) 일본 대장성 장관에게 서한을 보내 이렇게 추궁했다.

"저평가된 엔과 갈수록 늘어나는 대일 무역 적자로 인해 미국에서는 강력한 비판의 물결과 함께 보수주의의 압력이 엄청나게 가중되고 있습니다. 미국 정부가 귀국의 상품과 서비스를 미국 시장에서 쫓아내려는 저들의 행동을 적극 막아주길 바란다면, 귀국은 금융 시장 개방과 엔의 국제화와 관련해 반드시 효율적이고 대담한 행보를 취해야 할 것입니다."

도널드 리건의 말은 살기로 가득했다. 일본은 수출에 의존해 번영의 길로 들어선 국가이다. 따라서 미국이 대문을 닫아버리면 절반 가까운 생산력이 시장을 잃게 되어 대량 실업 사태를 부를 수도 있었다. 또 생산 과잉이 국내에서 악성 가격 경쟁을 유발해 전체 산업 경제가 붕괴할 위험도 있었다.

미국의 적나라한 위협에 직면한 일본은 적당한 이유를 둘러대며 위기를 모면하려 했다. 이때 일본이 생각한 합리적인 이유는 다음과 같다 ― 엔의 평가 절하와 달러의 평가 절상 문제는 결코 일본이 엔을 '인위적으로 조작'했기 때문이라고 할 수 없다. 미국의 고금리 정책이 전 세계적으로 달러 '사랑'을 불러 달러 가치가 상승한 것이다.

1983년 11월, 일본의 나카소네 야스히로(中曾根康弘) 총리는 이런 의견을 방일한 레이건 대통령에게 전달하며 이렇게 당부했다.

"불안정한 세계 경제의 영향을 받아 달러가 심한 변화를 겪고 있다. 그러니 미국 측에서 금리를 인하하는 데 노력을 기울여달라."

예의를 갖춘 말이었지만, 일본은 결코 엔의 평가 절상을 바라지 않는다는 뜻을 명확히 전달한 셈이다.

그러나 미국이 시급히 해결해야 할 경기 쇠퇴와 거액의 무역 역조 문제는 결코 일본의 구두 변명으로 깨끗이 사라질 수 있는 것이 아니었다. 이로써 엔의 평가 절상과 달러의 평가 절하를 다그치는 '홍문연'이 드디어 막을 올리게 되었다.

1985년 9월, 레이건 행정부의 제임스 베이커(James Baker) 재무장관은 미국, 일본, 독일, 프랑스, 영국의 5개국 재무장관과 중앙은행장을 초청해 뉴욕 플라자 호텔에서 회담을 개최했다. 이 회담에서 5개국 정부는 외환 시장에 개입해 주요 화폐에 대한 달러 환율을 일률적으로 내려 미국의 무역 적자를 해결하기로 합의했다. 이것이

홍문연 (鴻門宴)_

유방(劉邦)이 초패왕 항우(項羽)가 베푸는 홍문의 연회에 갔을 때, 항우의 모사 범증(范增)이 무장 항장(項莊)에게 검무를 추는 척하면서 유방을 찔러 죽이게 했는데, 유방의 모사 장량(張良)이 범증의 이런 의도를 간파하고 번쾌(樊噲)에게 항장과 함께 검무를 추도록 해 유방을 위기에서 구해낸 고사(《사기(史記)》〈항우본기(項羽本紀)〉). 일테면 초청객을 해칠 목적으로 베푸는 연회를 가리킨다.

1985년 9월, 유명한 '플라자 합의'를 이끌어낸 뉴욕의 플라자 호텔. 미국, 일본, 독일, 프랑스, 영국의 5개국 재무장관과 중앙은행장은 이 회담에서 외환 시장에 개입해 주요 화폐에 대한 달러 환율을 일률적으로 내려 미국의 무역 적자를 해결하기로 합의했다.

바로 저 유명한 '플라자 합의'이다. 이로써 엔과 마르크의 대폭적인 평가 절상을 유도해 지나치게 높은 달러 가치를 낮출 수 있었다.

엔의 평가 절상 압박은 미국의 예상보다 훨씬 순조롭게 진행되었다. 폴 볼커(Paul Volcker) 전 FRB 의장은 당시 상황을 이렇게 회상했다.

"가장 놀라운 것은 다케시타 노보루 경제장관이 자발적으로 엔을 10퍼센트 이상 평가 절상하겠다고 제안했다는 사실이다. 이는 우리 예상을 크게 넘어서는 것이었다. 심지어 그는 달러 평가 절하 협조를 요청했을 때, 화통하게 20퍼센트도 문제없다고 대답했다."

그렇다면 일본은 무엇 때문에 이렇게 순순히 양보를 선택한 것일까? 훗날 교텐 토요오 전 일본은행 총재로부터 이에 대한 답을 들을 수 있었다.

"일본 정부는 당시 날로 높아만 가는 미국의 보호주의 장벽에 놀라 허둥대고 있었다. 그래서 엔의 대폭적인 평가 절상 제안을 받아들여 대미 무역 마찰을 완화하고자 했다."

'플라자 합의' 후 5개국은 공동으로 외환 시장에 개입해 달러를 투매하기 시작했다. 그러자 시장 투자자들 사이에서 달러 투매 열풍이 불어 달러는 큰 폭으로 평가 절하되었다.

이와 반대로 엔은 급격한 평가 절상의 수순을 밟기 시작했다. 1985년 9월, 엔 환율은 달러당 250엔 사이를 오르내렸는데 '플라자 합의'가 발효된 지 3개월도 채 지나지 않아 200엔 근처까지 순식간에 올라 상승폭이 무려 20퍼센트에 달했다. 1986년 말에는 달러당 152엔, 1987년에는 120엔을 기록하기도 했다. 명목실효환율(名目實效換率) 기준으로 엔은 달러에 대해 1985년 2월~1988년 11월까지 111퍼센트, 1990년 4월~1995년 4월까지 89퍼센트, 1998년 8월 ~1999년 12월까지 41퍼센트 상승했다. 실질실효환율(實質實效換率) 기준으로는 1985년 1분기~1988년 1분기까지 54퍼센트, 1990년 2분기~1995년 2분기까지 51퍼센트, 1998년 3분기~1999년 4분기까지 28퍼센트 상승했다.

도쿄 은행 회장 및 국제통화연구소 이사장, 일본 중앙은행위원회

고문을 역임한 교텐 토요오는 플라자 합의 후 일이 잘못되었음을 깨달았다고 한다.

"플라자 합의에 서명하고 얼마 지나지 않아 우리는 매우 불리한 방향으로 일이 전개되고 있음을 깨달았다. 외부적인 불균형이 호전될 기미가 전혀 보이지 않았기 때문이다. 오히려 국내 정치만 꼬이게 만들었다. 반년 만에 플라자 합의에 대한 논쟁이 날로 격화되었고, 사람들은 이번 합의가 잘못되었다고 입을 모았다. 심지어 완벽한 실패라고 말하는 사람도 있었다. 엔이 걷잡을 수 없이 평가 절상되자 수출 기업, 특히 중소기업 사이에서 불만의 목소리가 터져 나왔다. 나카소네와 다케시타는 레이건과 볼커에게 잇달아 서한을 보내 엔이 더 이상 평가 절상되지 않도록 힘을 써달라고 부탁했다. 그러나 그들은 이 부탁을 정중하게 거절하며 보호주의 세력이 국회에서 여전히 강경한 태도를 보여 어쩔 수 없다고 변명했다. 외부적인 불균형을 가시적으로 개선할 수 없는 상황이 되자 일본 정부로서도 환율 정책을 다시 바꾸기는 어려웠다."

엔의 평가 절상으로 일본의 수출 기업들은 불만이 많았다. 하지만 이후에도 미일 두 나라의 무역 구조는 전혀 변하지 않아 미국의 무역 적자는 계속 상승했다. 1986년 3월, 미국 상무부는 대외 무역 적자가 사상 최고인 1243억 달러에 달했다고 발표했다. 그해 12월 미국의 재정 적자는 2210억 달러, 외채는 2500억 달러에 달해 세계 최대 채무국으로 전락했다.

일본 입장에서는 엔이 평가 절상되면서 수출 기업의 가격 경쟁력이 상당히 약화됐지만 엔으로 더 많은 달러를 바꿀 수 있어 오히려 일본의 부는 대폭 늘어났다. 그리고 이어서 미국이 가장 두려워하던 미국 자산 매입 열풍이 뜨겁게 불기 시작했다.

자료에 따르면, 1985년 일본의 대외 순자산은 1298억 달러였는데, 엔이 평가 절상됨에 따라 달러로 계산한 국내외 자산이 크게 늘어났다. 그 결과 겨우 2년 만인 1987년 말 일본의 대외 순자산은 2898억 달러로 2.5배 가까이 상승했다.

엔의 평가 절상에 힘입어 일본의 GDP도 대폭 증가했다. 1985년 1조 3690억 달러였던 GDP가 1995년에는 5조 3000억 달러로 엄청나게 늘어난 것이다. 1인당 GDP 역시 1986년 1만 6704달러에서 1995년에는 4만 2336달러로 높아졌다.

일본을 더욱 만족시킨 것은 엔의 평가 절상이 일본 산업에 엄청난 기회를 제공했다는 사실이다.

첫째, 섬나라인 일본은 원자재 수입 의존도가 매우 높아서 원가가 철강과 자동차 상품 가격의 4분의 3을 점유할 정도였다. 하지만 달러가 평가 절하된 후 원자재 수입 가격이 떨어져 해외에 판매하는 상품의 가격 변동폭이 그다지 크지 않았다. 매우 낮은 가격으로 석유와 목재를 비롯한 다른 자원을 수입함으로써 일본 상품의 국제 경쟁력은 오히려 강화되었다.

둘째, 일본은 당시 반도체와 전자 분야에서 핵심 기술을 장악하고 있었다. 따라서 엔의 가치가 올라 제품 가격이 상승했지만 다른 나라들은 일본 제품에 대한 의존도를 낮출 방도가 없었다. 결국 더 비싸진 일본 제품을 수입할 수밖에 없었고, 이로써 엔이 가파르게 평가 절상되던 시기에 일본은 오히려 더 많은 수익을 올릴 수 있었다.

이처럼 엔의 평가 절상은 일본 경제에 별다른 타격을 입히지 못했다. 오히려 국가와 국민의 부가 급속히 증가해 일본의 민족적 자긍심을 크게 고취시켰다. 일본은 이 막대한 부를 무기로 해외 투자에 눈길을 돌렸다.

1989년, 소니는 미국 문화의 정신적 지주 가운데 하나인 컬럼비아 영화사를 34억 달러에 인수했다. 뒤이어 미쓰비시도 미국의 상징이라고도 할 수 있는 록펠러 센터를 14억 달러에 사들였다.

일본은 이처럼 미국과 유럽의 부동산에 대규모 투자를 감행해 토지, 빌딩, 호텔 등을 매입하거나 호화 유락 시설을 건설했다. 당시 일본이 미국에서 사들인 부동산 총액은 5589억 1600만 엔으로, 이는 전 세계 부동산 투자 총액의 64.8퍼센트에 달하는 엄청난 액수였다. 일례로 로스앤젤레스 번화가의 절반 가까운 부동산을 사들였을 뿐 아니라 하와이의 외국인 투자액 가운데 무려 96퍼센트를 차지했다. 1985년부터 1990년까지 일본 기업은 총 21건에 500억 이상 해외 M&A를 진행했는데, 그중 18건이 미국 기업이었다. 1980년대 말에는 미국 부동산의 10퍼센트가 일본인의 수중으로 들어갔다.

이처럼 일본이 미친 듯이 미국 자산 매입에 나서자 미국 국민은 거의 공황 상태에 빠졌다. 미국의 언론 매체는 일본이 진주만에 이어 두 번째 미국 공습에 나섰다며 놀라움을 표시했다. 미국 국민들은 언젠가 일본이 '자유의 여신상'을 사들일지도 모른다며 우려 섞인 농담을 하곤 했다.

이는 모두 일본이 엔의 과도한 평가 절상을 억제하기 위해 통화 확장 정책을 펼친 결과라고 할 수 있다. 1986년 1월에서 1987년

2월까지 일본은 정부 주도로 어음 할인율을 계속 낮춰 당시로서는 세계 최저 수준인 2.5퍼센트까지 떨어졌다. 일본은행은 1987년 2월 이후 1989년 5월까지 장장 27개월간 초저이율을 유지했다. 이로써 정부가 개입해 이율을 낮춤으로써 핫머니의 유입을 어느 정도 완화시킬 수는 있었지만 국내적으로는 금융 대출이 크게 늘어나는 상황을 촉발했다.

1980년대 초 50퍼센트 전후였던 GDP 대비 대출 한도액은 1980년대 말에 이르러 100퍼센트로 증가했다. 1987년부터 1989년까지 화폐 공급량의 증가 속도는 각각 연 10.8, 10.2, 12퍼센트를 기록했다. 1988년부터 1990년까지의 경제 성장률은 각각 6.0, 4.4, 5.5퍼센트를 기록해 같은 시기의 개발도상국을 월등히 뛰어넘었다. 이는 1980년대 초반 자국의 3퍼센트 수준보다도 높은 수치였다. 한편, 대량의 과잉 자금이 주식과 부동산 시장에 유입되어 주가와 부동산 가격이 연일 폭등했다.

소비자물가지수
(Consumer Price Index, CPI)_

소비자가 구입한 각종 상품과 서비스의 전반적인 가격 동향을 측정한 지수. 이를 통해 일반 소비자 가구의 소비 생활에 필요한 비용이 물가 변동에 의해 어떤 영향을 받는지 알 수 있다. 일반적으로 인플레 수준을 관찰할 때 중요한 지표로 사용된다.

1987년에서 1989년까지 주가는 94퍼센트, 도시의 토지 가격은 103퍼센트 폭등한 반면, 소비자물가지수는 3.1퍼센트 오르는 데 그쳤다.

하지만 저금리 정책으로 시중에 과도하게 풀린 자금이 투자로 이어지지 않고 주식이나 부동산 등 투기 자본으로 변하면서 일본 경제에 버블의 어두운 그림자가 드리우기 시작했다.

12

거품 붕괴인가, 저격을 당한 것인가

일본이 자본 시장을 개방하고 플라자 합의에 서명함으로써 엔이 대폭 평가 절상된 후, 일본을 겨눈 총알은 이미 장전되었다. 미국 금융계는 일격에 중상을 입힐 절호의 기회만을 끊임없이 노리고 있었다.

심혈을 기울여 설계한 사냥터

엔이 빠른 속도로 평가 절상된 후인 1987년, 일본의 은행은 전 세계 다국적 은행 자산의 35퍼센트를 점유했다. 이는 1983년의 26퍼센트보다 크게 증가한 수치로 일본의 빠른 성장세에 구미 국가들의 두려움은 극에 달했다.

자산 규모가 가장 큰 전 세계 10대 은행 가운데 7곳이 바로 일본 은행이었다. 엔으로 계산한 일본의 자산은 1983년에서 1987년까지 80퍼센트 증가했고, 평가 절상된 달러로 환산하면 무려 200퍼센트 증가했다. 일본 은행들은 캘리포니아 주 저축액의 15퍼센트를 소유했고, 국제 금융 중심지 런던에서는 모든 비(非)파운드 대출의 36퍼센트를 차지했다.

그러나 버블 경제가 붕괴하면서 전 세계 10대 은행 중 일본의 은행은 한 곳만 남고 모두 퇴출되었다.

일부 경제학자들은 일본 금융이 중상을 입고 10년 동안 원기를 회복하지 못한 이유는 바로 미국이 심혈을 기울여 설계한 사냥터의 함정에 빠졌기 때문이라고 여겼다.

이 사냥터에서 타깃은 일본의 부였고, 미끼는 플라자 합의 후 엔의 평가 절상으로 일본이 누린 호황이었으며, 일본을 향해 발사한 진짜 총알은 금융 시장의 전면 개방이었다.

대부분의 전문가들은 일본을 사냥하려는 계획은 '플라자 합의'가 성사되기 2년 전부터 이미 진행되었다고 입을 모은다.

1983년 미국 재계가 제출한 〈모건 보고서〉의 핵심 내용 중 하나는 바로 일본을 압박해 빠른 시간 안에 금융 시장을 개방하도록 해 달라는 것이었다. 애널리스트들은 이와 같은 요구의 목적을 이렇게 분석했다.

첫째, 미국 금융 기관이 더 많은 비즈니스 기회를 얻기 위해. 둘째, 시장의 힘을 빌려 엔의 대폭적인 평가 절상을 촉진하고 그 틈을 타 외환 수익을 얻기 위해. 셋째, 리스크 관리 능력 면에서 뛰어난 미국 자본이 버블 형성 단계에서 투자를 확대한 다음 버블이 꺼질 때쯤 재빨리 발을 뺌으로써 널뛰듯 하는 시장에서 이익을 챙기고 일본의 기업과 은행을 위험에 빠뜨리기 위해.

〈모건 보고서〉는 순조롭게 목적을 달성했다. 미국의 압력으로 일본은 엔의 국제화를 가속화해 1983년 10월부터 잇따른 조치를 발표했다. 여기에는 국제 무역에서 엔의 결제 허용, 비거주자의 국내 주식 매입 허용, 일본 기업의 해외 자유 투자 허용, 거주민을 대상으로 발행하는 유로-엔 채권 규모의 확대 등이 포함되어 있었다.

이러한 조치는 표면적으로는 엔의 국제적 위상을 향상하기 위한 것처럼 보이지만 실제로는 엔의 국제화를 통해 핫머니가 쉽게 국경을 넘어 이동하고 자유 태환이 가능하도록 한 독배(毒杯)라고 할 수 있다.

치명적인 총탄

1985년 9월 일본이 플라자 합의에 서명한 후 17개월 동안 엔은 57퍼센트 평가 절상되었다. 엔이 평가 절상되자 핫머니가 대량 일본에 유입되어 한편으로는 엔의 평가 절상을 더욱 가속화시켰고, 다른 한편으로는 주식과 부동산 가격이 가파르게 상승하는 데 강력한 동력을 제공했다.

1987년 2월, 서방 7개국(G7) 재무장관은 프랑스 루브르궁에서 회담을 열고 '루브르 합의'에 서명했다. 미국은 이 합의를 통해 일본에 1987년 2월부터 1989년 5월까지 초저이율을 실시하도록 압박했다.

초저이율은 엔의 평가 절상으로 무섭게 몰려들던 핫머니의 유입 속도를 늦추는 효과를 가져왔지만, 은행들은 대량의 자금을 풀어 돈놀이에 나섰다.

장기적인 저이율 정책은 원래부터 자금이 풍족했던 일본에 자금이 넘쳐나도록 만들었다. 그리고 넘쳐나는 자금 대부분이 주식과 부동산으로 몰려 버블 경제를 유발했다.

싱가포르 국제통화거래소(Singapore International Monetary Exchange, SIMEX)_

1984년 설립된 아시아 최초의 금융 선물거래소. 국제적 성격의 거래소인 SIMEX의 거래 품목에는 선물, 선물계약, 이율, 화폐, 주가지수, 에너지원 및 황금 등이 있다.

이때 이미 일본을 조준하고 있던 총알은 발사 조건을 갖추고 있었다. 그러나 미국 금융계는 여전히 참고 기다렸다. 그들은 일본 경제가 미쳐 날뛰는 단계에 진입하기를 기다렸다가 비로소 치명적인 총탄을 발사했다.

일본의 주식과 부동산 시장이 가능한 한 빨리 최고조에 진입할 수 있도록 미국 금융 기관들은 일본에 '트로이 목마'나 다름없는 주가지수선물을 설치하기 시작했다.

1986년, 먼저 싱가포르 국제통화거래소(SIMEX)에서 닛케이 225 주가지수선물이 상장되었다. 그러나 이러한 지수선물은 일본의 기관 투자자보다 미국과 유럽의 기관 투자자에게 훨씬 유리했다. 후자는 SIMEX의 닛케이 225 주가지수선물계약을 이용해 일본에 투자한 주식에 대해 헤징(hedging)이 가능했기 때문이다. 반면 일본 펀드는 국내 법률이 SIMEX 닛케이 225 지수 투자를 금지하고 있어 불리한 위치에 있었다.

사람들은 당초 SIMEX 닛케이 225 주가지수선물 상장이 일본의 주가지수선물 시장 개방을 압박하는 데 앞잡이 역할을 할 것이라고 의심했지만 누구도 확증을 찾지는 못했다.

1987년 6월, 국내 기관 투자자들이 불리한 입장에 처하자 일본은 최초로 주가지수선물(stock index futures)을 도입해 50종의 주가선물계약을 체결했다. 그리고 1988년에는 닛케이 225 주가지수선물 거래를 도입했다. 이는 구미 기관 투자자들에게 일본을 모살할 최적의 환경을 제공했다.

주가지수선물 상장으로 일본의 주식 시장은 그야말로 미친 듯이 활기를 띠었다. 1989년 일본 주식 시장은 큰 폭으로 상승했고, 같은 시기 주가지수선물 시장도 못지않은 상승폭을 기록했다. 그해 5월 일본 정부가 긴축 통화 정책을 실시한다는 악재가 전해졌지만 닛케이 225 지수는 도리어 상승하는 기이한 현상이 벌어졌다.

닛케이 225 지수의 영향으로 일본 주식 시장에는 여전히 낙관적 분위기가 팽배해 주가지수가 1990년 거품이 터지기 직전 최고점을 기록했다. 1989년 12월 31일, 도쿄 증권거래소가 마지막으로 개장한 날 닛케이 225 지수는 3만 8915포인트를 기록했다.

그런데 1990년 새해 들어 첫 거래가 시작되자마자 주가가 하락하기 시작해 1990년 10월에는 2만 포인트까지 곤두박질쳤다. 1991년 상반기에 잠깐 반등했지만 하반기 들어 다시 가파르게 하락세를 걸었다. 1992년 4월 1일, 도쿄 증권거래소의 닛케이 225 지수는 1만 7000포인트까지 떨어져 일본 주식 시장은 공황 상태에 빠지고 말았다.

1992년에는 주가가 최고점 대비 63퍼센트로 하락했고, 상장된 주식 시가 총액은 1989년 말 6조 3000억 엔에서 2조 9900억 엔으로 급락해 3년 만에 무려 3조 3100억 엔이 빠져나갔다. 이로써 일본 주식 시장의 거품은 완전히 꺼지고 말았다.

주식 시장 붕괴와 더불어 부동산 시장의 거품도 꺼지기 시작했다. 거품이 터진 후, 일본 부동산 가격은 절반 가까이 떨어지고서야 비로소 안정을 되찾았다. 이로써 국가 전체의 부도 50퍼센트가량 줄어들었다. 뒤이은 10년 동안 일본 경제는 장기 침체에 빠져 '잃어버린 10년'이라는 신조어가 생겨날 정도였다.

1991년부터 1996년까지 파산한 일본 기업은 연평균 1만 4000개에 달했다. 통계에 따르면, 주식과 부동산 시장 폭락으로 초래된 손실이 무려 6조 달러에 이른 것으로 나타났다. 이와 동시에 일본 금융 기관들도 치명적인 손실을 입어 적지 않은 은행이 도산했다. 1995년 7월, 대장성 은행청(銀行廳)은 일본 은행업의 불량 자산이 50조 엔에 달한다고 발표했다. 자금난에 봉착한 대다수 일본 기업은 결국 이전에 사들였던 미국 자산을 저가에 팔아버릴 수밖에 없었다.

엄청난 재난을 회고하다

이 엄청난 재난에 대해 일본의 학자 요시카와 모토타다(吉川元忠)는 《금융전패(金融戰敗)》에서 슬픈 어조로 이렇게 말했다.

"태평성대에 누가 전쟁이 일어날 줄 예상이나 했겠는가? 만약 실제 총탄이 오가는 전쟁이었다면, 자기 이익을 제 손으로 적에게 가져다 바치는 사람은 아무도 없을 것이다. 그러나 보이지도 않고 만져지지도 않는 무형의 전쟁에서 종종 패배는 기꺼이 자기의 강산(江山)을 적의 손에 공손히 넘기고서도 전혀 모르는 경우가 있다. 이런 패배야말로 더욱 비참하고 고통스럽다."

헤지 펀드 (hedge fund)_

투자 위험 대비 높은 수익을 추구하는 적극
적 투자 자본을 가리킨다. 주로 100명 미만
의 투자자들로부터 개별적으로 자금을 모아
'파트너십'을 결성한 뒤, 카리브 해의 버뮤다
같은 조세 회피 지역에 위장 거점을 설치해
자금을 운영한다. 투자 지역이나 투자 대상
등 당국의 규제를 받지 않고 고수익을 노리
는 투기성 자본이다. 헤지 펀드는 파생 금융
상품을 교묘히 조합해 도박성 높은 신종 상
품을 개발, 국제 금융 시장을 교란하는 하나
의 요인으로도 지적된다. 1998년 중반 아시
아 국가들이 외환 위기에 봉착했을 때, 이들
은 자국의 외환 위기를 초래한 주범이 바로
헤지 펀드라고 주장했다.

공매도 (空賣渡, short stock selling)_

해당 주식을 보유하지 않은 채 매도 주문을
내는 기법. 주로 초단기 매매 차익을 노릴
때 사용된다. 실제 주식을 보유하지 않은 투
자자가 주가가 하락할 것을 예상하고 차익
을 얻기 위해 주식을 매도하는 것을 말한다.
일테면 주식을 싼 가격에 사서 비싸게 팔아
차익을 남기는 것과 반대로 공매도는 주식
을 비싸게 팔아놓고 싼 가격에 다시 사들여
시세 차익을 얻는 것이다.

경제학자들은 1990년 일본 경제가 심각한 버블에 직면한 것은 사실이지만 여전히 조정 정책을 통해 연착륙할 기회가 있었다고 말한다. 그러나 수많은 해외 기관 투자자들이 엔을 대량 투매하고 시장에서 신속하게 자본을 철수하자 결국 일본은 재난에서 빠져나올 기회를 잃고 말았다.

버블 붕괴 후 일부 경제학자들은 미국의 증권 회사와 헤지 펀드가 이러한 전대미문의 재난을 조종했다는 분석을 내놓았다. 1989년 일본이 긴축 통화 정책을 실시한 후 닛케이 225 지수의 대다수 주요 종목은 피로감을 나타냈다. 그러나 경험 풍부한 미국 기관 투자자들은 닛케이 225 지수에서 비교적 영향력 큰 종목을 무더기로 사들여 지수 상승을 이끌었다. 그러면서 한편으로 닛케이 225 주가지수선물 시장에서는 선물을 대량 공매도하는 기민함을 보였다.

미국 기관 투자자들은 닛케이 225 주가지수선물 시장에서 지분을 충분히 팔아치운 후, 이번에는 닛케이 225 지수에서 영향력이 큰 주요 종목을 대량 매도하기 시작했다. 그러자 닛케이 225 지수와 닛케이 225 주가지수선물은 끝 모를 하락의 길로 접어들게 되었다. 그 결과 미국 기관 투자자들은 공매도를 통해 커다란 이익을 취한 반면 일본 주식 시장은 공황 상태에 빠지고 말았다.

최근 들어 여러 가지 증거가 밝혀지면서 이러한 분석은 설득력을 얻고 있다. 헤지 펀드로 유명한 미국 타이거 펀드의 고위 애널리스트 로버트 시트론(Robert Citron)은 타이거 펀드가 1990년 초부터 일본 주식 시장에서 공매도를 시작해 아시아 금융 위기가 닥친 1997년까지도 대량의 공매도 물량을 보유하고 있었다고 고백했다. 그래서 닛케이 225 지수가 3만 9000포인트에서 1997년 1만 6000포인트까지 급락하자 미국은 상상을 초월할 정도의 막대한 이득을 취할 수 있었다.

주가 폭락과 14년 동안 계속된 부동산 시장의 하락은 일본에 엄청난 손실을 입혔다. 《금융전패》에서 요시카와 모토타다는 1990년 일본의 금융 전쟁 결과는 제2차 세계대전 패배의 결과와 맞먹을 만큼 실로 위력적이었다고 말한다.

13

거품 붕괴 이후

1990년대 이후 거품 경제 붕괴와 장기 경기 침체의 영향으로 일본의 경제 및 금융 국제화는 좌절을 겪고 말았다. 이런 상황에서 엔의 국제화도 정체와 후퇴 국면을 맞이했다.

장기 침체에 빠지다

1993년, 일본의 수출 총액 중 엔의 결제 비중은 42.8퍼센트까지 올라갔으나 2000년 1월에는 36.1퍼센트에 머물러 1980년대 중반 수준으로 후퇴했다. 수입을 보면, 1995년 3월 엔의 결제 비중이 24.3퍼센트로 상승했지만 그 후 하락세로 돌아섰다가 2000년 1월에 잠깐 23.5퍼센트를 회복했다.

이 밖에 각국의 외환 보유고 중 엔이 차지하는 비중도 계속 떨어졌다. 1991년 이후 줄곧 하락해 1999년 말에는 5.1퍼센트까지 떨어졌다. 이는 최고치를 기록한 1991년의 8.5퍼센트보다 낮은 것은 물론 1985년 말의 7.3퍼센트에도 미치지 못하는 수치였다.

이와 동시에 은행의 대외 자산 중 엔의 비중도 하락하기 시작했다. 1990년대 일본 각 은행의 대외 대출 가운데 엔의 비중은 줄곧 20퍼센트 전후를 맴돌았다. 2000년 9월 말 선진국 은행의 대외 자산 중 엔의 비중은 8.7퍼센트에 그쳐 1985년의 14.1퍼센트에서 크게 하락했다. 또한 국제 채권 발행 잔고 중 엔의 비중은 1995년 말 17.3퍼센트에 달한 이후 해마다 하락해 2000년 말에는 1995년의 절반 수준인 8.6퍼센트까지 떨어졌다.

이처럼 엔의 국제화가 벽에 부딪힌 1990년대에 10년간 무려 8명의 총리가 교체될 정도로 일본 경제의 추락은 정국을 크게 뒤흔들었다. 이에 정치권은 심각한 경제 침체에서 벗어나기 위해 갖은 처방을 내놓았지만 결과는 별무신통이었다.

1992년, 미야자와 기이치(宮澤喜一) 내각은 경제를 자극하기 위해 10조 엔 규모의 예산을 편성하고 경기 부양책을 실시했다. 그의 뒤를 이은 내각들도 모두 열 차례의 경기 자극책을 실시하며 총 130조 엔 가까운 자금을 방출했다. 국가 및 지방의 장기 채무가 급속히 팽창하는 대가를 지불하면서까지 경제를 살리려고 노력했지만 일본은 여전히 불황에서 벗어나지 못했다. 2000년 말 기준으로 일본의 누계 채무는 666조 엔에 달해 당시 경제 규모의 2.2배, 해외 순자산의 6배에 이르렀다.

일본 정부는 1998년 4월 1660억 달러, 11월 2390억 달러, 연말에 6000억 달러의 금융 안정 지원책을 내놓고 공공 부문 사업 확대를 통해 경제의 추락을 막고자 했다. 이 기간 동안 일본 정부는 고속도로, 교량, 방파제, 농지 건설에 막대한 자금을 투자해 경제를 성장세로 이끌 수 있었다. 그러나 경제 회복의 동력인 개인 소비를 촉진하는 데는 영향력이 매우 미미했다.

이에 일본 정부는 소비를 자극하기 위해 1998년 말 노인이나 미성년자를 부양하는 세대를 대상으로 '지역진흥권'이라는 상품권을 지급했다. 1인당 2만 엔으로 책정된 이 상품권은 현금으로 교환이 불가능하고 지정된 자치단체 지역에서만 사용이 가능하며 날짜가 지나면 폐기하는 것으로 1992년 2월에는 전국적으로 확대 실시되었다. 하지만 이러한 경기 진작책에도 불구하고 일본의 소비는 여전히 답보 상태에 머물렀다. 이처럼 소비를 촉진하기 어려웠던 까닭은 일본 국민이 경제 현실 및 미래의 안정적인 수입에 대해 전혀 낙관적이지 못했기 때문이다.

결과적으로 개인의 소비 지출은 연평균 -0.05퍼센트의 성장률을 기록해 1991년, 1992년, 1996년을 제외하고는 모두 마이너스 성장세를 보였다.

엔의 평가 절상은 일본 국내에서만 고통을 안겨준 것이 아니다. 수출 기업들도 원가 상승과 경쟁력 하락이라는 곤란에 직면했다. 예를 들어, '플라자 합의' 후 10년 동안 일본의 자동차 수출량은 20퍼센트나 하락했다. 이런 국면을 타개하기 위해 일본 기업들은 잇달아 해외로 공장을 이전하기 시작했다. 1985년 3퍼센트에 불과하던 해외 생산 비율은 1999년 14퍼센트까지 증가했다. 일테면 일본 산업에 본격적으로 '공동화' 현상이 나타나기 시작한 것이다.

2001년 '9·11 테러'를 겪은 후 자국 경제가 쇠퇴할 기미를 보이자, 미국 정부는 또다시 환율이라는 무기를 꺼내들고 알게 모르게 달러의 평가 절하를 유도했다. 미국 정부의 이러한 정책 변화에 일찍이 호되게 당한 적이 있는 일본은 온갖 방법을 동원해 엔의 평가 절상을 막았다. 2003년 4조 6000억 엔이라는 자금을 환율 시장에 풀고 달러를 사들여 엔의 평가 절상을 저지한 것이다.

일본 정부는 2003년 7월까지 시장에 총 7조 엔의 자금을 투입했는데, 이는 사상 최고를 기록한 1997년의 7조 6000억 엔에 맞먹는 액수다. 일본 정부의 이러한 노력은 달러 대비 엔의 가치가 계속 상승한다면 과감하게 시장에 개입해 투기 행위를 근절하고 엔의 안정적인 환율을 유지하겠다는 결의를 보여준 것이다.

일본 정부가 이처럼 환율 시장에 개입한 목적은 기업의 수출을 보장해 외수로 장기 침체에 빠진 내수 부족을 메우기 위해서이기도 했다. 이 밖에 엔을 평가 절하해 국내적으로 통화 긴축 상황을 완화하려는 의도도 있었다.

멀고도 먼 엔의 국제화

비록 경기 침체에 빠져 있었지만 일본은 엔의 국제화를 통해 경쟁력을 높이기 위한 노력을 게을리 할 수는 없었다. 1998년 5월, 캐나다에서 열린 아시아태평양경제협력체(APEC) 재무장관 회의에서 마쓰나가 히카루(松永光) 대장성 장관은 "긴급조치를 취해서라도 엔의 국제화를 추진해나가겠다"는 입장을 분명히 밝혔다. 뒤이어 대장성도 곧 '엔의 국제화 추진에 관한 정책 조치'를 발표했다. 이를 계기로 엔의 국제화가 다시 한 번 일본 정부의 정책 과제로 떠올랐다.

일본으로서는 화폐의 국제화라는 절호의 기회를 꽉 움켜쥐고 빠른 시간 안에 엔을 세계 화폐의 반열에 올려놓고 싶은 마음이 간절했다. 우선 엔이 동남아 지역에서 확고한 위치를 다지면 이 지역의 핵심 화폐가 되어 다른 국가의 화폐 위에 서는 것이 가능할 터였다.

그런데 일본은 엔의 국제화 노력에 박차를 가하는 도중 중대한 실수를 범하고 말았다. 이 실수는 엔의 국제화를 추진하는 데 가장 중요한 동맹국들의 신뢰를 잃는 결과를 초래했다.

1997년 경제 위기가 동남아를 휩쓸 때, 일본으로서는 엔의 환율을 안정시켜 동남아 국가들로 하여금 엔에 대한 자신감을 심어줄 필요가 있었다. 그러나 일본은 애석하게도 도리어 이를 회피하는 전략을 선택했다.

일본 히토츠바시 대학의 경제학 박사이자 상하이 차이징 대학(財經大學) 현대금융연구센터 주임 딩젠핑(丁建平)은 이렇게 말한다.

"이는 정말 최악의 선택이라고 말할 수밖에 없다. 위기가 터지자 일본은 동남아에서 자금을 몽땅 회수했고, 그 바람에 동남아는 더욱 불안한 상태에 빠졌다. 자금을 회수하자 엔도 평가 절하되었는데, 동남아 화폐보다 그 폭이 훨씬 컸다."

2001년 말 아시아 금융 위기가 터져 또 한 차례 위험에 봉착하자 일본 정부는 수많은 경제 악화 지표를 발표하며 일본 경제의 곤란한 분위기를 부각시켰다. 물론 엔의 평가 절하를 유도하기 위함이었다. 그러나 이런 조치는 국내외적으로 모두 일본 경제에 대한 자신감을 잃게 만들어 불황에 빠진 일본 경제를 더욱 나락으로 몰아넣었다. 또 엔의 가치가 하락하자 동남아 국가들이 보유한 엔의 자산 가치도 함께 떨어져 동남아 국가의 이익을 해치는 결과를 가져왔다. 동남아는 엔을 글로벌화하는 데 가장 중요한 시장이지만 일본은 다시금 이들 국가의 신뢰를 잃고 만 것이다.

동남아 금융 위기 후 일부 국가는 달러 페그 시스템을 포기하고 변동환율제를 채택하기 시작했다. 각국은 새로운 통화 시스템을 모색하면서 복수 통화 바스켓 제도(multi-currency basket system: 자국과 교역량이 많은 몇몇 국가 통화의 시세와 국내 물가 상승률 등을 종합적으로 감안 해 산출하는 환율 결정 방식 – 옮긴이)에 기반을 둔 관리변동환율제를 선택할 가능성이 높아졌다. 통화 바스켓 제도 하에서는 아시아 각국 화폐의 환율이 달러, 마르크, 엔 등 주요 세계 화폐의 환율에 따라 변동하므로 엔이 기축 통화의 기능을 발휘할 조건이 성숙되었다.

이에 일본 정부는 재차 동남아 국가에 대한 대출을 늘려 엔의 영향력을 확대하려 했다. 하지만 딩젠핑이 보기에 이러한 조치는 효과가 미미했다.

"일본은 동남아 국가들의 불신을 잠재우기 위해 수출입 교역과 융자에 엔을 사용한다는 조건으로 대량의 차관을 제공했다. 이는 당시엔 효과가 있었지만 후에 엔이

페그 시스템 (Peg System)_

통화 제도의 일종으로 변형된 고정환율제를 말한다. 즉, 달러 등 기축 통화에 대한 자국 화폐의 교환 비율을 정해놓고 이를 고시한 다음, 이 비율로 무한정 교환해줄 것을 약속하는 제도이다. 따라서 이 비율이 그 나라의 환율이 된다. 약(弱)달러 추세에 따라 달러 페그 시스템을 택한 국가들이 극심한 인플레이션에 시달리고 있는데, 이는 자국 통화 가치가 달러와 연동되어 있어 달러 가치가 하락하면서 이들 국가의 통화도 약세를 보여 수입 가격이 비싸졌기 때문이다.

통화 바스켓 (currency basket)_

국제 통화 제도에서 기준 환율을 산정할 때, 적정한 가중치에 의해 선정하는 구성 통화의 꾸러미를 말한다. 처음에는 국제 무역에서 널리 사용하는 16개 통화로 구성되었으나 운영상의 번거로움 등으로 인해 1981년 1월부터 미국, 독일, 일본, 프랑스, 영국 등 주요 5개국 통화로 축소했다.

널뛰기를 하면서 모두가 엔 사용을 꺼리게 되었다."

또 2005년 일본의 미국 국채 보유량은 세계 최대였다. 세계 총보유량 중 3분의 1을 넘을 정도로 최대 외환 보유국이었다. 그러나 이러한 우세도 엔의 국제화 진전에 아무런 도움이 되지 못했다. 이에 대한 딩젠펑의 평가는 이렇다.

"한동안 일본은 엔의 국제화에 몰두해 국제 금융 시장에서 엔을 사용하고 금융 자산 가격을 엔으로 표기했다. 하지만 그 비율이 7퍼센트 전후에서 맴돌아 진정한 세계 화폐로 보기에는 무리가 따랐다."

1999년 1월 유로의 탄생으로 유럽 각국은 경제 및 통화 분야에서 통합과 연합을 실현하고 유로 권역을 형성했다. 이에 비해 동아시아는 경제 면에서 아직 구역 내 통합과 연합을 형성하지 못했고, 통화 면에서도 겨우 아시아 단일 통화 논의를 시작했을 뿐이다. 이런 상황에서 엔의 단일 통화 권역 논의는 그저 환상에 지나지 않는다.

여기에 중국이 부상함에 따라 엔 권역은 가능성이 한층 줄어들었다. 중국의 위안이 국제화의 발걸음을 이미 내딛었기 때문이다. 2008년 글로벌 금융 위기가 맹위를 떨칠 때도 중국은 꿋꿋하게 환율 안정을 유지해 위안에 대한 동남아 국가의 신뢰도를 크게 높였다. 동시에 중국은 국제 무역에서 위안으로 결제하는 빈도를 갈수록 늘리고 있다. 이런 현상은 중국이 거대한 시장 및 엄청난 국제 무역을 무기로 위안의 국제화를 가속화하고 있음을 분명히 보여준다.

현재 상황으로 봤을 때, 엔의 국제화는 이미 불가능한 일이 되어버렸다.

엔의 실패가 준 교훈

롤러코스터를 탄 일본 경제와 파란만장한 엔의 운명은 거시 통화 정책의 거듭된 실수 및 미국의 압력과 관계가 있지만 그보다는 일본 스스로의 문제와 더 밀접한 연관이 있다.

30년 전의 일본 경제는 오늘날의 중국과 닮은 점이 많았다. 메이드 인 재팬 상품이 쉴 새 없이 해외로 팔려나가 GDP는 연평균 9퍼센트의 높은 성장률을 기록했고, 일본의 금융 기관들은 잇달아 세계 상위권에 진입했다. 당시 많은 사람들은 일본이 머지않아 미국을 뛰어넘어 세계 제일의 경제 대국으로 부상할 것이라는 낙관적인 예측을 했다.

그러나 30년이 지난 지금 그토록 의기양양하던 일본은 경제 불황의 늪에 빠져 헤어 나오지 못하고 있다. 기나긴 쇠퇴기를 겪으며 GDP는 미국의 40퍼센트 수준으로 떨어졌고, 닛케이 225 지수는 2007년 최고점에 올랐을 때조차 1989년 최고점의 46퍼센트에 불과했다. 이와 동시에 금융 기관들도 세계 10대 은행 반열에서 잇달아 퇴출되었다.

롤러코스터를 탄 일본 경제와 파란만장한 엔의 운명은 거시 통화 정책의 거듭된 실수 및 미국의 압력과 관계가 있지만 그보다는 일본 내부의 문제와 깊은 연관이 있다. 일본은 몇 차례에 걸쳐 미일 무역 마찰이 일어날 때마다 결정적 순간에 늘 양보와 타협으로 일관했다. 그런데 이것이 바로 훗날 일본 경제의 장기적인 쇠퇴의 원인이 되었다. 또 아시아 금융 위기 때는 핫머니 유입을 차단하고 자국의 자산 안전을 도모하기 위해 엔을 평가 절하해 동남아 국가들의 신뢰를 잃고 말았다.

엔의 이러한 실패는 세계 화폐의 배후에서 국가 간에 전방위적인 힘겨루기가 벌어지고 있음을 분명하게 보여준다. 한 국가의 화폐가 국제화를 실현하는 데 해당 국가의 부와 꿈보다 더 중요한 것은 대내외적인 압력에 과감하게 맞설 수 있는지, 위험을 충분히 견뎌낼 수 있는지, 세계 경제에 대한 막대한 책임을 감당할 수 있는지 등을 살펴봐야 한다.

중국 입장에서 엔의 선례는 깊이 새길 교훈으로 가득 차 있다. 위의 몇 가지 문제에 대답할 만한 자신감과 능력을 갖출 때, 중국은 국제 금융 시장에서 더 많은 발언권을 얻을 수 있을 것이다.

엔 홀로 파도를 헤쳐 나갈 수 있을까?

딩젠핑

상하이 차이징 대학 현대금융연구센터 주임

미국 스탠퍼드 대학의 로널드 매키넌(Ronald Mckinnon) 경제학 교수는 일본에 달러 페그 시스템으로 되돌아갈 것을 제의했지만, 일본 학자들은 그것은 이미 불가능한 일이라고 생각한다. 정말 힘들게 달러 연계에서 벗어나는 과정을 거쳤는데, 다시 되돌아가는 것은 지난 노력을 모두 물거품으로 만드는 꼴이기 때문이다.

일본은 제2차 세계대전 이전부터 1971년까지 달러 페그 시스템를 시행했다. 그리고 종전 후 미국은 구소련과 중국을 견제하기 위해 일본 재건에 힘을 썼고, 한국전쟁 때는 일본을 '침몰하지 않는 미국의 항공모함'으로 삼는 전략을 택했다. 20년 넘게 지속된 고정환율제는 일본 경제의 도약에 아주 좋은 외부 환경을 제공했다. 이 기간 동안 일본의 GDP는 10년 넘게 연속 두 자릿수 넘게 성장했고, 엔의 지속적인 평가 절상에 대비해 외환 보유고를 엄청나게 축적할 수 있었다. 일테면 일본의 상품 수출입이 달러와 더욱 긴밀한 관계를 맺게 된 것이다. 이처럼 외부 조건이 안정되자 일본의 수출입 규모는 장족의 발전을 이룩했다.

그러나 1971년 닉슨 행정부가 달러와 황금의 연계를 끊고 엔의 대폭적인 평가 절상을 압박한 데다 두 차례의 석유 파동까지 겹치면서 일본은 선택의 여지없이 미국이 정한 길을 따라갈 수밖에 없었다.(그림 1)

루이청강 논평　제2차 세계대전 이후 일본은 미국과 매우 복잡하게 얽힌 관계를 유지했다. 미국이 투하한 원자폭탄 두 발로 일본 군국주의는 무조건 항복을 선언하고 전 국토는 만신창이가 되었다. 그러나 전후에 미국은 정치적 필요에 따라 일본을 군사 기지로 삼는 동시에 일본의 경제 발전을 대대적으로 촉진했다. 이후 일본의 경제는 미국의 정책 변화에 따라 크게 요동쳐 마치 남의 울타리 아래 얹혀사는 느낌마저 주었다.

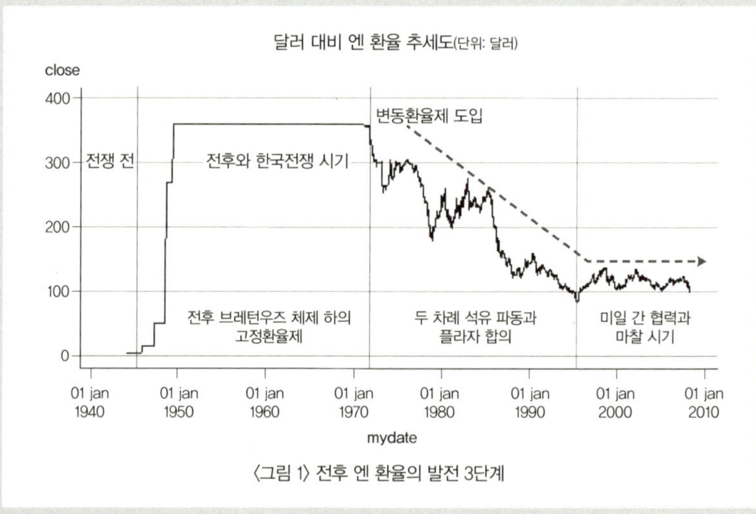

〈그림 1〉 전후 엔 환율의 발전 3단계

엔이 대폭 평가 절상되면서 일본 내 증시와 부동산 시장이 과열되자 중앙은행은 금리를 끌어올려 이를 억제하려 했다. 그런데 바로 그 순간 오히려 거품이 터지고 말았다. 또 엔 가치의 상승으로 투자자들이 너도 나도 해외로 빠져나가자 일본 내 제조업은 '공동화'되었다. 이로 인해 내수가 부진의 늪에 빠져들어 일본은 이른바 '잃어버린 10년'이라는 암흑기에 접어들고 말았다.

일본 정부는 내수 부진의 원인을 화폐 정책 때문이라 판단하고 유동성 확대에 나섰지만 아무런 효과도 보지 못했다. 내수를 끌어올릴 방법이 없자 일본은 계속해서 외수(수출)에 매달렸다. 이는 계속해서 미국 시장에 의지한다는 것을 의미했다. 그래서 겉으로는 엔이 달러와의 고리를 끊은 것처럼 보였지만 실제로는 이전보다 더 미국에 끌려갈 수밖에 없었다. 엄청나게 사들인 미국의 국채는 오히려 '인질'이 되어버렸고, 종전에 싼값에 구매한 미국 내 부동산도 잇달아 토해내야만 했다.

내수 촉진 없이 환율을 독립시키는 것은 불가능하다. 시장이 미국에 의존하기 때문에 환율도 미국이 이끄는 방향대로 움직일 수밖에 없는 것이다. 말로는 변동환율제를 시행한다고 떠들었지만 실제로 일본이 할 수 있는 일은 없었다.

어쨌든 일본 경제는 오늘날 중국 경제 발전의 시금석이라고 할 수 있다. 왜냐하면 중국과 일본의 경제 발전 양상이 너무도 유사하기 때문이다. 제조업이 급속히 발전해 세계의 공장이 되었고, 증시와 부동산 시장이 폭등하고, 장장 10년 심지어 20년 이상 GDP가 급성장하고, 미국의 국채를 다량 보유하고 있다는 점에서 특히 그렇다. 일본이 이미 실패한 선례를 제공했으니 중국은 그것을 답습하지 않길 진심으로 바란다.

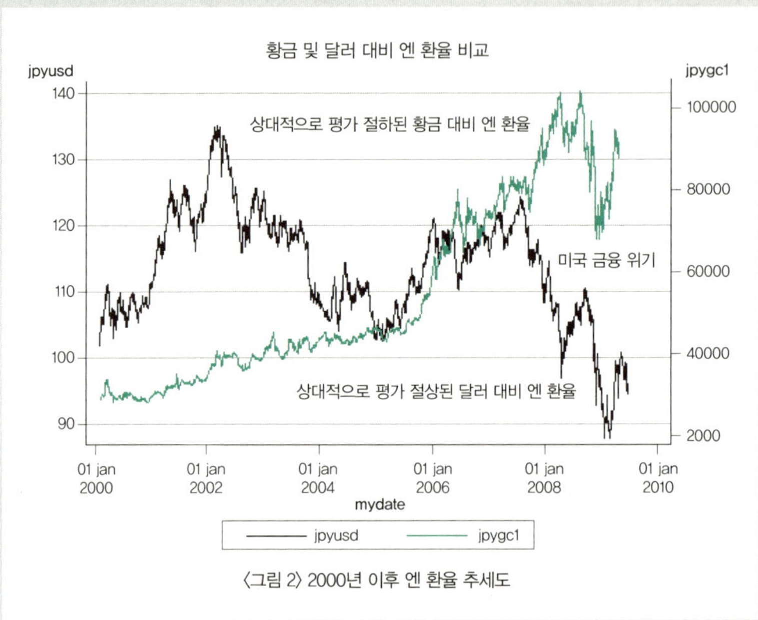

〈그림 2〉 2000년 이후 엔 환율 추세도

평가 절상된 엔은 1995년까지 1달러당 100~120엔 사이를 오르내렸다. 이는 일본은행이 외환 시장에 300차례 가까이 개입해 형성된 것으로, 민간 기업들도 이 수치에 고개를 끄덕여 수긍했다. 일테면 그 수준이 바로 정부와 민간이 받아들일 수 있는 엔의 진동 구간이었던 셈이다. 이후 엔은 아시아 금융 위기 때 큰 폭으로 평가 절하된 뒤 그 언저리에서 소폭의 진동을 보이다 미국발 금융 위기 때 1달러당 90엔까지 평가 절상되었다. 그 이유는 미국 금리가 제로 포인트까지 떨어지면서 일찌감치 금리가 제로였던 엔이 상대적으로

더 투자 가치가 높았기 때문이다. 한편 〈그림 2〉에서는 황금선물 대
비 엔의 환율 추세가 금융 위기 기간에 달러와 매우 유사하다는 사
실을 발견할 수 있는데, 이는 엔의 힘이 막강해 평가 절상된 것이 아
니라 달러가 크게 평가 절하되면서 빚은 결과일 뿐이다.

　오늘날의 환율 제도에는 다양한 방식이 존재하지만 엔의 사례를
보면 환율 파동의 배후가 누구인지 알 수 있다. 엔은 변동환율제 메
커니즘을 유지했지만 지금까지 진정으로 환율 자유 변동을 실현한
적이 없고 항상 미국의 그림자가 떠나지 않았다. 가장 근본적인 원
인은 대미 수출 의존도가 지나치게 높고 내수 역시 크게 살아나지
않았기 때문이다.

엔의 국제화 과정에서 수많은 실수를 범했지만 일본 경제의 가장
치명적인 아킬레스건은 바로 내수이다. 내수가 끝없는 부진에 빠지
면서 일본 경제의 부활과 발전을 더욱더 남에게 의지할 수밖에 없
는 상황으로 몰리고 만 것이다.

제 4 부

유로
EURO

14

유로 출범 이전의 역사

제2차 세계대전 후 전쟁으로 황폐화된 유럽 대륙은 경제를 회복하기 위해 미국의 마셜 플랜에 의지하지 않을 수 없었다. 이에 따라 달러가 갈수록 강세를 띠었다. 달러가 깊숙이 침투해 미국의 간섭이 점점 심해지는 상황에서 유럽이 속박을 벗어나 스스로 강해질 수 있는 방법은 무엇일까? 유럽은 암흑 속에서도 전진을 모색하기 시작했다.

연합만이 살길이다

1944년, 제2차 세계대전의 화약 연기가 유럽 대륙에서 아직 가시기 전이었다. 당시 전쟁의 최대 수혜국 미국은 뉴햄프셔 주 브레턴우즈에서 회의를 소집해 전후 세계 화폐 시스템을 어떻게 재편할지 논의했다. 전후 전 세계 황금의 70퍼센트 이상을 보유하던 미국은 이 회의에서 달러를 기축 통화로 삼아 달러만이 금과 일정한 비율로 바꿀 수 있고, 각국 화폐는 달러와 고정된 환율로 교환이 가능하도록 하는 제도를 확립했다.

한쪽은 본토에서 전쟁을 벌여 만신창이가 된 유럽이고, 한쪽은 전화의 위험에서 멀찍이 떨어져 크게 한몫 챙긴 미국이었다. 우열이 극명하게 갈린 상황에서 절대적 우위를 점한 미국은 별다른 힘도 들이지 않고 세계 패주 자리에 오르려 했다.

전후 유럽의 상황은 처참하기 이를 데 없었다. 전쟁 기간 동안 거액의 군비 지출로 유럽 각국은 빚이 산더미처럼 쌓여 수백 억 달러의 적자를 떠안았다. 악성 인플레이션의 먹구름이 전 유럽을 뒤덮고, 실직한 수많은 사람이 거리 곳곳을 배회했다. 또 물건을 하나 사려 해도 광주리에 지폐를 가득 담아 시장에 나와야 했고, 물가 상승 속도는 살인적이었다. 심할 경우는 급여를 받는 즉시 상점으로 달려가 물건을 사야만 했다. 그렇지 않으면 그사이에 가격이 올라 생각했던 물건을 살 수 없었기 때문이다. 산업 생산도 치명적인 타격을 입어 1947년까지 유럽 경제는 전쟁 전 수준에도 못 미쳐 단기간에 경제가 회복될 기미는 전혀 보이지 않았다.

이런 시기에 브레턴우즈 체제를 수립해 달러의 패권을 확립한 미국은 적극적으로 확장 정책을 추진했다. 당시 달러는 대외 확장의 강력한 무기였다. 1947년 미국의 조지 마셜 국무장관은 '유럽 부흥 계획'을 실시하며, 이는 마치 물에 빠져 허우적대는 사람에게 구명 튜브를 던져주는 것과 같다고 표현했다. 영국, 아일랜드, 덴마크, 스웨덴, 노르웨이, 포르투갈, 아이슬란드, 그리스, 터키 대표는 파리에서 회의를 개최하고 '마셜 플랜'을 전격 수용하기로 결정했다. 이렇게 해서 1948년부터 1952년까지 이들 국가가 미국으로부터 빌린 차관은 131억 5000만 달러에 달했다.

하지만 세상에 공짜 밥은 없는 법. 경제 회복이라는 명목으로 시행된 모든 조치는 전 세계의 패권을 차지하려는 미국의 전략과 떼려야 뗄 수 없는 것이었다. 미국이 마셜 플랜을 통해 유럽에 대량의 차관을 제공하고 재건을 도운 것은 끊임없는 재정 적자를 유도함으로써 달러를 수출하려는 의도가 숨어 있었다.

마셜 플랜 덕분에 1950년에 이르러 유럽 각국의 생산은 전쟁 이전 수준을 회복했다. 1952년에는 영국, 프랑스, 이탈리아의 산업 생산이 전쟁 전보다 각각 13, 29, 48퍼센트씩 증가했다. 독일의 산업 생산은 무려 115퍼센트 성장했다. 이때부터 전쟁의 참상을 겪은 유럽 각국은 연합을 이루는 것만이 전쟁의 수렁에서 벗어나 유럽 경제가 크게 발전할 수 있는 길임을 서서히 깨닫기 시작했다.

1948년 네덜란드, 벨기에, 룩셈부르크 3국이 관세 동맹을 체결한 것을 기점으로 유럽석탄철강공동체(ECSC), 유럽경제공동체(EEC), 유럽원자력공동체(EURATOM) 그리고 마침내 유럽공동체(EU)가 탄생했다. 유럽 연합의 맥락을 한마디로 말하면, 바로 이처럼 분산되고 독립적인 국가들이 점차 하나의 완성체로 발전하는 과정이었다.

유럽 각국 사이의 무역이 점차 다각화됨에 따라 관세 동맹에서 경제 동맹으로 그리고 궁극적으로는 화폐 동맹을 향해 나아가게 된 것이다.

유럽 경제 통합의 출발점

유럽이 진정한 통합으로 나아가기 위한 관건은 핵심국인 프랑스와 독일이 화해해 양국 간 산업 연합을 실현하는 데 있었다. 그리고 마침내 그 기회가 찾아왔다.

1950년 4월, 프랑스 경제학자 장 모네(Jean Monnet)가 훗날 '쉬망 플랜(Schuman Plan)'이라고 불리는 '유럽 석탄·철강 공동 관리 계획' 초안을 작성한 것이다. 장 모네는 프랑스와 독일이 양국의 석탄과 철강 생산을 동일한 국제 조직의 관리 아래 두고, 또 이 조직을 유럽 다른 나라에도 개방해 각국이 참여할 수 있는 여건을 만들자고 제안했다. 이 계획은 로베르 쉬망(Robert Schuman) 당시 프랑스 외무장관과 콘라트 아데나워(Konrad Adenauer) 독일 총리의 지지를 받았다. 1951년 4월 18일, 미국의 후원을 등에 업고 프랑스, 독일, 이탈리아, 벨기에, 네덜란드, 룩셈부르크 6개국이 '쉬망 플랜'을 토대로 파리에서 '유럽석탄철강공동체조약'에 서명했다. 이로써 석탄과 철강의 단일 공동 시장 설립, 관세 제한 철폐, 생산·유통·분배 과정에 대한 개입 등을 골자로 한 협약이 성립되었다.

이는 유럽의 무역 및 경제 통합을 실현하는 데 대단히 중요한 기초가 되었다.

1955년 6월 1일에는 ECSC 6개 회원국 외무장관이 이탈리아 메시나에서 회의를 열어 유럽 각국의 경제를 점차 통합해 공동 시장을 건립하자고 제안했다. 노벨 경제학상 수상자인 '유로의 아버지' 로버트 먼델은 당시 상황을 이렇게 회상했다.

"1955년부터 그 이듬해까지 런던에서 공부를 하고 있을 때, 마침 유럽 공동 시장이 설립된다는 소식을 접했다. 순간, 직감적으로 각국이 무역을 통합하고 자유로운 공동 시장을 건립하면서 왜 화폐는 자국 것만을 써야 하는지 의구심이 들었다. 이는 분명 잘못된 것이다. 그래서 이 문제를 해결할 가장 적절한 화폐를 구상하기 시작했다. 몇 년 후, 화폐 블록이라는 이상적인 방법을 생각해낸 나는 그 이론을 발전시키기 위해 노력했다."

1957년 3월 25일, ECSC 6개 회원국 정부 대표는 '로마 조약'에 서명했다. 이 조약 제2조를 통해 경제 및 화폐 동맹을 추진하기로 약속함으로써 유럽 화폐 통합 역사의 이정표로 기록된 EEC가 설립되었다.

유럽이 강력한 달러에 대항하기 위해 머리를 싸매며 갖가지 방법을 모색하고 있을 때, 대서양 건너편 미국도 전 세계의 패권을 쥐려는 야심을 결코 숨기지 않았다. 1961년 베트남 전쟁이 발발하자 미국은 2500억 달러에 달하는 군비를 충당하기 위해 달러를 마구 찍어내기 시작했다.

미국이 이렇게 화폐를 남발하면서 유럽에 막대한 양의 달러가 쌓였다. 과거에는 미국에서 달러를 빌리기 어려워 곤경에 처할 경우가 많았는데, 이제는 오히려 달러가 넘쳐 재앙이 될 판이었다. 엄청난 달러를 손에 쥔 유럽 각국은 머지않아 달러가 큰 폭으로 평가 절하될 것이라고 판단했다. 달러를 남발함으로써 미국이 더 이상 35달러로 황금 1온스를 바꿀 수 없을 거라는 사실을 잘 알고 있었기 때문이다.

예상대로 달러 가치가 크게 하락해 유럽 각국은 엄청난 손실을 보고 말았다. 이에 대한 대책으로 1965년 4월 8일 EEC 6개 회원국은 브뤼셀에서 회담을 갖고 EU 설립에 의견을 같이했다. 그리고

1967년 마침내 EU가 탄생해 평화와 경제 번영을 위한 유럽 통합에 시동을 걸었다. 동시에 화폐 동맹 설립을 위한 의사일정에도 합의해 달러 패권에 대항하는 단일 공동 화폐 출현에 대한 기대감을 높였다.

중국 현대국제관계연구원의 위샹(余翔) 박사는 유로 출현에 대해 다음과 같이 말했다.

"경제가 끊임없이 통합됨에 따라 필연적으로 새로운 화폐의 출현이 요구된다. 적당한 시간과 장소, 조건 하에서 자연스럽게 공동 화폐가 출현해 투자, 저축, 무역의 기능을 담당하게 되는 것이다. 유로는 이런 자연스러운 조건에서 탄생했다. 그것을 유로라 부르지 않고 다른 어떤 명칭으로 부르든 이와 같은 조건 하에서 생겨난 필연적인 산물인 것이다."

15

유로 역사의 이정표

유로 탄생은 역사적으로 깊은 의의가 있다. 통일 화폐 구상이 싹트기부터 유로가 세상에 나오기까지 꼬박 30년의 여정이 걸렸다. 이 30년 동안 수많은 기념비적 사건이 있었고, 또 유로 역사에 기록될 만한 인물들이 대거 등장했다.

'유로의 아버지' 먼델

1969년 3월, EU 헤이그 회의에서 피에르 베르너(Pierre Werner) 당시 룩셈부르크 총리가 처음 유럽의 화폐 통합을 제의했다. 이듬해인 1970년 10월 7일, 피에르 베르너는 '베르너 계획'을 공표함으로써 1980년에 공동체 각국의 화폐를 통일해 유럽 화폐 동맹을 실현하자고 주장했다. 이후 EU 각료이사회가 이 계획을 통과시켜 유로로 향하는 첫 번째 이정표가 마련되었다. 또한 이즈음 '유로의 아버지' 먼델은 '유럽 화폐 사례 분석', '유럽 화폐 계획'이라는 글을 통해 공동 화폐 발행 주장에 힘을 실었다.

로버트 먼델은 당시를 회상하며 이렇게 말했다.

"1957년, 컬럼비아 대학 교수들의 연구토론회에서 낭독한 내 글이 1961년에 정식으로 발표되었다. 이때부터 유럽 경제학자들은 유럽이 어떻게 화폐 통합 정책을 추진해야 하는지 관심을 가졌다. 이후 1969년 내가 발표한 '유럽 화폐 사례 분석'과 '유럽 화폐 계획'이라는 논문이 큰 반향을 일으켰다. 이와 동시에 유럽에서 정상 회담을 개최해 경제 및 화폐 공동체를 설립하기로 결정했다. 이때부터 내 계획에 대해 유럽 전역에서 열띤 토론이 벌어졌다. 그러던 중 1970년 유럽위원회가 나를 초청해 유럽 공동 화폐 시행 방법에 대해 이야기를 나누었다."

공동 화폐에 대한 사람들의 생각을 이해하기 위해 먼델은 이때부터 유럽 전역을 두루 돌아다녔다.

이는 결코 간단한 문제가 아니었다. 유로 탄생은 바로 유럽 각국의 자국 화폐 포기를 의미했기 때문이다. 유럽에는 경제적으로 발달한 나라가 많아서 이들 국가의 화폐도 상당한 힘을 갖고 있었다. 예를 들면 마르크, 프랑, 리라, 네덜란드 휠던 등이 여기에 속한다. 이것들은 일찍이 역사적으로 매우 중요한 화폐였고, 또 이들 국가의 국민은 이런 자국 화폐에 대해 자부심이 충만했다. 사람들의 보편적인 관념 속에는 화폐가 국가의 주권 및 민족의 자긍심이라는 의식이 강했기 때문이다. '유로의 아버지'는 이러한 잠재의식을 어떻게 뛰어넘어야 할지 고민하기 시작했다.

"당시 나는 수많은 중앙은행을 방문해 토론했다. 내가 네덜란드 중앙은행을 찾아갔을 때의 일이다. 그들은 이렇게 말했다. '누가 이런 유럽 화폐를 필요로 한답디까? 우리에겐 달러가 있습니다!'"

이와 유사한 냉대를 수없이 받았지만 그래도 많은 국가가 먼델의 관점에 큰 흥미를 보였다. 프랑스에서 만난 어떤 사람은 이런 계산을 내놓았다―한 여행자가 100프랑을 가지고 파리를 출발해 유럽 각국을 여행하려면 방문하는 국가마다 현지 화폐로 교환해야만 한다. 만약 이 여행자가 여행 도중 한 푼도 쓰지 않았다고 가정해보자. 하지만 파리로 돌아왔을 때 그의 주머니에는 50프랑도 남지 않았다. 화폐를 교환하면서 생긴 손실이 절반을 넘었다는 뜻이다. 그래서인지 프랑스에서는 공동 화폐를 발행하자는 먼델의 주장에 응원을 보냈다.

먼델이 프랑스를 떠난 뒤, 훗날(1976년) 프랑스 총리에 오른 레몽 바르(Raymond Barre)가 전화를 걸었다.

"먼델 교수, 만약 우리가 유럽 화폐 통합에 대해 정치 협약을 맺는다면 얼마나 걸려야 실행할 수 있겠소?"

먼델이 대답했다.

"아, 화폐를 발행하기까지 많은 기술적 문제가 있다는 사실은 알고 계시겠죠? 여러 가지 의견을 수렴해서 결정하고 또 해결 방법도 제시해야 할 것입니다. 제가 생각하기에 화폐를 발행하는 데 적어도 3주는 필요할 것 같습니다."

이 말을 듣고 레몽 바르는 크게 웃었다.

그러나 유로 탄생은 먼델이 말한 3주가 아니라 꼬박 30년이란 세월을 기다려야만 했다.

한 여행자가 100프랑을 가지고 파리를 출발해 유럽 각국을 여행하려면 방문하는 국가마다 현지 화폐로 교환해야만 한다. 만약 이 여행자가 여행 도중 한 푼도 쓰지 않았다고 가정해보자. 하지만 파리로 돌아왔을 때 그의 주머니에는 50프랑도 남지 않았다. 화폐를 교환하면서 생긴 손실이 절반을 넘었다는 뜻이다.

문제는 경제가 아니라 정치

유로가 탄생하는 데 왜 3주도, 3년도 아닌 30년이나 걸렸을까? 가장 중요한 원인은 20년이 지나서야 겨우 정치적으로 합의를 보았기 때문이다. 독일은 이미 세계에서 두 번째로 큰 수출 대국으로 성장해 마르크가 세계 주요 화폐로 인정을 받았고, 프랑스 역시 경제가 급속히 발전한 터였다. 일테면 서로 다른 문화, 이익, 동기로 말미암아 이들 국가가 정치적 합의점을 찾기 매우 어려웠던 것이다.

그러던 중 1971년 8월 15일, 휴양지에서 휴가를 보내던 미국 닉슨 대통령이 황금 거래 창구를 모두 폐쇄하라는 명령을 내렸다. 이 조치로 달러와 황금의 연계가 끊어지고 브레턴우즈 체제는 와해되었다. 유럽 각국의 환율은 크게 요동쳤고, 이들 국가는 하는 수 없이

변동환율제에서 비롯된 손실을 최소화하기 위해 EU 각료이사회는 1972년 각국 화폐와 달러를 연동해 대달러 환율 변동폭을 ±2.25퍼센트로 제한하고, 유럽 각국 사이의 환율 변동폭을 ±1.125퍼센트로 하는 '스네이크 체제'를 채택했다.

변동환율제를 채택하게 되었다. 환율 변동으로 인한 악성 인플레는 특히 독일인을 분노에 떨게 만들었다.

당시 극심한 인플레가 발생해 통화 팽창률이 수만 배에 이르자 독일 사람들은 극도의 증오심을 품고 있었다. 대다수 독일인은 중앙은행의 가장 중요한 기능이 인플레를 억제하는 것이지 경제 성장을 자극하는 것이 결코 아니라고 생각했다. 따라서 경제가 호황이든 불황이든 붕괴 수준만 아니라면 금리를 엄격히 통제해야 한다고 여겼다. 하지만 다른 유럽 국가들로서는 이런 방법이 꼭 좋은 것만은 아니었다.

변동환율제에서 비롯된 손실을 최소화하기 위해 EU 각료이사회는 1972년 각국 화폐와 달러를 연동해 대달러 환율 변동폭을 ±2.25퍼센트로 제한하고, 유럽 각국 사이의 환율 변동폭을 ±1.125퍼센트로 하는 '스네이크 체제(snake in the tunnel)'를 채택했다. 경제, 정치, 문화 방면에서 매우 강한 동질성을 갖고 있지만 각국 간의 발전 불균형, 거시 정책의 차이, 경제 성장 속도의 차이 등으로 인해 고정환율제를 지속하는 데 문제가 발생했던 것이다.

한편 브레턴우즈 체제의 붕괴로 달러가 연이어 평가 절하되던 1973년 미국의 선동과 지원을 받은 이스라엘은 중동 지역에서 아랍 국가들과 대대적인 전쟁을 벌였다. 하지만 이 전쟁이 끝날 기미를 보이지 않으면서 유가가 천정부지로 뛰어 제2차 세계대전 후 가장 영향력 크고 가장 오랜 기간 지속된 경제 위기가 찾아왔다. 이에 유럽 국가들은 심각한 타격을 입고 이탈리아, 영국, 아일랜드, 프랑스가 잇달아 스네이크 체제를 포기했다.

이때 먼델은 화폐 통합의 기회가 찾아왔다고 여겼다.

"변동환율제를 도입한 후, 국가마다 다른 나라와 공동으로 협력 관계를 맺는 데 많은 시간과 공을 들였다. 그래서 나는 이 국가들을 설득해 공동 화폐 발행을 실현하고자 했다."

공동 화폐 구상이 다시금 제기된 것은 1978년 7월이었다. 발레리 지스카르 데스탱(Valéry Giscard d'Estaing) 프랑스 대통령과 헬무트 슈미트(Helmut Schmidt) 독일 총리는 EU 수뇌 회담에서 '유럽통화제도'를 공동 제안했다. 양국의 협력 아래 EEC 6개

유럽통화제도
(European Monetary System, EMS)_
EU 통화 간의 환율 안정과 역내 경제 통합을 목적으로 1979년 3월 13일 발족한 지역 통화 협력 기구. EMS의 기본 목적은 달러 등 역외 통화의 가치 변동으로부터 역내 참가국의 통화를 보호하고 가맹국 간 환율의 경쟁적 평가 절하와 자국 이익 위주의 경제 정책 운용을 지양함으로써 역내 경제의 균형 발전을 도모하고 통화를 단일화해 궁극적으로는 경제적 통합을 실현하는 데 있다.

공동 화폐 구상이 다시금 제기된 것은 1978년 7월이었다. 발레리 지스카르 데스탱 프랑스 대통령과 헬무트 슈미트 독일 총리는 EU 수뇌 회담에서 '유럽통화제도'를 공동 제안했다. 양국의 협력 아래 EEC 6개국이 합의를 이뤄 1979년 마침내 유럽통화제도가 설립되었다.

국이 합의를 이뤄 1979년 마침내 유럽통화제도가 설립되었다. 이로써 유럽은 달러에 대한 지나친 의존에서 벗어날 수 있었고, 이에 따라 달러가 유럽 시장에 미치는 영향력도 크게 약해졌다.

그러나 유럽통화제도를 운용한 10년 동안 마르크가 초강세를 보임에 따라 EU는 실질적으로 마르크 블록이 되었고, 독일 중앙은행은 사실상 유럽의 중앙은행이나 다름없었다. 유럽통화제도에 내재한 이런 불균형 때문에 단일 통화 동맹 설립 구상이 다시금 현안으로 떠올랐다. 1989년 말, 자크 들로르(Jacques Delors) 당시 EU 집행위원장은 유럽의 경제·통화 동맹을 설립하자고 제안했다. 그가 기획한 '들로르 보고서'는 유럽통화연맹 수립에 크게 공헌해 먼델도 그를 '유럽 경제·통화 동맹의 아버지'로 인정했다. 이 보고서에서 들로르는 새로 탄생할 공동 화폐가 앞으로 유럽 각국의 통화를 대

베를린 장벽이 무너진 지 1년 만인 1990년 10월 3일, 장장 45년간 분단돼 있던 독일이 통일을 이루면서 유럽의 정치 국면도 변화를 맞게 되었다.

신하게 될 것이라고 말했다.

베를린 장벽이 무너진 지 1년 만인 1990년 10월 3일, 장장 45년간 분단돼 있던 독일이 통일을 이루면서 유럽의 정치 국면도 변화를 맞게 되었다.

이러한 정치적 변화는 단일 화폐 구상의 새로운 난관으로 떠올랐다. 프랑스는 도중에 슬슬 발을 뺄 준비를 했고, 통일 독일도 인구가 8000만 명으로 늘어난 데다 통일의 이점이 가시적으로 전혀 드러나지 않은 터였다. 이로 인해 유로 탄생은 다시 한 번 앞날을 점칠 수 없게 되었다.

이때 만약 지금 유로를 추진하지 않으면 통일된 화폐를 만들 기회가 사라지고, 또 달러에 영원히 화폐의 패권을 넘겨주고 말 것이라고 주장하는 정치가가 등장했다. 바로 독일 총리 헬무트 콜(Helmut Kohl)이었다. 콜은 갖은 반대 의견을 무릅쓰고 유로 추진에 끝까지 열정적으로 매달렸다. 먼델은 당시 상황을 이렇게 회상했다.

"헬무트 콜 총리가 유럽 각국을 돌며 독일 통일에 동의를 구하면서 했던 약속은 바로 독일이 통일되면 자신이 직접 독일을 설득해

'마스트리히트 조약'은 EU가 시장 통합을 넘어 정치·경제적 통합체로 결합하기 위해 네덜란드 마스트리히트에서 합의한 유럽 통합 조약이다. 이르면 1997년 1월, 늦어도 1999년 1월 1일까지는 단일 화폐 '유로'를 발행하기로 합의했다.

유럽의 화폐 및 정치 동맹에 가입하겠다는 것이었다."

새로운 정치 상황이 전개되면서 유럽 통합은 다시 한 번 힘을 얻기 시작했다. 1991년 12월, EU 12개국(기존 6개국에 1973년 덴마크·아일랜드·영국, 1981년 그리스, 1986년 포르투갈과 스페인이 가입해 모두 12개국이 되었음 – 옮긴이) 정상이 네덜란드의 소도시 마스트리히트에 모여 유럽 화폐 동맹의 강령이 된 '마스트리히트 조약'에 서명함으로써 마침내 EU가 정식으로 탄생했다.

이 조약에서 유럽 각국은 유럽 공동 화폐 발행 및 미래 유럽의 정치 동맹 창설에도 찬성한다는 뜻을 표했다. 또 이르면 1997년 1월, 늦어도 1999년 1월 1일까지는 단일 화폐 '유로'를 발행하기로 규정했다.

당시 유럽 정치가들이 이토록 서둘러 유로 출범을 바란 이유는 달러가 유아독존의 강력한 패권을 휘두르며 전 세계 화폐 시스템을 매우 불안하게 만들었기 때문이다.

특별한 위치의 영국

유럽 대륙의 강대국 중 하나인 영국은 독일과 프랑스가 잇달아 유로 출범에 대해 명확한 의견을 개진할 때 파운드의 유로 가입을 놓고 깊은 고민에 빠졌다.

사실 영국은 유럽 대륙과 거리상 매우 가까웠지만 가끔씩 아주 멀게 느껴지는 경우가 있었다. 그래서 처칠은 이렇게 말했다.

"만약 나에게 유럽 대륙과 광활한 바다 중 하나를 고르라고 한다면, 나는 광활한 바다를 선택할 것이다."

1970년대에 영국은 유럽 화폐 동맹에 적극 가입하려고 했지만 드골에 의해 거절당했다. 드골이 거절한 이유는 여러 가지가 있었지만 그중 대표적인 것은 영국과 유럽 대륙 사이에 정치·경제·문화·사회 풍속 등이 너무 다르고, 또 영국이 가입하면 유럽 대륙에 큰 파장과 불안을 몰고 올 것이라는 주장 때문이었다.

물론 그 이면에는 매우 복잡한 정치적 고려도 포함되어 있었다. 예를 하나 들면, 대부분의 유럽 국가는 석유 수입국인 반면, 북해에

유럽 대륙의 강대국 중 하나인 영국은 독일과 프랑스가 잇달아 유로 출범에 대해 명확한 의견을 개진할 때 파운드의 유로 가입을 놓고 깊은 고민에 빠졌다.

유전을 갖고 있는 영국은 산유국이다. 세계적으로 유가 변동이 심한 상황에서 석유 가격이 상승하면 유럽 경제는 쇠퇴할 가능성이 높다. 이에 반해 유가가 상승하면 영국은 수입이 증가해 경제 과열이 일어날지도 모른다. 이처럼 한쪽은 지나치게 뜨겁고 한쪽은 지나치게 차갑다면 정책 수립 과정에서 과연 협력을 이룰 수 있을까? 이것을 '비대칭 충격'이라고 부른다.

또 하나는 각국의 거시경제 정책이 서로 다르다는 점이다. 이런 국가들이 하나의 화폐 블록을 형성하고, 이 화폐 블록을 관장하는 중앙은행이 하나의 거시 정책을 제정한다면 어떻게 갈등을 해소할 수 있을까? 이는 대단히 큰 문제다. 바로 이런 문제 때문에 유럽은 1999년 유로가 탄생할 때까지 효과적인 해결 방법을 찾지 못했다.

각종 장애물을 제거하다

비록 영국이 유로존에 가입하지 않았지만, 유로는 다른 유럽 국가 지도자들의 열렬한 지지를 받았다. 일부 머뭇거리는 국가도 있었으나 공동 화폐 발행에 모든 힘을 다했다.

당시 먼델은 유럽 국가에 대해 심도 있는 분석을 진행했다.

"유럽은 세 개의 큰 그룹으로 나눌 수 있다. 하나는 영국·독일 같은 게르만 그룹이고, 다음으로 스칸디나비아 반도에 위치한 북유럽 그룹, 마지막으로 남유럽에 위치한 라틴 그룹이다. 세 개 그룹은 각기 다른 개성과 동기, 이익을 갖고 있다. 만약 유로가 존재하지 않는다면 그들은 자국 화폐를 평가 절하하는 방식을 취할 것이다. 그러

서로의 이익이 충돌하는 상황에서 먼델은 여기저기 바쁘게 옮겨 다니며 수많은 정치 지도자, 금융계 인사, 중앙은행 관계자와 만나 깊은 얘기를 나눴다.

나 지금은 누구도 이 방법을 쓰고 있지 않다."

서로의 이익이 충돌하는 상황에서 먼델은 여기저기 바쁘게 발걸음을 옮겼다. 그러는 동안 수많은 정치 지도자, 금융계 인사, 중앙은행 관계자와 만나 깊은 얘기를 나눴다.

당시 독일·프랑스·이탈리아·스페인은 유로존 4대 강국으로 일컬어졌는데, 이들 사이의 의견 차이가 상당히 컸다. 예를 들어 독일은 매우 낮은 통화 팽창률을 유지해 줄곧 2퍼센트를 넘지 않는 것이 목표였다. 그러나 나머지 3개국은 2퍼센트가 너무 낮다고 생각했다. 그래서 각국 사이의 의견을 조율하기 위해 반복적인 대화가 필요했다. 재정 적자에 관한 문제도 있었다. 일부 국가의 재정 적자를 줄이기 위해서는 강대국의 원조가 반드시 필요한데, 이는 일방적인 희생을 강요하는 꼴이 될 수도 있기 때문이다. 여기에 유럽 중앙은행 조직 문제에 대한 의견 차이도 있었다. 유로가 초주권 화폐이니

만큼 유럽 중앙은행도 초주권 중앙은행이라고 할 수 있다. 이런 중앙은행을 어떻게 조직하고 주식을 어떻게 배치하며 화폐 주조세를 어떻게 분배할지에 관한 문제는 유럽 각국이 충분한 시간을 갖고 논의해 해결해야만 했다.

이처럼 유럽 단일 화폐의 명칭은 '유로'로 확정했지만 언제 발행할지에 대해서는 시간을 질질 끌며 최종 합의를 도출해내지 못했다. 1995년 이탈리아, 스페인, 포르투갈 3국 정상은 스페인 발렌시아에서 회담을 갖고 각국의 고민거리를 허심탄회하게 털어놓았다.

먼델은 당시 상황을 이렇게 설명했다.

"훗날 EU 위원장에 당선된 로마노 프로디(Romano Prodi) 이탈리아 총리는 발렌시아에 도착한 후 두 나라 정상에게 단일 화폐 발행 시점을 최종 시한인 1999년에서 2001년이나 2002년으로 늦춰달라고 부탁했다. 이탈리아로서는 이를 받아들일 시간이 더 필요하다는 이유였다. 이는 매우 중요한 문제였다. 한 번 연기를 하게 되면 다음번에도 또 다음번에도 그럴 가능성이 높아 결국 모든 계획이 수포로 돌아가버릴 수 있었기 때문이다. 그러자 스페인 총리가 대답했다. '당연히 안 됩니다! 스페인은 이번 기회에 유럽통화연맹에 꼭 가입해야 하므로 늦출 이유가 없습니다.'"

여러 차례 우여곡절을 거쳐 1996년 12월 EU 정상들은 아일랜드 수도 더블린에서 회담을 갖고 1999년 1월 1일 유럽통화연맹을 출범하기로 최종 확정하고, 유럽 단일 화폐인 유로도 이날 발행하기로 결정했다. 1998년 5월 2일에는 벨기에, 독일, 스페인, 프랑스, 아일랜드, 이탈리아, 룩셈부르크, 네덜란드, 오스트리아, 포르투갈, 핀란드를 유럽통화연맹 최초 참가국으로 확정했다.

1998년 7월 1일, '마스트리히트 조약'에 따라 유럽 중앙은행이 정식 설립되었다. 유럽 중앙은행의 기본 목표는 '화폐의 안정성 보장'이며 단기 금리 조절, 화폐 비축과 발행 및 유로 통화 정책 결정 등이 주요 업무이다. 그 직책과 구조는 독일연방은행을 모델로 삼았고, EU 기구나 각국 정부의 영향력이 미치지 않는 독립성을 보장했다.

유럽 중앙은행의 조직은 집행이사회, 운영위원회, 일반위원회로 구성되어 있다. 유럽 중앙은행 총재, 부총재 및 4명의 이사로 구성된 집행이사회는 운영위원회의 지침 및 의사 결정에 따라 금융 정책을 실시하고 유로존 중앙은행에 지시 사항을 전달하는 역할을 한다. 집행이사회 멤버 및 유로존 중앙은행 총재로 구성된 운영위원회는 통화 정책을 결정하고 EU 내 화폐 안정성을 책임지는 최고 의사 결정 기관이다. 집행이사회 멤버 및 모든 EU 가맹국의 중앙은행 총재로 구성된 일반위원회는 유로 참가국과 미참가국 간의 교류를 책임지는 역할을 한다.

초주권 화폐를 관리하는 세계 최초 중앙은행인 유럽 중앙은행은

1998년 7월 1일, 독일 프랑크푸르트암마인에 설립된 유럽 중앙은행. 세계 최초로 초국가 화폐를 관리하는 중앙은행으로 독립성이 두드러진 특징이다. 이 은행은 EU 기구나 각국 정부의 지시와 감독을 받지 않는다.

독립성이 가장 두드러진 특징으로서 EU 지도부의 지시나 각국 정부의 감독을 전혀 받지 않는다. EU 내부에서 유로 발행 자격을 가진 유일한 기구이며, 운영위원회의 의사 결정은 1인 1표제에 의한 단순 다수결을 채택한다. 유럽 중앙은행에 권력이 집중되어 있지만 실질적인 집행은 여전히 유로존 각국 중앙은행이 책임지고, 각국 중앙은행은 임의로 외환을 보유할 수 있다. 유럽 중앙은행은 500억 유로의 비축 자금만 보유하고, 각국 중앙은행이 유로존 내 인구 및 GDP 비율에 따라 일정액을 분담했다.

1999년 1월 1일, 30년이라는 기나긴 산고 끝에 마침내 유로가 탄생했다. 먼델은 30여 년 전 '최적 통화 지역' 이론을 주창해 유럽 통합의 이론적 기초를 제공한 공로로 그해에 노벨 경제학상을 수상했다.

먼델은 당시를 생각하면 지금도 흥분의 여운이 가시지 않는다며 이렇게 말했다.

"수상 소식을 들은 후 동료, 친구들이 이탈리아에 있는 집으로 몰려와 우리 가족과 함께 성대한 축하연을 벌였습니다. 그 집은 한 교회에서 구입한 작은 성이었지요."

16

우려 속에서의 성장

유로가 탄생한 후 존폐 문제가 제기되기도 했다. 그러나 이런 우려 속에서도 유로는 끊임없이 성장했다.

미숙아의 탄생

유로 탄생 후 유럽인의 자축 분위기가 채 식기도 전에 언론에서 잇달아 뭇매를 때리기 시작했다. 앨런 그린스펀(Alan Greenspan) 전 미국 FRB 의장은 회의적인 어조로 "유로의 존속 시간은 그리 길지 않을 것"이라고 말했다. 노벨상 수상자 밀턴 프리드먼도 이와 유사한 발언을 했다. 슈뢰더 당시 독일 총리는 유로를 '병든 미숙아'라고 솔직하게 고백하기도 했다.

미국은 심지어 위협적인 목소리를 내기도 했다. 이와 관련해 〈월스트리트 저널〉에 글 한 편이 실렸는데, 이것을 쓴 사람은 바로 전 미경제연구소(NBER) 소장을 지낸 마틴 펠드스타인이었다. 마틴 펠드스타인은 미국 경제사에서 대단히 중요한 인물로 일찍이 레이건 대통령 시절 경제자문위원장을 지냈다. 그가 발표한 글의 제목은 놀랍게도 '유로는 분명 유럽을 재차 전쟁의 소용돌이로 밀어 넣을 것'이었다.

먼델은 이러한 비난들에 대해 잘 알고 있었다.

"수많은 미국인이 유로를 싫어한다. 경제학자도 예외는 아니다. 하지만 그들이 예측한 일은 절대 일어나지 않을 것이다. 설사 프리드먼의 예측이라도 말이다."

서로 다른 언어, 문화, 정치 및 경제 조건을 지닌 유럽통화연맹 국가들이 그토록 방대한 시장을 통합하고 화폐를 단일화하는 것은 결코 쉬운 일이 아니었다. 게다가 번잡한 기술적 문제와 잠재된 불확실성 때문에 많은 유럽인이 유로에 대해 보수적이고 관망적인 태도를 보였다.

이와 같은 여러 의문에도 불구하고 유로는 급속한 성장세를 보였다. 1999년 출범 후 대달러 환율이 1유로에 1.18달러라는 고점을 기록하는가 하면, 2004년에는 1.36달러로 새로운 기록을 달성하기도 했다. 한편 EU는 세계 최대 경제 및 무역 블록을 형성해 2000년 GDP가 8조 8000억 달러에 달했다. 이는 세계 GDP의 32퍼센트로 미국의 27퍼센트보다 높은 수치였다. 1인당 평균 GDP 역시 1999년 2만 달러 관문을 돌파했다.

또 다른 데이터를 보면, 전 세계 외환 보유고 중에서 유로가 차지하는 비중은 1999년 18.1퍼센트에서 2008년 초 26.4퍼센트로 상승해 8.3퍼센트 늘어났는데, 이는 같은 기간 달러의 감소분을 대체한

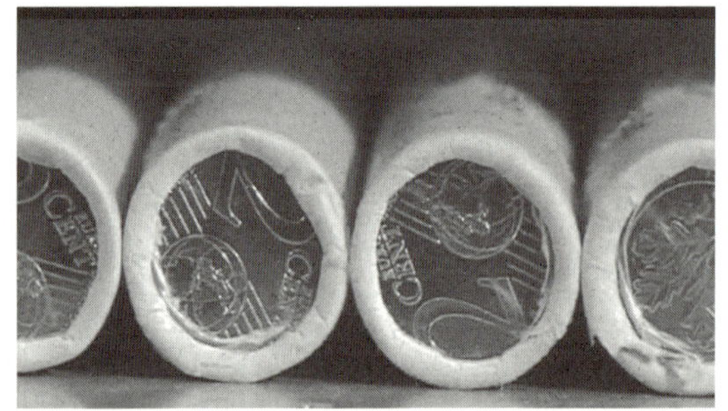

서로 다른 언어, 문화, 정치 및 경제 조건을 지닌 유럽통화연맹 국가들이 방대한 시장을 통합하고 화폐를 단일화하는 것은 결코 쉬운 일이 아니었다.

것이라고 볼 수 있다. 유로는 이처럼 출범 이후 달러에 이어 세계 제2의 국제 통화로 발돋움했다.

EU의 총인구는 약 3억 명이고, 전체 GDP는 미국과 거의 맞먹는 수준이다. 이를 바탕으로 EU는 무역 부문에서 미국과 완전히 동등한 지위를 누리고 있다.

미국을 두렵게 만든 화폐

미국은 유로를 지금까지 경험한 적 없는 무서운 위협이라고 인식하기 시작했다. 경제학자 샹쑹쭤는 이렇게 분석했다.

"유럽의 경제·금융·무역 규모로 볼 때, 유로는 탄생하는 순간 세계 제2의 화폐로 정해진 것이나 마찬가지였다. 현재 전 세계 외환 보유고 중 유로가 차지하는 비중은 20퍼센트를 이미 초과한 반면, 달러 비중은 60퍼센트까지 떨어졌다. 이는 당연히 달러에 커다란 충격이었다. 미국은 결코 이런 상황을 방관하지 않을 것이다."

유로가 유럽 지역의 초주권 화폐가 되면서 그에 따른 이점이 하나둘씩 부각되기 시작했다. 첫째, 화폐를 통일해 각국의 화물 거래가 편리해지면서 원가를 낮출 수 있었다. 둘째, 환율 변동성이 낮아져 기업이 비교적 용이하게 미래 원가를 확정할 수 있게 되었고 그에 따라 투자와 교역도 원활해졌다. 여기에 시장을 모니터링하는 정부나 마케팅·리서치 기관들이 제때 문제를 발견하고 추적하는 것이 가능해졌다. 셋째, 대외적으로 통일된 단일성을 형성했다. 현재 유로존의 총인구는 3억 명을 넘어섰다. 이처럼 다른 국가, 다른 민족으로 이루어진 인구가 유로를 매개로 하나가 됨으로써 유럽 국가 간 연합을 강화하는 데 큰 도움을 주었다. 넷째, 유로 출범으로 화폐 주조세를 얻기 위해 벌이는 경쟁을 줄일 수 있었다.

유로라는 복병의 출현에 적잖이 충격을 받은 미국은 달러의 패권을 보호하기 위해 매서운 공격을 시작했다. 중국 사회과학원 세계경제정치연구소 연구원 쑨제(孫杰)는 이런 의문을 던졌다.

"역사적 사건의 전후 맥락을 보면, 유로가 출범한 지 얼마 되지 않아 코소보 분쟁을 빌미로 세르비아에 대한 나토(NATO, 북대서양조약기구)의 공습이 개시되었다. 이 전쟁으로 유로의 가치가 폭락해 회복하는 데 매우 오랜 시간이 걸렸다. 이 두 사건을 과연 별개의 것으로 볼 수 있을까?"

많은 전문가 역시 유로의 탄생과 성장에

코소보 분쟁_

알바니아계와 세르비아계 사이에 벌어진 유혈 인종 충돌을 말한다. 유고연방 해체 과정에서 세르비아의 밀로셰비치 대통령이 1989년 코소보 지역의 자치주 지위를 박탈하고 세르비아공화국에 편입시키자 코소보 내 알바니아계가 이에 반발했다. 이 때문에 양측의 유혈 충돌이 끊이지 않던 중 1998년 9월 세르비아계가 코소보에 전면 공세를 퍼부은 이후 1999년 2월 코소보 평화 회담이 개최되었지만 세르비아계는 코소보 평화안에 서명을 거부했다. 미국의 최후통첩에도 밀로셰비치가 꿈쩍하지 않자 1999년 3월 나토의 공습이 개시됐다. 그해 5월 유엔 전범재판소는 밀로셰비치를 전범으로 기소했고, 6월 세르비아 의회와 밀로셰비치가 평화안을 수용함으로써 코소보 사태는 일단락되었다.

최대 장애물은 바로 미국이라는 공통된 인식을 갖고 있다. 유로 출범 전 미국의 많은 학자와 전문가들이 달러의 경쟁 상대가 될 것이라며 경계심을 드러냈기 때문이다. 그리고 2001년에서 2003년까지 달러에 대한 유로의 가치가 계속해서 상승하자 미국은 유로에 한 방 먹일 필요성을 느꼈다. 2003년 미국은 화약고나 다름없는 코소보의 민족 분쟁을 촉발해 유럽 정국을 혼란에 빠뜨렸고, 특히 이라크 전쟁은 동쪽으로 세력을 확장하려던 유로의 행보를 멈칫하게 만들었다. 실제로 이라크 전쟁 이후 유로의 대달러 환율은 내리막길을 걷기 시작했다.

미국의 압력으로 유로존이 크게 요동친 이래 달러가 줄곧 강세를 보이자 유로도 달러의 세계 화폐 패권을 더 이상 흔들지는 못했다.

유로존이 비록 통일된 화폐를 사용하고 있지만 각국마다 독립적인 재정 정책을 펴고 있어 통일된 장기 공동 채권을 발행하지 않는다. 어떤 화폐든 진정으로 강해지고 국제적으로 영향력을 가지려면 반드시 공통된 화폐 정책이나 재정 정책을 추진해야 한다. 그런 면에서 현재 유로는 절름발이나 마찬가지인 셈이다.

장밍은 이렇게 분석한다.

"유로존에는 단일 중앙은행은 있지만 단일 재무부가 없다. 이번 금융 위기에서 미국보다 뒤처진 대응을 한 근본 원인은 여기에 있다. 금융 위기가 터지자마자 미국은 충분한 재정 및 금융 정책을 실시했지만 유로존 국가들은 자국 상황을 수습하는 데 급급해 일률적으로 금리를 낮추었다. 지금까지도 유로존은 전 지역을 아우르는 재정 방안을 마련하지 못하고 있다."

먼델은 일찍이 유로를 달러의 진정한 대항 세력으로 만들기 위해 애썼다. 또 각국을 두루 다니며 유로존의 공동 채권과 국고채를 발행하라고 독려했다. 하지만 회원국들은 여전히 이것에 대해 의견 일치를 보지 못하고 있다.

미국에 대항하는 또 다른 대안

유럽 중앙은행이 공동 채권을 발행하지 못하는 가장 큰 이유는 오랜 기간 대량의 자국 채권을 보유해온 독일, 프랑스, 이탈리아 등 재정적으로 안정된 나라들이 이를 쉽게 포기하려 하지 않기 때문이다. 이에 먼델은 개별적인 재정 정책을 통합하고 공동 채권을 발행해 미국에 좀 더 강력하게 대항할 수 있는 대안으로 파운드를 염두에 두었다. 유럽 역사에서 가장 중요한 이 화폐는 현재 안타깝게도 유로존 주위를 맴돌고 있을 뿐이다.

영국은 분명 유럽이 소홀히 할 수 없는 국가다. 역사, 문화, 전통, 인문은 물론 금융 발전에 이르기까지 유럽 역사를 논하려면 결코 영국을 빼놓을 수 없다. 그러나 영국은 유로존에 가입하지 않았고, 이는 유로 발전에 가장 큰 걸림돌이라 해도 과언이 아니다. 먼델도 이것을 매우 애석해했다.

"영국이 애초 유로존에 가입했다면 더할 나위 없이 좋았겠지만 지금처럼 유로 변동폭이 심한 상황에서는 가입하고 싶어도 쉽지가 않다. 영국이라는 존재가 있었다면 유로는 지금보다 훨씬 튼실해졌을 것이다. 그랬다면 유로존의 GDP는 약 1조 5500억 달러에 달해

1조 4500억 달러의 미국과 균형을 이루거나 심지어 좀 더 높아 전체 판도가 변했을 것이다."

드골이 영국을 거부했지만, 영국인들은 여전히 파운드가 세계에서 아주 중요한 화폐라고 생각했다. 런던은 뉴욕과 비교할 정도는 아니라 해도 다른 금융 도시들보다는 월등히 우세한 세계 제2의 금융 중심지로 손색이 없었다. 객관적으로 봤을 때 이는 영국에 엄청난 이익을 가져다주었다. 취업 기회 제공이나 각종 세수입은 물론 국가 이미지 제고, 원활한 국내 기업 융자 등 수치로 정확히 계산하기 어려운 이점들도 많았다. 영국이 세계 금융 중심지라는 지위를 누리고 있었기 때문에 고든 브라운은 재무장관 시절 유로와 서로 밀고 당기는 힘겨루기를 할 수 있었다. 영국이 파운드를 포기할 마음이 결코 없었던 것은 바로 이런 이유 때문이었다.

또 한 가지 요인으로 영국과 미국의 특수한 관계를 들 수 있다. 파운드가 유로에 흡수된다면 달러의 지위를 맹렬히 위협할 테고, 이는 미국 정치가들이 용납할 수 없는 일이다. 그래서 미국은 영국 정치가들에게 파운드를 포기할 경우 잃게 될 많은 이익을 제시함으로써 그들로 하여금 유로존 가입을 머뭇거리게 만들고 있다.

17

유로의 미래는?

금융 위기 발발 후 유로의 미래에 사람들의 이목이 집중된 가운데 '유로의 아버지' 먼델은 앞날에 대한 확신으로 가득 차 있다. 그렇지만 금융 위기 이후 유로존 금융 기관의 재무제표는 엉망이라고 해도 과언이 아니다. 특히 동유럽이 위기에 빠져 허우적대면서 동쪽으로 확장하려던 유로존의 계획에 차질을 빚고 있다. 그렇다면 유로존의 미래는 과연 어떻게 될 것인가?

끊임없이 확장하는 유로존

2008년 말, 유로존의 GDP는 미국과 거의 맞먹는 수준에 이르렀다. 2009년 1월에는 유로존 가입국이 처음의 11개국에서 16개국으로 늘어났고, 신흥 유럽 국가들 또한 유로존 가입에 박차를 가하고 있다. '유로의 아버지' 먼델은 이와 관련해 자신감으로 충만해 있다.

"금융 위기가 발생하기 전까지는 대량의 투기 자본이 유입되지 않았고, 화폐 개혁 문제도 언급되지 않았다. 여러 나라가 참여해 자본 시장이 형성되면서 투자 환경도 매우 좋아졌다. 내가 보기에 이 과정에서 어떤 부정적인 영향도 발견할 수 없었다. 단 한 가지, 회원국들이 더 이상 독자적으로 자국 화폐를 평가 절하할 수 없게 된 것을 빼면 말이다. 유로를 도입한 후 이 권리를 빼앗긴 것이다. 하지만 자국 화폐를 평가 절하하는 것이 꼭 좋은 일만은 아니다. 그렇다고 문제가 근본적으로 해결되는 것은 결코 아니기 때문이다.”

이 시기는 유로존 확장의 황금기라고 부를 수 있었다. 많은 유럽 국가가 유로존 가입의 이점을 깨닫고 그 일원이 되기를 희망했다. 먼저 유럽 각국 사이에 무역이 수월해지고, 또 무역 관련 관세나 노동력 이동 등에서 많은 이점을 누릴 수 있었다. 그래서 이 국가들은 자국의 경제 발전을 위해 유로존에 가입하려 애썼고, 심지어 유로존 가입 기준에 도달하기 위해 온갖 방법을 동원하기도 했다.

그러나 이런 상황은 거꾸로 유로존의 내부 안정 및 정책 협조 면에서 어려움을 크게 가중시켰다. 글로벌 금융 위기 이전의 많은 연구 논문들은 이미 유로존의 발전 속도가 얼마나 빨라질지, 또 기존의 규정이 얼마나 실효성 있을지에 대해 깊은 연구를 진행했는데 이러한 문제들이 현실화된 것이다.

회원국이 늘어날수록 관리의 어려움도 커지겠지만 어쨌거나 현재 유로존은 총인구 3억 2860만 명에 GDP 4조 달러를 넘어 미국과 경제 규모면에서 앞서거니 뒤서거니 하고 있다. 이로써 유로는 의심의 여지없는 세계 제2의 화폐로 자리를 잡았다.

먼델은 이런 유로의 성적에 사뭇 자긍심을 가지고 있다.

“1999년 유로가 탄생한 지 10여 년이 지난 지금, 안정적인 유로

'유로의 아버지' 로버트 먼델. EU 단일 통화 출범에 기여한 공로를 인정받아 1999년 노벨 경제학상을 수상했다. 그는 머지않은 미래에 아시아에도 단일 통화가 등장할 것으로 예측했다

가치를 통해 깜짝 놀랄 만한 부의 증가와 더욱 효과적인 시장을 발견할 수 있었다. 이는 정말 대단한 일이다."

동유럽에서 불어 닥친 위기

2009년 금융 쓰나미가 다시 한 번 전 세계를 강타하면서 동유럽 국가의 화폐는 위기를 맞게 되었다. 폴란드의 즈워티(Złoty)는 유로 대비 환율이 3분의 1가량 하락했고, 헝가리의 포린트(Forint)는 23퍼센트, 체코의 코루나(Koruna)는 17퍼센트씩 하락했다. 유로와 밀착 관계에 있는 이들 화폐의 하락은 유로에 평가 절하 압력을 가중시켰을 뿐만 아니라 EU 및 세계은행 등의 국제 조직에도 커다란 악영향을 미쳤다.

동유럽 각국이 서유럽 은행에서 빌린 자금은 약 1조 3000억 유로로 추정되었다. 그중 최대 채권국은 오스트리아로서 총액이 2776억 달러에 달해 오스트리아인 1인당 약 3만 7500달러를 동유럽에 빌려준 셈이다. 이탈리아, 독일, 프랑스, 벨기에, 스웨덴 역시 동유럽에 1000억 달러가 넘는 채권을 보유하고 있었다.

한 배를 탄 운명이라는 말도 있듯이 EU 각국은 한바탕 설전을 벌인 끝에 최종 결정을 내렸다. 동유럽이 파산 직전까지 갔던 예전 아이슬란드의 전철을 밟지 않도록 회원국들의 원조 규모를 250억 유로에서 500억 유로로 확대하기로 결정한 것이다. 어떤 이는 미국에서 시작된 이번 위기로 가장 큰 피해를 입은 지역은 유럽이라는 말을 할 정도였다. 유로존으로서는 전에 없던 도전에 직면한 셈이다.

이런 상황에서도 일부 전문가들은 유로의 전망을 매우 밝게 보고 있는데, 그중 한 명인 샹쑹쭤는 이렇게 진단했다.

"내 판단은 주로 세 가지 점에 근거를 두고 있다. 첫째, 현재 이들 동유럽 소국에서 발생한 문제는 이전 아시아 금융 위기와 매우 유사하다는 점이다. 주로 수출이 급감하고 국제 수지 역조가 심각해 외채를 상환하지 못했다. 그러나 문제가 발생한 이들 국가의 경제 규모를 합해봐야 전체 유로존의 20퍼센트에도 미치지 못할 만큼 매우 미미하다. 둘째, 동유럽 국가의 대출이 대부분 서유럽 국가를 통해 이루어졌다는 점이다. 주로 독일이나 스위스 은행 등 유로존 국가들이 돈을 빌려주었기 때문에 본질적으로 유럽 내부의 문제로 볼 수 있다. 따라서 달러로 외채를 갚아야 하는 등의 문제가 전혀 없다. 셋째, 현재 유로 자체가 갖고 있는 엄청난 파워와 자원 정도면 동유럽 국가에 닥친 어려움을 쉽게 해결할 수 있다는 점이다. 유로존 일부 지도자의 말마따나 정확한 인식과 투철한 견해를 갖고 과감한 정치적 결단을 내린다면 이런 문제는 쉽게 해결할 수 있다."

반면 동유럽 국가의 외채 상환 연기 위협, 기준 금리 인하 열풍,

지속적인 경기 불황 등의 협공에 직면해 유럽 중앙은행 로렌조 비니 스마기(Lorenzo Bini Smaghi) 정책이사는 이렇게 토로했다.

"EU는 현재 제2차 세계대전 이래 가장 심각한 경제 위기를 겪고 있으며 단일 화폐인 유로도 큰 도전에 직면해 있다."

이처럼 비관적인 견해를 가진 전문가들도 많은데, 중국 사회과학원 세계정치경제연구소 허판(何帆) 연구원은 걱정 가득한 목소리로 이렇게 말했다.

"현재 동유럽에 닥친 위기는 사람들의 상상을 초월하는 것이라는 사실을 알아야 한다. 금융 쓰나미가 도래함에 따라 서유럽 은행들은 자구책으로 자금을 회수하고 있다. 게다가 유로존 국가들은 자국 은행을 보호하기 위해 유럽 은행의 예금 보험 가입을 강화하는 안전 장치를 마련하는 추세에 있다. 그래서 자금이 일정한 절차를 거쳐 빠져나간 것이 아니라 순식간에 미친 듯이 흩어져버렸다. 원래 동유럽은 이 외자 유입에 의존해 건강을 유지해왔는데, 하루아침에 외자가 사라지자 몸에 이상이 생기고 말았다. 동유럽의 사소한 유행성 감기가 서유럽으로 번져 결국 불량 채권으로 변한다면 전체 금융 시스템 안정에 악영향을 미칠 것이다. 동유럽의 작은 나비 한 마리가 전체 금융 시장에 거대한 풍랑을 몰고 오는 '나비 효과'가 나타날 가능성이 매우 농후하다."

그렇다면 갑자기 닥친 금융 쓰나미에 유로존에서 가장 중요한 핵심 기관인 유럽 중앙은행은 어떻게 대처하고 있을까? 경제학자 샹쑹쭤는 이렇게 분석했다.

"유럽 국가들은 역사적으로 인플레를 대단히 혐오했다. 인플레가 다시 찾아올까 크게 염려하기 때문에 유럽 중앙은행이 경제를 자극하고 금융 위기에서 벗어나기 위한 방법은 미국과 많은 차이를 보일 수밖에 없다. 먼저 미국 연방준비은행과 잉글랜드 은행은 원활한 자금 융통을 위해 인쇄기에서 돈을 마구 찍어내고 금리를 제로 퍼센트까지 낮추었지만 유럽 은행들은 이 방법을 채택하지 않았다. 유럽 중앙은행의 현재 금리 수준은 몇 차례 인하되기는 했지만 여전히 다른 선진국에 비해 높은 편이다. 다음으로, 미국이 대규모 경제 자극 방안을 내놓았으니 유럽도 재정 지출을 늘리라고 요구했지만 유럽은 이에 미적지근한 반응을 보였다. 유럽은 사회 보장 제도에 많은 돈을 지출하고 있기 때문에 이를 좀 더 완벽히 보완하면 될 뿐 방대한 재정 자금을 쏟아 부을 필요가 없다고 말한다. 미국의 방법을 채택했다가 훗날 심각한 인플레를 초래하지 않을까 염려한 것이다. 이로써 유럽의 대책들이 미국 연방준비은행이나 잉글랜드 은행보다 좀 더 신중하다는 사실을 알 수 있다. 장기적으로 보면 이러한 방안들이 유럽에 훨씬 이익이 될 것이다. 왜냐하면 현재 전 세계가 미국의 방안에 많은 우려를 표하고 있기 때문이다.”

결코 포기할 수 없는 ‘동진’ 정책

눈앞의 위기가 아직 해소되지 않았지만 유로존을 최대한 확장하는 것이야말로 유로존 지도자들이 결코 포기할 수 없는 목표이다. 유럽에 막대한 이익을 가져다줄 것이기 때문이다.

유로가 세계 제2의 기축 통화가 되면서 EU 지도자들의 최대 목표는 바로 유로존을 가능한 한 넓게 확장하는 것이 되었다. 현재 세계 화폐 시스템을 새로이 구축하기 위해 수많은 회의가 열리고 있지만 유럽 지도자들은 그저 원칙만 제기할 뿐 구체적인 방안을 제시하지 않고 있다. 그들은 세계 화폐 시스템 개혁에 그다지 열의가 없다. 이유는 아주 간단하다. 어떤 국가든 자국의 최대 이익이 무엇인지를 최우선으로 고려하는데, 현재 유럽에 가장 큰 이익을 가져다주는 것은 유로존 확대이지 화폐 시스템 개혁이 아니기 때문이다.

유로존 확장 과정에서 특히 '동진' 정책이 학계의 가장 커다란 논쟁거리로 부상했다. 위상 박사는 일찍이 이렇게 말했다.

"유로는 끊임없이 확장하는 과정에서 분명 많은 문제에 맞닥뜨릴 것이다. 그중 가장 큰 문제는 현재 유로존에 가입한 16개 회원국의 국가 정세, 재정 적자, 문화 전통 등에 커다란 차이가 존재한다는 점이다."

상쑹쭤도 이런 견해를 내놓았다.

"최근 동유럽에서 수많은 문제가 발생했는데, 이는 사실 유로존의 문제나 다름없다. 그래서 동유럽에 일단 문제가 나타나면 유로도 유로존도 커다란 압력에 직면하게 된다. 사실 오래전부터 사람들은 이 문제에 대해 격론을 벌여왔는데, 심지어 유로존이 붕괴할 것이라고 말하는 사람도 있다."

현재 유로존은 탄생 이후 최대 도전에 직면해 있어 단시간 내에 달러의 패권적 지위를 뒤흔드는 것이 매우 어려워졌다. 이에 대해 먼델은 자신의 관점을 솔직하게 밝혔다.

"유럽의 문제는 사실 여러 방면에서 다가오고 있다. 그중 하나가

눈앞의 위기가 아직 해소되지 않았지만 유로존을 최대한 확장하는 것이야말로 유로존 지도자들이 결코 포기할 수 없는 목표이다. 유럽에 막대한 이익을 가져다줄 것이기 때문이다.

바로 유로 채권이 없어 유럽 자본 시장의 발육 상태가 완전하지 못하다는 점이다. 또한 유럽 단일 정부도 없어 EU는 채권을 발행하지 못하고 있다. 마찬가지로 유로존에서 발행하는 통일된 유럽 국고채도 없는 실정이다. 비록 독일, 프랑스, 이탈리아 국고채가 있다고는 하지만 이들만으로 미국 국고채에 대항하는 것은 역부족이다."

기로에 놓인 유로

이처럼 기로에 놓인 유로는 과연 어떤 방향으로 발전할까? 이에 대한 대답은 각자가 처한 위치나 신분에 따라 다양하다.

먼저 토니 블레어 전 영국 총리의 말을 들어보자.

"내가 보기에 현재 유럽의 관심은 어떻게 동유럽을 도와 난관을 벗어날 수 있을지에 집중되어 있다. 전부는 아니지만 일부 동유럽 국가들이 늘 곤경에 처하는데, 지금의 위기 상황에서는 유로존과 EU 시장의 힘을 한곳으로 모으는 데 주력해야 한다고 생각한다. 현재 가장 절실한 문제는 이들이 서방 시장의 금융 정책을 받아들여 규범화하는 것이다."

독일경제연구소의 드레거(Dräger) 박사는 이렇게 말한다.

"유로는 유로존 회원국의 경제 발전에서 보험이나 다름없다. 만약 유로가 없었다면 유럽의 경제 위기는 더욱 악화되었을 것이다."

〈파이낸셜 타임스〉의 마틴 울프(Martin Wolf) 수석경제평론가는 이렇게 평했다.

"현시점에서 유로는 매우 주목을 끌 만큼 안정성을 유지하고 있다. 대달러 환율은 줄곧 안정세를 보이고, 여전히 세계 제2의 기축통화 지위도 누리고 있다. 따라서 유로 환율은 어떤 압력도 받고 있지 않다고 말해도 무방하다."

상트페테르부르크 주립대학 국제관계연구소의 트카첸코(Tkachenko) 교수는 이렇게 말한다.

"유로존 16개국 가운데 동유럽 국가는 슬로베니아와 슬로바키아 단 두 곳에 불과하다(에스토니아는 2011년 1월에 가입함 - 옮긴이). 이는 유럽이 경제 안정을 도모하고 유로를 통해 미국의 지위에 도전하려는 것이 전 유럽의 이익을 위한 것이 아니라 일부 서유럽 국가만을 위한 것임을 의미한다."

유로의 미래에 대해 여러 가지 의견이 분분하지만 먼델은 유로 출범 이래 저인플레가 유지되고 유로존의 부가 증가했으며, 더욱 중요한 것은 유로가 달러의 경쟁 상대로 부상해 세계 화폐에서 선택의 폭을 늘린 점이라고 평가했다. 이런 이유로 먼델은 유로의 미래에 자신감으로 충만해 있다.

"유럽인들은 모두 세계 화폐를 소유하고 있는 셈이다. 유로가 이미 세계 제2의 화폐로 성장했기 때문이다. 우리는 이렇게 중요한 화폐에 대해 자신감을 가져도 좋으며, 인플레 등 어떤 문제도 없다고 확신한다. 사람들은 유로를 신임하고 있다. 이것은 엄청난 장점이다. 모든 것이 글로벌화 경향을 보이고 있는데, 돈도 그중 하나이다. 세계 경제는 세계 화폐를 필요로 한다."

1960년대 먼델이 공동 화폐 개념을 제기한 이래 40년이 흐른 2009년 3월, 중국인민은행 저우샤오촨 총재는 연달아 세 편의 글을 발표해 초주권 화폐의 개념을 상세히 설명하고 초주권 국제 기축 통화를 발행하자고 호소했다. 먼델은 저우샤오촨 총재의 안목과 기백을 크게 칭찬하며 이렇게 말했다.

"나는 그의 의견에 찬성한다. 초주권 화폐는 정말 좋은 아이디어다. 유로가 출범하면서 세계 화폐 시스템은 새로운 단계에 진입했다고 볼 수 있다. 따라서 우리는 한 발 물러설 용의가 있다. 현재 우리에게는 세계 화폐, 글로벌 화폐로 나아가는 계획이 필요하다. 폴 볼

토니 블레어 영국 전 총리는 당면한 위기 상황에서는 유로존과 EU 시장의 힘을 한 곳으로 모으는 데 주력해야 하며, 가장 절실한 문제는 동유럽 국가들이 서방 시장의 금융 정책을 받아들여 규범화하는 것이라고 주장했다.

커 전 FRB 의장도 글로벌 경제는 세계 화폐를 필요로 한다고 말한 적이 있다. 폴 볼커는 미국 중앙은행 총재이자 세계 화폐의 단호한 지지자이기도 하다. 그와 저우샤오촨 총재의 견해는 대단히 비슷하다.”

글로벌 경제는 세계 화폐를 원한다

미국이 상식을 넘어서는 화폐 정책을 채택해 시장에 달러를 마구 뿌림에 따라 금융 위기가 달러의 신용을 약화시키는 등 달러의 지위에 악영향을 주리라는 데 더 이상 의심을 품는 사람은 없다. 그러나 유로가 지금의 어려움을 극복하고 달러와의 경쟁에서 더 많은 이익을 얻을 수 있을지는 여전히 미지수다.

유로는 탄생한 지 고작 10여 년밖에 되지 않았다. 따라서 수백 년 동안 사용된 파운드나 강력한 파워를 가진 달러와 비교하면 아직 유년기라고 할 수 있다. 그러나 많은 사람들은 유럽 대륙이 창조한 이 새로운 권력 화폐에 무한한 기대를 걸며 미래 세계 화폐의 선구자로 여기기까지 한다.

물론 우리는 유로를 바탕으로 미래지향적인 사고를 해야 할 것이다. 하지만 이에 앞서 유로가 세상에 모습을 드러내기 전까지 겪었던 복잡하고 기나긴 여정을 반드시 살펴보아야 한다. 유럽은 제2차 세계대전 이래 반세기 동안 경제 연합과 정치 동맹이라는 길을 걸음으로써 단일화 개념이 정치, 경제, 문화는 물론 사회 심리적인 분야까지 뿌리 깊게 박혀 있었다. 이런 상황에서도 유로가 탄생하는 데는 오랜 준비 기간이 필요했다. 1969년 '베르너 보고서'가 제출된 이후, 1999년 유로 탄생까지 꼬박 30년이라는 지난한 탐색과 교섭 과정이 필요했던 것이다. 이는 '유로의 아버지' 먼델이 상상했던 시간을 훨씬 뛰어넘는 것이었다.

EU 참가국들은 이 과정에서 거시 경제 목표·실질 경제 지표·경제 운행 주기를 점차 하나로 일치시킨 다음, 비교적 안정적인 재정 상황과 풍부한 외환 보유고를 유지하고 강력한 조정 능력을 갖춤으로써 유로 출범에 필요조건을 제공했다. 이런 의미에서 볼 때, 유로의 진정한 창조자는 먼델 개인이 아니라 유럽 정치·경제 발전의 결과라고 할 수 있다. 유럽 단일화에 대한 집단적 의지와 희망 그리고 실천이 없었다면 오늘날 유로는 존재하지 않았을 것이다. 유로의 탄생은 분명 시대적 소명, 지리적 관계 그리고 화합이라는 특수한 역사적 환경과 떼어놓고 볼 수 없다.

경제의 글로벌화라는 궁극적 목표는 필연적으로 유로와 유사한 화폐의 출현을 초래할 것이다. 이 화폐는 국경뿐 아니라 대륙의 경계, 지역 경제 공동체, 빈국과 부국의 큰 차이까지 초월한다. 이런 이유로 인해 세계 화폐의 준비 과정과 탄생은 유로보다 더 복잡하고 시간이 오래 걸려 인류에게는 한 단계 더 높은 도전이 될 것이다.

서브프라임 위기 때부터 계산하면 이번 금융 대란은 이미 4년의 시간이 흘렀다. 이 기간 동안 세계 경제는 100년에 한 번 올까 말까 한 준엄한 시련을 겪었고, 세계 경제의 금융 모델이나 패턴 그리고 시스템에서 미증유의 변화와 발전을 경험했다. 각국의 화폐 전쟁은 떠다니는 빙산 위에서 사람들의 주목을 끄는 풍경을 연출했으며, 여기서 벌어지는 다양한 변화를 통해 우리는 수면 아래 빙산의 운동을 꿰뚫어볼 수 있었다.

유로가 우리의 눈을 사로잡고 있다. 유로라는 복병이 나타나 달러의 국제적 위상에 가장 큰 위협을 주었기 때문이다. 3억 명에 달하는 인구, 미국과 거의 맞먹는 GDP, 경제 단일화를 바라는 공통된 소망이 달러에 대항하는 유로의 강력한 무기였다. 그러나 유로에는 여전히 많은 위험이 잠복해 있다.

유로존이 통일된 화폐 정책을 추진하고 있지만 회원국마다 여전히 독자적인 재정 정책을 고수하고 있어 유로존에서는 오랫동안 공동 채권을 발행하지 못했다. 더욱 심각한 것은 각국의 경제적 이익과 목표가 완전히 일치하지 않아 서로 주판알을 튕기고 있다는 점이다. 여기에 유럽 역사상 가장 중요한 화폐인 파운드가 지금까지도 유로존 밖에서 배회하고 있다. 이처럼 유로의 갖가지 단점이 이번 금융 위기 동안 낱낱이 밝혀지면서 사람들은 절름발이 유로가 금융 쓰나미가 지나간 후 달러나 엔에 완전히 밀리지는 않을까 걱정하고 있다.

지금의 상황은 유로에 기회일까, 위기일까? 해답은 바로 유로존 자신의 손에 달려 있다.

달러, 유로, 위안 및 미래의 세계 화폐

로버트 먼델
'유로의 아버지', 노벨 경제학상 수상자

최근 10년 동안의 금융 위기는 주로 각국 화폐 가치의 불일치 때문에 초래된 것으로, 특히 미국 연방준비은행의 잘못된 정책이 크게 한몫했다. 2008년 미국 연방준비은행이 범한 잘못은 매우 보기 드문 것이지만 전에도 똑같은 잘못을 두 차례나 저지른 적이 있다. 바로 1937~1938년과 1981~1982년이다. 잘못의 가장 큰 원인은 변동환율제의 실행 원칙을 너무 간과했다는 데 있다. 당시 미국 연방준비은행은 밀턴 프리드먼과 마찬가지로 화폐 정책 실시 후 효과를 보려면 정체기를 거치기 마련이라고 생각했지만, 프리드먼의 데이터는 고정환율제를 바탕으로 산출한 것이라 변동환율제에서는 효과가 전혀 없었다.

미국이 주로 실시한 고정환율제 아래서는 화폐 정책 효과가 금방 나타나지 않았다. 그러나 전 세계가 미국의 화폐 정책 변화에 따라 움직이는 변동환율제에서는 효과가 매우 빠르다. 미국 연방준비은행이 정책을 조정하면 전 세계가 CNN 경제 뉴스를 듣고 몇 분도 안되어 바로 자국의 정책에 그것을 반영하는 것이다.

누구나 잘못을 저지를 수 있다. 그러나 경제가 날로 글로벌화되고 미국이 세계 경제에서 매우 중요한 위치를 차지하고 있기 때문에 미국 연방준비은행이 범하는 잘못은 전 세계를 큰 파탄으로 몰고 갈 수 있다는 점에서 확실히 두렵다. 버냉키 FRB 의장이 미국 연방준비은행의 잘못을 시인한 점은 그나마 다행이다. 우리는 이번 금융 위기를 겪으면서 어떻게 하면 잘못을 피할 수 있는지, 또 설령 잘못을 범하더라도 이처럼 심각한 결과를 초래하지 않을지에 대해 좀 더 깊이 생각해야만 한다.

1948년 미국은 전 세계 황금의 70퍼센트를 보유했으나 이후 보유량이 점차 감소했고, 또 세계 각국이 자국 화폐를 달러에 연동하지 않는 변동환율제를 채택하는 상황에서 미국 연방준비은행은 어떤 화폐 정책을 실시했을까? 아무런 개혁도 실시하지 않았다! 그들은 기존의 화폐 정책을 고수하며 환율이라는 변수를 전혀 고려하지 않았다. 브레턴우즈 체제라는 고정환율제 아래서 미국은 화폐 정책을 주도했다. 그러나 위기가 도래하자 미국과 세계 각국은 고정환율제를 포기했다. 1년 반 뒤 세계 각국은 다시 자국 화폐를 달러와 연계했지만 이것 역시 이내 무너지고 말았다. IMF의 185개 회원국은 저마다 각기 다른 화폐 정책을 채택하고 있다. 하지만 여전히 달러와 연동된 메커니즘이 가장 강력한 효력을 발휘하는 상태에서 서로 다른 환율과 인플레율을 가진 모든 국가는 외로운 섬이나 다름없다. 그런데도 미국 연방준비은행은 새로운 체제 아래서 어떠한 정책적 변화도 취하지 않았다! 이것이 바로 문제의 근본 원인이다. 브레턴 우즈 체제라는 재난이 1987년의 미국 주식 시장 위기를 포함해 멕시코 위기, 장기 자본 위기, 나스닥 거품 붕괴를 가져오자 각국은 글로벌 화폐에 대한 필요성을 인식하기 시작했다. 이 화폐는 지금과는 다른 변화 발전성, 점진성, 블록화라는 성격을 갖고 있다.

미국의 종합적 국력이 여전히 세계 최강이고 수십 년 동안 달러를 기축 통화로 삼은 역사적 관성 때문에 지금까지도 세계 화폐의 패권은 '위태위태한' 달러가 차지하고 있다. 그러나 닉슨 대통령이 달러와 황금과의 연계를 끊겠다고 선언한 이후 전 세계 금융 분야는 언제 자신의 부가 순식간에 증발해버릴지 모르는 시한폭탄을 안고 있는 것과 다를 바 없다. 이런 위기를 맞아 수많은 사람이 이미 세계 화폐의 새로운 길을 모색하기 시작했다.

우리는 국제위원회를 설립해 새로운 세계 화폐 시스템을 구축할 필요가 있다. 달러 중심의 시스템은 이제 전 세계가 받아들이지 않을 것이다. 이전에 제시한 수많은 해결 방안이 오늘날 쓸모없게 된 주원인은 바로 유로와 위안이 출현했기 때문이다. 유로에 대한 설명은 생략하고, 중국의 위안은 향후 틀림없이 매우 빠르게 발전할 것이다. 2010년에 중국의 GDP는 일본을 추월할 것이고, 20년 후에는 유럽을 추월할 것으로 예상된다. 그리고 30~40년이 지나면 미국을 추월할 가능성도 있다.

달러의 독보적인 지위에 불안정한 요소가 많다는 것은 이미 무수한 사실로 증명되었다. 현시점에서 볼 때, 다원화야말로 세계 경제의 부를 확실히 보장해줄 수 있다. 국력이 강해짐에 따라 중국도 세계적으로 더 강력한 발언권을 갖게 될 것이다.

화폐 블록을 아시아, 아프리카, 라틴아메리카 등으로 나누는 방법이 있다. 그중 아시아를 보면, 아시아개발은행(ADB)에서 이미 단일 화폐에 대한 논의가 시작되었다. 그러나 아시아에는 통일된 안전 구역이 없다. 따라서 화폐 블록을 설립하는 가장 좋은 방법은 모든 참가국이 통일된 방위 정책을 채택해 군사적 경쟁을 자제하는 것이다. 그러면 2015년쯤 아시아 단일 화폐가 출현하지 않을까? 그리고 빠른 발전 속도로 볼 때 결국에는 유로존을 넘어서지 않을까?

또 다른 방법은 APEC를 활용하는 것이다. 2009년 싱가포르 APEC 정상 회담에서도 이미 이에 대한 논의가 활발히 전개되었다. 위안 및 홍콩달러의 대달러 고정 환율(중국은 2010년 6월 고정환율제를 포기하고 부분적인 변동환율제를 채택했음 - 옮긴이)을 다른 참가국들도 적용한다면 아시아 단일 화폐의 기반이 될 수 있다.

현재 위안은 일부 동남아 국가에서 결제 화폐 기능을 하고 있다. 이는 위안이 국제화의 길에서 끊임없이 전진하고 있음을 의미한다.

통화 바스켓 특별 인출권은 IMF가 1969년 도입한 제도이다. 1970년대에 IMF는 100억 달러어치의 특별 인출권을 발행하고 황금으로 이를 보증했다. 통화 바스켓 안에는 달러, 마르크, 엔, 프랑, 파운드 5개 화폐가 포함되었으며 5년에 한 차례씩 조정을 거쳤다. 그중 마르크와 프랑은 나중에 유로로 대체되었다. IMF는 2006년 심의를 거쳐 유로 비중을 34퍼센트로 늘리고, 엔 비중을 11퍼센트로 낮추었다. 파운드는 기존의 11퍼센트를 유지했다. 다음 심의는 2010년에 도래하는데, 중국 화폐가 추가될 가능성이 매우 높다. 그러나 최초 비중은 높지 않을 것으로 예상되며, 2016년에는 그 폭이 한층 확대될 것으로 보인다. 여기서 위안이 약세를 보일 수밖에 없는 불리한 요소는 태환이 불가능하다는 것이다(2010년 심의 결과 위안은 통화 바스켓 안에 포함되지 않았다 - 옮긴이).

루이청강 논평 통화 바스켓의 끊임없는 변화가 반영하는 것은 바로 국력의 발전 추이다. 중국의 국력이 강해지면 자연스럽게 발언권을 더 많이 장악할 수 있다. 하지만 위안 국제화의 길에는 여전히 해결해야 할 수 많은 문제가 산적해 있음을 직시해야 한다.

현재 가장 중요한 문제는 달러와 유로 사이의 환율이다. 만약 이 환율을 손쉽게 관리할 수 있다면 달러와 유로를 기초로 새로운 세계 화폐 시스템을 구축할 수 있다. 즉, 달러와 유로 사이에 고정환율제를 실시한다면 각국 화폐의 환율도 쉽게 고정되어 IMF의 모든 회원국이 특별 인출권 발행 국가에 가입하는 것이 가능해진다.

현재 특별 인출권은 바스켓 변동환율제를 채택하고 있어 어떤 국가도 이를 기준으로 삼으려 하지 않는다. 통화 바스켓이 성공하려면 반드시 양국 간 고정환율제를 실시해야만 한다. 그래야만 세계 화폐 시스템을 쉽게 수립할 수 있다. 환율이 과거처럼 지속적으로 요동친 다면 글로벌 화폐 시스템 수립은 요원하다.

 세계 경제 구도의 변화에 따라 세계 화폐 시스템도 새로운 상황에 적응할 수 있도록 끊임없는 변화와 조정이 필요하다. 그러나 개혁은 말처럼 수월하게 실현할 수 있는 것이 아니다.

경제 조건과 함께 정치 조건 역시 반드시 갖춰야 하므로 이와 관련한 이야기를 소개할까 한다. 나는 1969년 브뤼셀 회의에 초청을 받았는데, 회의에 참석한 사람들은 어떻게 하면 가장 능률적인 유럽 화폐를 실현할 수 있을지 토론하며 갑론을박을 벌였다.

나는 그곳에서 몇 주 동안 머무르며 한 지도자를 알게 되었다. 당시 그는 나에게 만약 정치적으로 단일 화폐에 대한 공통된 인식이 형성된다면 유럽 화폐가 출범하는 데 시간이 얼마나 걸릴지 물어봤다. 나는 당연히 기술적 문제를 해결해야 하므로 화폐 블록을 창설하는 데 최소 3주는 걸릴 것이라고 대답했다. 하지만 우습게도 유로존이 탄생한 것은 3개월, 3년도 아닌 30년이 지나서였다.

내가 그때 3주 걸릴 것이라는 얘기를 하며 유로 탄생을 저해하는 요소로 꼽은 것은 크게 두 가지였다. 하나는 당시 유럽통화기금 (EMF)에서 마르크가 가장 중요한 역할을 담당하고 있어 프랑스와 독일 사이에 공통된 인식이 형성되지 않았다는 것이다. 다음으로, 1969년과 1970년 당시 유럽은 여전히 고정환율제를 실시했는데,

1971년 이 시스템이 무너지면서 각국은 자기만의 제도를 실시해 정책적으로 다시금 협력을 이끌어내는 데 매우 오랜 시간이 걸릴 터였기 때문이다. 그래서 정치적으로나 경제적으로 유로존 설립은 매우 어려운 상황이었다.

 국가와 국가 사이의 협력은 물론 지역과 지역 사이의 협력에는 확실히 여러 가지 문제가 관련되어 있게 마련이다.

   21세기에 적합한 새로운 화폐 시스템 수립이라는 주제를 가지고 G20 국가들이 심도 있는 연구를 진행하는 상황에서 베이징이나 상하이, 홍콩에서 이와 관련한 회담을 여는 것이 타당하다고 생각한다. 상하이 엑스포가 열리기 전인 2010년에 신흥 강대국 중국에서 한 차례 회의를 여는 것은 어떨까? 그렇다고 중국이 이 회의에서 꼭 자신의 목적을 실현하기 위해 애쓸 필요는 없다고 생각한다. 그 이유는 어떤 세계 화폐 시스템도 지금처럼 이렇게 중국의 이익에 봉사한 적이 없을뿐더러 중국에 가장 유리하다는 사실을 모든 국가가 알고 있기 때문이다.

 나는 먼델 교수가 여러 차례 중국을 언급하고, 또 중국의 발전과 미래가 전 세계에 미치는 영향에 대해 긍정적인 관점을 보여준 것이 매우 기쁘다. 세계가 인정하는 가운데 중국은 국력을 발전시킴과 동시에 더 많은 국제적 책임을 지게 될 것이다.

人民銀
壹佰圓

제 5 부

위안

R·M·B

18

계획 경제 시대에 너무 높게 책정한 위안의 가치

단순한 수치로만 보면 당시 위안은 상당히 가치 있는 것처럼 보였다. 그러나 실제 대외 무역에서 공식 환율보다 더 가치 있는 것은 '외화 교환 원가'라는 또 다른 가격이었다. 이는 상품 수출 원가를 계산해 1달러를 실제 얼마의 위안으로 바꿀 수 있는지를 가리키는 것이었다.

건국 초기의 아수라장

1948년 12월 1일, 해방 전쟁의 포화가 한창인 가운데 인민 정부의 중앙은행인 중국인민은행이 공화국에 앞서 설립되었다.

수십 년간 치른 내전이 막 끝났을 당시 중국 경제는 거의 마비 상태나 다름없었다. 경험이 전혀 없는 중국 중앙은행 앞에 닥친 것은 심각한 인플레 외에 각 해방구에서 발행하는 각종 화폐였다.

이것들을 통합해 위안을 발행하면서 마침내 정식으로 새로운 화

폐가 신중국의 정치경제 무대에 등장했다. 당시 최초로 발행한 위안은 12가지 액면가에 각기 다른 종류의 화폐 62가지가 있어 매우 다양했다. 액면가도 1위안에서 5만 위안까지 편차가 아주 심했는데, 이는 건국 초기에 급등한 물가의 변동폭을 그대로 반영한 것이기도 하다. 위안은 발행 초기부터 어떤 귀금속과도 연동하지 않았다는 큰 특징을 갖고 있다. 이는 신중국의 화폐 통일 및 이후 위안 환율 제도 수립과도 관련이 있는 매우 상징적인 사건이다. 당시 전후 경제 재건으로 전국의 물가가 급등했다. 이에 따라 해외의 물가는 안정되고 심지어 하락하는 상황에서 위안의 대외 환율은 매우 불안정하기만 했다.

1949년 1월 19일, 톈진 항에서 최초로 서방 국가에 대한 신중국 위안의 환율을 1달러당 800위안으로 확정했다. 이것이 1949년 3월에는 1달러당 600위안까지 올라가고 1950년 3월에는 무려 4만 2000위안을 기록해 1년이란 짧은 기간 동안 52차례에 걸쳐 98퍼센

5만 위안 지폐. 위안의 액면가는 1위안에서 5만 위안까지 편차가 아주 심했다. 이는 건국 초기에 급등한 물가의 변동폭을 그대로 반영한 것이기도 하다.

트 넘게 평가 절하되어 위안은 화폐 가치가 전혀 없는 것이나 다름 없었다.

계획 경제가 남긴 '금융의 찌꺼기'

1953년 제1차 5개년 계획이 시작되면서 중국은 사회주의 계획 경제 시기로 접어들었다. 국민 경제가 점차 전면적인 계획 궤도에 진입하면서 중국 경제는 고도의 집중적인 관리 체제 아래 이내 안정을 찾았다. 1955년, 구권 1만 위안을 1위안의 신권으로 태환해주는 2차 위안 개혁을 거친 다음 위안의 환율은 이후 16년간 곧은 일직선을 유지했다. 위안의 공식 환율이 기본적으로 변동하지 않은 이유는 몇 달러어치를 수출하고 이것을 위안으로 환산하면 얼마나 되는지 계산하기 편했기 때문이다(일테면 계획 경제의 정산 지표로 삼기 편했기 때문이다).

이런 계획에 근거해 위안의 대달러 환율은 오랫동안 2.4618:1로 유지되었다.

제1차 5개년 계획 홍보 포스터. 이 시기 중국은 본격적으로 사회주의 계획 경제 시기로 접어들었다.

그런데 실제 사정은 이와 조금 달랐다. 당시 중국은행에서 대외 무역 실무를 맡았던 한 인사의 말을 들어보자.

"대외 무역 대출을 담당하던 우리는 1963년 한 차례 조사를 실시했는데, 그때 위안의 대달러 교환 원가가 6위안이 조금 넘게 나왔어요. 이는 1달러를 교환하는 데 6위안이 조금 넘게 필요하다는 말이죠. 다시 설명하면, 6위안 정도를 들여 제품을 생산하고 수출에 필요한 각종 비용을 부담하면 마지막에 1달러를 손에 쥘 수 있었다는 얘깁니다."

2위안대의 공식 환율과 6위안대의 '달러 교환 원가' 사이에 상당히 큰 격차가 있어 실제 위안의 가치가 너무 높게 책정된 것이 분명했다.

이에 많은 사람들이 위안의 환율을 조정해야 한다고 생각했다. 그러나 실제 조정은 현실적인 의미가 그리 크지 않다는 이유로 실

행되지 않았다. 사실 당시 위안 환율은 단지 통계용에 불과했기 때문이다. 당국은 양자 사이의 차이를 줄이는 방법으로 보조금을 늘리는 재정 정책을 채택했다. 1달러짜리 상품을 수입하면 아예 7위안이나 6위안 정도로 가격을 올려 팔도록 허용함으로써 수출할 때 발생한 손해를 메울 수 있게 한 것이다.

하지만 이런 식의 환율 제도로 인해 대외 무역에서 기형적인 현상이 나타났다. 일테면 수출이 늘어날수록 손해가 커지는 현상을 초래한 것이다. 이런 현상은 무려 1978년까지 지속되었다.

계획 경제 시기에 위안은 어떤 면에서 안정성을 유지했지만 국제적으로는 아무런 발언권도 갖지 못했다. 당시 위안은 국제적으로 어떤 영향력도 갖지 못한 채 그저 중국 내에서만 유통되며 가격 계산이나 교환 수단으로 사용될 뿐이었다.

그런데 재미있는 사실은 1970년대 브레턴우즈 체제가 무너진 이후 서방 주요 선진국들이 변동환율제를 채택하면서 1970년대 내내 위안의 가치가 상승했다는 것이다.

당시에는 환율을 제정할 때 국내외 소비자 가격을 많이 참고했다. 예를 들어, 환율을 1달러에 1.53위안으로 책정했다고 치자. 이는 미국 외교관 4인 가족이 미국에서 살 때 100달러의 생활비가 들었다면 중국에서는 153위안으로 생활이 가능하다는 것을 의미한다. 1달러의 구매력이 1.53위안에 상당하다는 결론이 간단하게 나오는 셈이다. 그리고 환율 역시 이런 수준에서 정해졌다.

그러나 위안이 평가 절상되면서 일반 중국인에게는 아무런 이익도 없고, 오히려 환율이 높게 책정되어 수출이 줄어드는 역효과가 나타났다. 이 시기 중국은 아예 문호를 걸어 잠그고 세계와의 경제 교류를 차단해 경제 자체가 구렁텅이로 빠져들고 말았다. 1958년부터 1978년까지 20년간 중국 도시 거주민의 평균 수입은 4위안도 채 늘어나지 않았고, 농민의 수입 증가 역시 2.6위안에도 미치지 못했다.

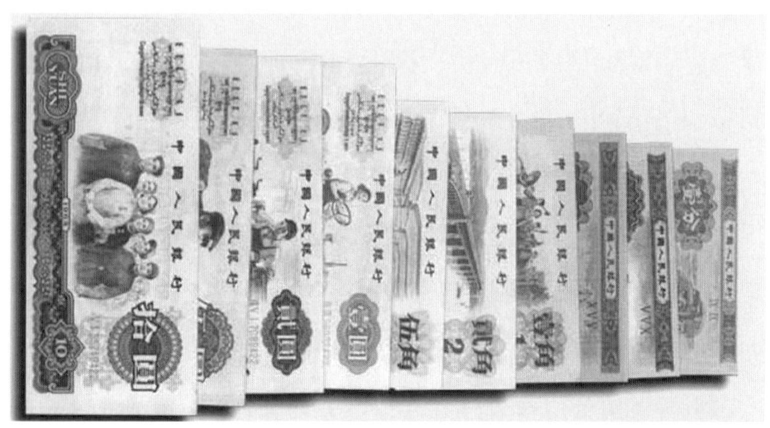

3차 위안은 1962년 4월 20일에 발행되어 2000년 7월까지 유통되었다. 이 화폐는 주제의식이 선명하고 디자인이 신선할뿐더러 화폐별 안배가 합리적이고 주화폐와 보조 화폐를 모두 갖추었다. 인쇄 수준이 매우 뛰어나 위폐 제작 가능성이 현저히 낮았다.

19

위안, 이중 환율 시대로 접어들다

1978년, 중국공산당이 11기 삼중전회를 소집하면서 중국은 개혁개방의 새로운 시기로 진입했다. 1979년은 중국에서 경제 세포가 소생한 해로, 각종 현대화 정책이 하나둘씩 작동하기 시작했다. 그해 3월에는 국가외환관리국을 설립해 위안과 외환의 거래 업무를 전면적으로 관리했다.

기형적인 화폐 유통 체계

1978년, 중국공산당이 11기 삼중전회를 소집하면서 중국은 개혁개방의 새로운 시기로 진입했다.

이어 1979년은 중국에서 경제 세포가 소생한 해로, 각종 현대화 정책이 하나둘씩 작동하기 시작했다. 그해 3월에는 국가외환관리국을 설립해 위안과 외환의 거래 업무를 전면적으로 관리했다. 이전까지 높게 책정된 위안은 1980년대 이후 해마다 평가 절하되기 시작했다.

그 후 13년간 중국의 환율 제도는 또 다른 특별한 시기로 접어들었다. 당시 중국에서 외환은 희소한 자원이나 다름없었다. 따라서 중국은 이 시기에 공식 환율과 내부 결제 환율(1981~1984), 공식 환율과 외환 조절 환율(1985~1993)이 병존하는 이중환율제를 시행했다. 이에 따라 이 문제를 전문적으로 다루는 외환 조절 시장이 형성되었다.

외환 조절 시장은 외화는 보유하고 있는데 상품을 수입할 의사가 없는 사람과 상품을 수입하고 싶은데 외화가 없는 사람 사이에 이익이 맞아떨어지는 효과가 있었다.

이중환율제를 실시한 이후 중국의 무역 수지는 눈에 띄게 호전되었고 외환 보유고도 날로 증가했다. 그러나 시간이 지나면서 각종 환율 사이의 격차가 크게 벌어지는 문제점이 나타났다. 은행의 규정 환율은 1달러당 5위안 남짓인데, 외환 조절 시장에서는 8위안을 넘어 80퍼센트 이상의 외환이 외환 조절 시장에서 거래되었다.

"엄청난 환율 차이는 방대한 외환 거래 암시장을 직접적으로 촉진했다. 베이징의 진바오제(金寶街) 일대는 암거래의 아지트가 되었다. 그곳에 발을 디디기만 하면 누군가가 다가와 '달러가 필요하세요? 아니면 파운드? 홍콩달러?'라고 속삭였다."

경제학자 리양이 묘사한 이 장면은 지금 중년이 된 사람들이라면 누구나 똑똑히 기억하고 있을 것이다.

당시 사회상을 반영한 일부 문학 작품에도 암시장 광경이 잘 드

1978년, 중국공산당이 11기 삼중전회를 소집하면서 중국은 개혁개방의 새로운 시기로 진입했다. 이어 1979년은 중국에서 경제 세포가 소생한 해로, 각종 현대화 정책이 하나둘씩 작동하기 시작했다.

러나 있다. 작가 왕숴(王朔)는《노는 것만큼 신나는 것도 없다(玩的就是心跳)》에서 "다들 서양 물건을 살 외국 돈을 구하느라 미친 듯 난리였다. 마치 의화단이라도 조직해서 대사관을 때려 부술 기세였다"라고 묘사했다.

이 시기에는 중국 내에서만 유통되고 외화와 교환할 수 있는 특수 화폐가 발행되었는데, 이를 '외화 태환권'이라고 부른다. 외국인은 외환으로 직접 위안을 교환할 수 없고, 오직 이 태환권을 통해서만 교환해 사용할 수 있었다. 태환권은 '여우이(友誼) 상점' 등 중국 정부가 지정한 곳에서 주로 사용되었다.

사정이 이렇다 보니 당시 '여우이 상점'을 빗댄 우스갯소리가 유행하기도 했다. 일테면 한 서양인이 중국 친구에게 중국어를 배우다 '여우이'가 혹시 '외국 돈'과 같은 뜻이냐고 물었다는 것이다. 외화 태환권은 1995년 유통이 중단되었지만 많은 사람들의 기억 속에는

'여우이 상점'은 대도시 호텔 주변에 위치한 외국인 전용 상점이다. 실크류, 자기류, 보석류, 한방약품류 등 중국의 특산물을 주로 판매하며 어느 도시에서나 볼 수 있다.

특별한 소비 권리를 누린 경험의 상징으로 남아 있다.

당시 택시를 이용한 사람은 대부분 외국인이나 외국 국적을 가진 화교들이었다. 그래서 택시 기사들은 손님에게 외화 태환권을 요구했다. 외화 태환권은 위안보다 가치가 있어 같은 액면가라도 실질 구매력이 더 강해 아예 위안을 거부하는 택시 기사도 있었다.

골칫거리가 된 '암시장'

국내 상품 품귀 현상과 높게 책정된 위안 환율로 인해 암시장에서 거래되는 외화 태환권 가격은 공식 환율보다 한층 높았다. 일테면 100위안짜리 외화 태환권의 가치는 약 120위안에 상당했다. 가장 높이 올랐을 때는 무려 270위안에 이르기도 했다. 베이징의 싼리툰(三里屯)과 슈수이(秀水) 시장은 원래 수출용 의류 시장이었지만 오히

러 외화 태환권을 사고파는 곳으로 더 유명해져 일부 외환 투기꾼들은 초창기 갑부 대열에 오르기도 했다.

또 한 가지 특이한 현상은 국민들이 달러를 투자 수단으로 여겼다는 점이다. 달러 수입이 있는 수많은 가정에서는 달러를 재테크 수단으로 집 안에 보관해두었다. 여기에는 두 가지 이유가 있었는데, 하나는 중국에서 장기간 외화를 찾아보기 어렵게 되자 이른바 달러 숭배라는 미신 현상이 생겨난 것이고, 또 하나는 위안의 가치가 비교적 높게 책정되어 달러를 보유하는 것이 심리적으로 더 안정감을 주었기 때문이다.

이때에 이르러 개혁개방으로 전환하며 날로 활기를 띤 경제와 대조적으로 공식 환율과 외환 조절 환율이 병존하는 제도는 계획 경제가 남긴 '금융 찌꺼기'나 다름없었다.

명목상으로 이중환율제를 실시하는 상황에서 더욱 복잡한 문제가 발생했다. 당시 중국에서는 외환보유제를 실시했는데, 상품별 또는 지역별로 각기 다른 보유 비율을 갖고 있었다. 신장(新疆), 윈난(雲

외국인들은 직접 중국 돈으로 교환할 수 없고, 오직 외화 태환권으로만 교환해 사용할 수 있었다. 이는 외화의 시장 유통을 금하고 중앙 정부에서 달러를 모으기 위해 시행한 제도다.

南) 같은 변방 지역이나 노소변궁(老少邊窮: 옛 공산주의 혁명의 근거지, 소수 민족 거주지, 빈곤 지역을 가리킴 – 옮긴이) 지역은 외환 보유 비율이 더욱 높았다. 이로 인해 허위 수출이라는 문제가 나타나기 시작했다. 예를 들어, 저장(浙江)에서 수출을 하고서는 신장에서 수출했다고 조작해 외환 보유 비율을 조금 더 높이는 방식이었다.

모든 외환이 사실상 전국에 걸쳐 외환 조절 시장을 통해 거래되는 상황에서, 공식 가격은 유명무실한 존재로 전락해 은행의 외환 공급가와 조절 시장의 격차는 더욱 크게 벌어졌다. 이런 상황이 지속되자 제도 자체가 전체 무역 발전은 물론 대외 무역 시스템 개혁에 불리하게 작용하기 시작했다. 이처럼 환율 혼란으로 인해 발생한 거래 비용은 수출입 무역에서 가장 예측하기 어려운 지출 항목이 되었다.

어쨌든 개혁개방을 선언한 1978년 이후 1994년까지 발전을 거듭하면서 중국 경제

외환보유제_

각 지방 정부와 대외 무역 기업으로 하여금 적극적인 수출을 하도록 유도하기 위해 수출로 벌어들인 외환 수입 중 일부를 해당 지방 정부나 업체가 자유로이 사용할 수 있도록 한 조치. 외환 보유 비율은 지방과 기업에 따라 달리 책정했는데, 지속적으로 보유 비율을 인상해 시장 환율의 중요성이 그만큼 확대되었다. 결국 보유 비율이 100퍼센트에 이른 1994년 1월을 기해 중국 정부는 시장 환율과 공식 환율의 통합을 선언했다.

는 상당한 실력을 갖추었다. 가난에 찌들어 아무것도 없는 국가에서 인민의 기본 생활을 최대한 만족시킬 수 있는 국가로 성장한 것이다. 이에 중국은 새로운 역사적 단계로 진입하면서 새로운 전략을 고민해야 하는 입장에 처했다.

20

중국 경제를 고성장으로 이끈 환율 개혁

1994년 1월 1일, 중국 정부는 위안의 공식 환율과 외환 조절 시장 가격을 정식으로 통합하고 '시장의 공급과 수요에 기초한 관리변동환율제'를 시행했다. 이 개혁은 위안 발전사에서 가장 유명한 '환율 개혁'으로 평가된다.

덩샤오핑의 남순강화

1992년, 남방 시찰에 나선 88세의 고령 덩샤오핑은 개혁개방의 중요한 관문에서 재차 특유의 어조로 중국이 나아갈 길을 명확하게 제시했다.

"발전하지 못하면 죽음의 길에 이를 수밖에 없다. 계획 경제든 시장 경제든 어디에 조금 더 중점을 둔다고 사회주의와 자본주의의 본질이 바뀌지는 않는다. 계획 경제는 사회주의와 같은 말이 아니며 자본주의에도 계획이 있다. 반대로 시장 경제는 자본주의와 같은 말이 아니며 사회주의에도 시장이 있다. '계획'과 '시장'은 모두 필요한 경제 수단이다."

이와 동시에 금융 분야에서 위안의 환율에 대한 개혁 목소리가 나오기 시작했다.

민간에서 정부까지 토론이 활발하게 진행되는 동안 사람들은 중국이 개발도상국으로서 자금, 특히 외화가 부족하다는 데 의견을 같이했다. 이에 환율 개혁이 끊임없이 제기되었다. 하지만 환율 개혁 후 혹시 외환 보유고가 감소해 적자를 내지는 않을까 하는 우려가 너무 앞서 한 걸음 발을 빼게 되었다.

물론 논쟁은 여기서 그치지 않았다. 환율 개혁의 핵심은 환율 통합인데, 도대체 어느 수준에서 결정해야 좋을지에 대한 확신이 없었다. 모두들 1달러당 5.6위안이라는 환율이 높게 책정되었다고 여겼지만, 그것이 얼마나 높은지 측정할 수 있는 데이터가 필요했다.

사람들은 비교적 과학적이면서 면밀하고 신중한 방법은 비슷한 모델을 도출해내는 것이라고 생각했다. 그리하여 국내외 4~5개 연구 기관에 조사를 의뢰했는데, 결과가 서로 너무 달라 대체 어떤 것을 따라야 할지 감조차 잡지 못하고 환율 문제는 더욱 꼬여만 갔다.

고도의 전략적 안목

1993년 11월, 공산당 14기 삼중전회에서 '사회주의 시장 경제 시스템 건립에 있어 약간의 문제에 관한 중앙의 결정'을 통과시켰다. 이 중요한 문건에서 최초로 "외환 시스템을 개혁해야만 위안이 점차 태환 가능한 화폐가 될 수 있다"고 언급했다. 위안은 여태껏 폐쇄적인 방식으로 관리해왔기 때문에 이런 표현법은 당시 큰 관심을 불러일으키지 못했다. 하지만 지금 돌아보면 이 목표는 고도의 전략적 안목을 갖고 있었다 해도 과언이 아니다.

2005년 개혁 때도 마찬가지였지만, 우리가 말하는 환율 개혁에는 시종 두 가지 문제가 따라다녔다. 첫째, 과거에 장기간 왜곡된 환율 수준을 어느 정도 선에서 조정해야 적절한가? 둘째, 환율을 계속해서 조정할 수 있는 메커니즘을 어떻게 확정하는가? 이는 곧 적절한 수준에서 지금 상황에 맞는 환율을 확정한 다음, 국내외 경제 및 금융 정세에 따라 수시로 조정 가능한 메커니즘을 설정하는 것이라고 바꿔 말할 수 있다.

1994년은 중국 경제 발전의 중요한 이정표가 되는 해였다. 가장 큰 의의는 전 중국의 시장 운용 메커니즘을 확립하고, 중국이 전 세계에 편입할 수 있는 기반을 마련했다는 것이다. 이전까지는 개혁개방을 부르짖으면서 주로 남의 돈을 끌어모으는 데 주력했다면, 1994년 이후에는 실질적인 양방향 구도를 확립해 들어오는 것만큼 나가는 데에도 관대한 태도를 취했다.

1994년, 중국은 환율 개혁을 통해 위안의 대달러 환율을 8.72:1로 확정했다. 이는 이전의 공식 환율 5.7:1보다 33퍼센트 평가 절하한 수치다. 위안의 대폭 평가 절하로 중국 상품의 가격이 세계 시장에서 갑자기 하락했고, 더욱 중요한 것은 중국이 해외 투자자들을 유혹하는 지역으로 부상했다는 것이다. 이후 중국 기업이 봇물 터지듯 해외로 뻗어나가 중국 경제는 본격적으로 대외 무역 주도형 성장의 길로 접어들게 되었다.

대외 무역이 왕성하게 발전하면서 수출 증가 속도는 매년 두 자 릿수를 달성했고, 국제 수지에서도 지금까지 줄곧 경상 수지와 자본 수지 모두 흑자를 기록하고 있다.

1994년 실시한 일련의 개혁 방안 가운데 영향력이 컸던 것을 꼽 아보면 다음과 같다―중앙 정부와 지방 정부의 재정 수입원을 분 리하는 분세제(分稅制) 개혁 그리고 중앙은행, 상업은행, 비은행 금융 기관, 금융 시장 등 현대식 금융 시스템의 확립.

금융 분야에서 가장 두드러진 특징은 환율을 통합해 중국이 글로 벌화 과정에 참여하는 데 적절한 가격을 제시함으로써 중국인으로 하여금 처음 화폐 정책의 힘을 느끼도록 만들었다는 것이다.

중국인들은 중국 경제의 이정표가 된 이 환율 개혁을 통해 국제 경제 교류에서 더 큰 자신감을 얻었다. 심사숙고 끝에 변화를 결정 함으로써 중국의 경제 발전은 새로운 단계로 진입했고, 외환 보유고 역시 장기간 외부 충격에 심하게 요동치던 피동적인 국면에서 벗어 나 고성장의 길을 향해 힘차게 발을 내딛었다.

21

아시아 금융 위기에도 평가 절하를 단행하지 않다

아시아 금융 위기를 겪으면서 일본은 자국의 자산을 안정시키기 위해 엔의 평가 절하를 단행해 동남아 국가의 신임을 잃고 말았다. 이는 중국과 아주 대조적인 처신이었다.

예고 없이 찾아온 금융 위기

1994년 단행한 위안 환율 개혁은 경제 발전의 대문을 여는 중요한 열쇠가 되었다. 뒤이어 중국 경제는 순풍에 돛을 단 듯 순항을 계속 이어나갔다. 1997년 중국은 GDP 7조 5000억 위안을 달성했고, 외환 보유고도 1400억 달러라는 기록을 세웠으며, 세계 10위의 무역 대국으로 성장했다. 그러나 바로 그해에 아시아에 금융 폭풍이 찾아오면서 금융 사냥꾼 조지 소로스(George Soros)가 동남아를 습격했다.

1997년 7월 2일, 태국 정부가 바트(Baht)의 고정환율제를 포기하고 변동환율제를 도입하겠다고 선언하면서 태국의 주가는 무려 20퍼센트나 하락했다. 이날은 아시아 금융 위기의 신호탄을 쏘아올린 역사적인 날로 기록되었다.

뒤이어 금융 폭풍은 주변국인 말레이시아·필리핀·인도네시아를 휩쓸었고, 아시아에서 가장 발달한 나라 중 하나인 한국도 재앙을 피해가지 못했다. 공격을 당한 원화의 가치는 2개월여 만에 50퍼센트나 폭락해 국가 경제가 붕괴 직전에 이른 것이다.

사냥감을 먹어치운 소로스는 눈길을 중국으로 돌렸다. 주변국들이 잇달아 경쟁적으로 평가 절하를 단행하는 상황에서 중국은 선택의 기로에 놓였다. 위안은 과연 어떤 선택을 해야 하는가? 중국인민은행 화폐정책위원회 금융전문위원을 역임한 리양은 1997년 화폐정책 토론 당시의 급박한 정황을 이렇게 전했다.

"당시 우리는 엄청난 압력에 직면했다. 심각한 위기 상황에서 국

1997년 7월 2일, 태국 정부가 바트의 고정환율제를 포기하고 변동환율제를 도입하겠다고 선언하면서 태국의 주가는 무려 20퍼센트나 하락했다. 이날은 아시아 금융 위기의 신호탄을 쏘아올린 역사적인 날로 기록되었다.

제 여론은 덮어놓고 중국이 만약 평가 절하를 하지 않으면 돌이킬
수 없는 수렁으로 빠지게 될 것이라고 입을 모았다. 사람들은 비록
중국 경제가 20년이란 기간 동안 가난하고 낙후한 상태에서 벗어나
마침내 국민을 배불리 먹이고 곧 새로운 단계에 진입할 것이라고
여겼지만 얼마 못 가 발전을 멈춘다거나 희망이 없다고 보는 의견
이 더 지배적이었다. 어쨌거나 국내외적으로 중국을 걱정하는 사람
들과 '경세제민(經世濟民)' 사상을 가진 사람들이 중국 정부에 잇달아
의견을 제시했다. 당시 위안을 평가 절하해야 한다는 의견이 압도적
으로 많았고, 그 폭 역시 상당히 커야 한다고 했다."

약속을 굳게 지킨 중국 정부

그러나 세간의 예측과 달리 중국 정부는 다중의 의견을 무시하고
1998년 3월 17일 세상에 엄숙하게 선포했다.

"중국은 위안을 평가 절하하지 않겠다는 입장을 고수하고, 아시
아 금융 환경 안정이라는 역사적 책임을 질 것이다."

이에 대해 서방 국가들은 의심의 눈초리를 보냈다. 이전에 영국
총리와 잉글랜드 은행장이 "파운드를 절대 평가 절하하지 않을 것
이니 안심하십시오"라고 금요일에 말하고는 다음 주 월요일 평가
절하를 단행한 일이 있었기 때문이다. 심지어 서방 국가들은 중국
정부의 목소리가 단지 민심 무마용일 뿐이라고 여겼다.

그러나 중국 정부는 약속을 실천으로 옮겼다. 1998년 이후 위안
의 대달러 환율은 8.27위안에서 줄곧 안정세를 유지했다.

이는 대단히 중요한 약속이라고 볼 수 있다. 이후 중국은 경제적으로나 정치적으로 책임 있는 대국의 이미지를 심어주었고, 위안 역시 국제적으로 큰 신뢰를 얻었다. 이 점은 중국이 대국으로 부상하는 데 매우 중요한 역할을 했다.

지금 되돌아보면, 당시 중국이 만약 평가 절하 대열에 합류했다면 어떤 일이 빚어졌을지 상상만 해도 끔찍하다. 중국이 평가 절하를 단행했다면 다른 아시아 국가들 역시 네가 하면 나도 한다는 식으로 계속 평가 절하에 나섰을 게 뻔하기 때문이다. 이는 모두가 공멸의 길로 빠지는 지름길이었다.

위안을 평가 절하하지 않겠다는 약속을 지키기 위해 중국 정부는 전에 없는 시련과 압력을 견뎌내야만 했다. 이러한 중국의 화폐 정책을 높게 평가한 최초의 국제 언론 매체 〈파 이스턴 이코노믹 리뷰(Far Eastern Economic Review)〉는 "중국이 전 세계 경제 위기를 맞아 처음으로 경제 대국의 풍모를 드러냈다"고 칭찬했다.

중국은 아시아 금융 위기 속에서 상식적인 통념을 거부하고 위기를 성공적으로 타개함으로써 화폐 이론에 과감한 도전장을 던진 셈이었다. 아시아 위기가 터졌을 때 대부분의 사람들은 위안을 평가 절하하지 않으면 이런저런 문제가 발생할 것이라고 말했는데, 이는 모두 교과서를 비롯해 당시 통용되던 이론에 근거한 것들이었다. 그러나 중국은 그 이론들을 따르지 않았고, 결과 역시 그 이론들이 주장한 것처럼 위태롭기는커녕 오히려 세상에 한 줄기 빛이 되었다.

위안의 제2차 환율 개혁

제2차 위안 환율 개혁의 핵심은 시장 조절을 통한 관리변동환율제의 도입이다. 그렇다면 고정환율제와 변동환율제 중 어떤 것이 위기에 더 큰 힘을 발휘할까?

WTO 가입 후 열린 신천지

1997년 아시아 금융 위기가 터지면서 중국 정부는 엄청난 압력에 맞닥뜨렸다. 이런 상황에서 단호히 위안의 평가 절하를 거부하고서도 중국 경제는 많은 학자들이 예언한 것처럼 쇠퇴의 길로 접어들지 않았다. 오히려 금융 위기를 극복하면서 중국 경제는 다시 한 번 발전의 고속열차에 올라탔다. 2000년 중국의 GDP는 처음으로 1조 달러 관문을 돌파했고, 2001년에는 WTO에 가입하면서 신천지가 눈앞에 펼쳐졌다.

WTO 가입 후 중국이 직면한 문제는 사실 메커니즘의 변화로서 중국의 경제 발전이 글로벌 경제 발전의 일부분이 되었다는 것이다. 따라서 중국의 모든 정책은 국내 상황뿐 아니라 국제 환경 변화에도 민감하게 대응해야만 했다. 일테면 중국이 비로소 책임 있는 대국의 입지를 다지기 시작한 셈이다.

WTO에 가입한 2001년 중국의 대외 무역 규모는 5000억 달러에 달했고, 2004년에는 처음으로 1조 달러를 돌파해 단숨에 일본을 추월하면서 '세계의 공장'이라는 영예로운 칭호를 얻었다. 2005년 대외 무역 규모는 1조 4000억 달러를 넘어섰고, 매년 무역 흑자만 1000억 달러 이상을 기록했다. 하지만 동시에 무역 마찰도 빠르게 확대되었다. 무역 마찰의 주원인은 위안 환율 개혁이 1997년의 금융 위기로 잠시 중단된 이후 페그 시스템에 따른 고정환율제가 7년간 지속된 데 있었다.

이 기간 동안 달러가 대량 방출되어 유동성이 크게 늘어나면서 매우 왕성한 소비 시장을 형성했다. 이에 달러의 가치는 급락했고 페그 시스템을 실시하던 중국의 위안도 마찬가지로 대폭 하락했다.

1999년 유로가 출범할 당시 유로의 대달러 환율은 대략 1:1이었다. 그런데 달러가 평가 절하되면서 한때는 환율이 1유로당 1.6달러

2000년 중국의 GDP는 처음으로 1조 달러 관문을 돌파했고, 2001년에는 WTO에 가입하면서 비약적인 발전을 이루기 시작했다.

WTO에 가입한 2001년 중국의 대외 무역 규모는 5000억 달러에 달했고, 2004년에는 처음으로 1조 달러를 돌파해 단숨에 일본을 추월하면서 '세계의 공장'이라는 칭호를 얻었다.

까지 치솟았다. 따라서 달러에 연동된 위안 환율은 실제 가치보다 크게 떨어질 수밖에 없었다.

사정이 이렇게 되자 중국 제품은 세계에서 가장 싼 물건이 되었고, 위안은 세계에서 가장 싼 화폐가 되었다. 이에 대량의 유동성 자산이 중국으로 몰려들기 시작했다. 이것이 위안의 평가 절상 압력을 초래해 중국은 절실한 개혁이 필요한 중대한 시기에 직면했다.

새로운 배경, 새로운 결정

중국이 WTO에 가입한 후 과도기를 겪을 때, 경제 성장이 가속화되고 세계에 대한 영향력이 갈수록 커짐에 따라 다시 한 번 위안의 국제 거래 가격이 적절하지 않다는 문제가 대두되었다. 중국은 지난 1997년 한 차례 이러한 문제를 시인하고 대책을 강구하겠다고 발표해 세계 여론을 무마한 적이 있었다. 그러나 시간이 흐르면 상황도 변하듯 중국은 새로운 시대를 맞아 새로운 결정을 내려야만 했

2005년 제2차 환율 개혁을 통해 위안은 점진적으로 평가 절상 수순을 밟아 2010년까지 대달러 환율이 약 20퍼센트 정도 평가 절상되었다.

다. 이런 배경 아래서 2005년 환율 개혁이 이루어졌다.

2005년 7월 21일, CCTV의 인터뷰 요청을 받은 중국인민은행 저우샤오촨 총재는 중앙은행이 좀 더 완벽한 위안 환율 시스템을 수립하기 위해 개혁을 단행할 것이라고 선포했다.

"핵심 내용은 크게 세 가지이다. 첫째, 위안 환율을 달러라는 단일 화폐에 연동하지 않고 통화 바스켓을 참고해 시장 수급에 입각한 변동환율제를 실시한다. 둘째, 환율 변동 구간을 합리적으로 결정한다. 셋째, 위안 환율을 2퍼센트 평가 절상한다."

이후 3년 동안 위안은 점진적으로 평가 절상 수순을 밟아 2010년까지 대달러 환율이 약 20퍼센트 정도 평가 절상되었다.

이 기간 동안 중국 경제는 매년 GDP가 10퍼센트 이상 증가하는 고속 성장을 기록했다. 일반 국민이 피부로 느낄 수 있을 만큼 생활이 향상되었고, 위안을 외화로 바꾸는 데 아무런 불편도 느끼지 않았다.

저우샤오촨 총재는 환율 개혁을 다음과 같이 평가했다.

"전체적으로 봤을 때, 중국의 구매력은 향상되고 위안은 가파른 오름세를 타 가치가 더욱 높아졌다. 이처럼 환율 개혁은 전체 경제에 부정적인 영향보다 긍정적인 영향을 더 많이 끼쳤다."

예측 불가능한 세상

하지만 모든 세상사가 그렇듯이 오래된 문제를 해결하고 나니 새로운 문제가 다시 나타났다. 2005년 환율 개혁 당시 중앙은행은 개혁의 7대 사명을 제시했다.

첫째, 내수 위주의 경제를 지속적으로 발전시킬 수 있는 전략을 관철하고 자원 분배를 최적화할 것. 둘째, 화폐 정책의 독립성을 강화하고 금융 구조 조정의 효과를 높일 것. 셋째, 수출입 균형을 유지하고 무역 조건을 개선할 것. 넷째, 물가 안정을 유지하고 기업의 원가를 낮출 것. 다섯째, 기업의 경영 체질을 개선하며 자주적이고 창조적인 능력을 강화할 것. 또한 무역 확대 방식으로의 전환을 가속화하고 국제 경쟁력 및 위기 대처 능력을 향상시킬 것. 여섯째, 외자활용 메커니즘을 최적화하고 외자 이용 효과를 높일 것. 일곱째, '두 가지 자원(국내 자원과 해외 자원 - 옮긴이)'과 '두 개의 시장(국내 시장과 해외 시장 - 옮긴이)'을 충분히 활용하고 대외 개방의 수준을 높일 것.

그런데 수출 의존도가 지나치게 높다 보니 이러한 사명이 정부가 지향하는 '과학적 발전관'에 부합하지 않는다는 문제가 발생했다.

이에 정부는 위안의 평가 절상을 통해 이런 상황이 개선되길 바랐다. 이론대로라면 평가 절상 후 수출이 감소하고 수입이 증가해 균형을 맞출 수 있을 것처럼 보였다.

그러나 현실은 달랐다. 환율 개혁에 너무 지나친 기대를 걸었던 것이다. 예상과 달리 중국의 외환 보유고는 2005년 말 8000억 달러에서 2008년 말 무려 1조 9000억 달러로 급등했다. 이는 정부가 원하던 결과가 아니었다.

이런 경험을 통해 다시 한 번 환율 개혁 이론에 모순이 존재한다는 사실이 드러났다. 오랜 기간 동안 환율 개혁에 힘을 쏟았지만 실제로는 무역 흑자가 갈수록 불어났고 그에 따라 외환 보유고도 기하급수적으로 늘어났다. 이는 환율 개혁의 한계를 여실히 드러낸 결과였다.

또 다른 문제는 핫머니의 급속한 유입이었다. 2005년 환율 개혁은 점진적인 평가 절상을 선택했는데, 이 과정에서 핫머니의 유입을 강화하는 결과를 빚고 만 것이다. 사실 중국은 최근 8년 동안 줄곧 위안의 평가 절상이라는 악몽에 시달렸다.

2001년 8월, 영국의 〈파이낸셜 타임스〉는 '중국의 염가 화폐'라는 글을 싣고 최초로 위안의 평가 절상 문제를 다루었다.

2001년 9월 6일에는 〈니혼게이자이 신문〉에 '위안 평가 절상의 기대감 – 중국 위협론이 심화되다'라는 글이 실렸다. 이후 일본 정부 관료들은 공식석상에 모습을 드러낼 때마다 위안 평가 절상을 재촉

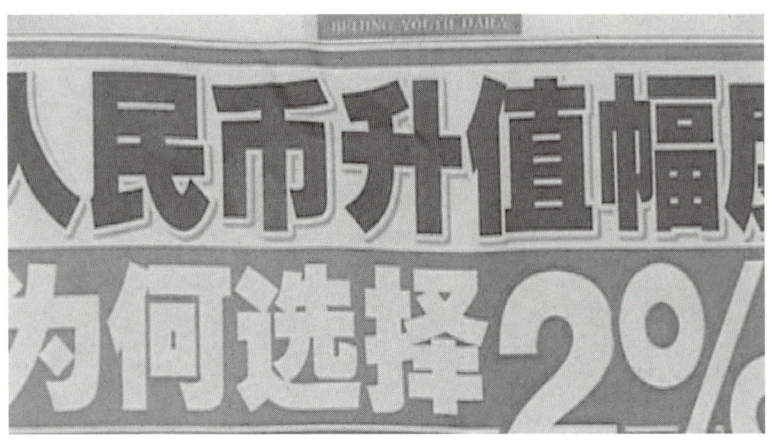

환율 개혁 문제와 관련해 중국은 최근 8년 동안 줄곧 위안의 평가 절상이라는 악몽에 시달렸다.

하는 최선봉에 섰다. 2002년 2월 개최된 경제협력개발기구(OECD) 선진 7개국 정상 회담에서 일본의 시오카와 마사주로(鹽川正十郎) 재무장관은 나머지 6개국 정상에게 위안의 평가 절상을 요구하는 안건을 제출했다. 2003년 3월 2일에는 〈니혼게이자이 신문〉에 "중국이 아시아에 통화 긴축을 수출하고 있다"는 공격성 기사가 실리기도 했다.

일본이 이렇게 적극적으로 나온 이유는 분명했다. 중국 등 신흥 국가들이 등장해 공급이 늘어나고 물가가 하락한 상황에서, 만약 중국 정부가 수출을 엄격히 제한할 수 없다면 국내 통화 긴축 국면을 시정하기 위해서라도 확장적 화폐 정책이나 위안의 평가 절상을 채택해야 한다는 입장이었던 것이다.

2003년을 시작으로 위안 평가 절상의 국제적 여론몰이와 압력에 미국이 개입하기 시작했다. 그해 존 스노(John Snow) 미국 재무장관과 그린스펀 FRB 의장은 잇달아 중국이 좀 더 탄력적인 화폐 정책을 취해주길 바란다는 입장을 밝혔다. 2003년 6월에는 미국 수출 업체들이 주도하는 '건전한 달러를 위한 연합(Coalition for a Sound Dollar)'이 매월 발표하는 '아시아 화폐 조정 관리 감독 보고서'는 중국, 일본, 한국, 타이완의 심각한 환율 조작 행위가 미국 제조 업계 실업의 주원인이라고 밝혔다. 이런 상황에서 미국의 일부 경제학자들은 위안 환율이 정상보다 15~50퍼센트 정도 낮게 평가되었다고 추산했다.

갑자기 닥친 위안 평가 절상 압력은 중국을 진퇴양난의 곤경으로 몰아넣었다. 위안의 점진적 평가 절상이 과연 옳은 길인지는 아직까지도 여전히 논란의 대상이다. 리양은 이에 대해 다음과 같이 분석했다.

"이러한 조정, 특히 점진적 방식의 조정이 가져온 새로운 재앙은 바로 핫머니의 유입이다. 환율 조정이 완전히 제자리를 찾지 못한 상황에서 중국 경제가 급속히 성장함에 따라 상대적으로 다른 나라보다 지위가 높아져 위안의 환율이 갈수록 상승하는 추세에 있다. 이는 환차익을 노린 투기꾼들에게 리스크를 없애주는 결과를 가져왔다. 달러를 위안으로 교환한 뒤 아무것도 하지 않고 1년만 묻어두면 5~10퍼센트의 환차익을 얻을 수 있다. 게다가 덤으로 이자 수익까지 얻는다. 가장 섬뜩한 것은 이처럼 투기꾼들이 가만히 앉아서 10~15퍼센트의 안정적이고 리스크 없는 수익을 얻는다는 점이다."

위안의 꾸준한 평가 절상으로 두둑한 자본 수익을 얻은 국제 핫머니는 더욱더 위안을 좇기 시작했다. 이후 3년 동안 핫머니는 겹겹

이 둘러쳐진 자본 계정 과목의 관리 규제 울타리를 뚫고 막대한 자금을 형성했다. 이로 인해 중국의 외환 보유고는 2003년 4032억 달러에서 2007년 1조 5000억 달러로 급등했다.

이런 현상이 가져온 결과는 다음 세 가지이다. 첫째, 경제 기반을 흔들 수 있는 자산 버블의 위험성이 높아졌다는 것. 둘째, 통화 팽창이 그림자처럼 따라다녀 2008년 상반기 소비자물가지수 상승률이 8퍼센트를 넘어 정점을 이뤘다는 것. 셋째, 불붙은 투자 열기가 좀처럼 식지 않는다는 것.

2008년 3분기에는 위안의 대달러 가치가 3.91퍼센트나 상승해 2006년의 1년분 상승폭과 맞먹었다. 그해 상반기에도 대달러 환율은 6.6퍼센트나 평가 절상되었다.

결국 2008년 연해(沿海) 지역 수출 기업들은 전에 없는 어려움에 직면했다. 많은 기업이 에너지를 절약하고 온실가스 배출을 줄이자는 정부 정책과 노동력 원가 상승, 원자재 가격 상승, 잦은 수출 환급세 조정 등으로 원가가 급등하는 상황에서 환율이 기름을 붓는 꼴이 된 것이다. 그해 3월 59.1퍼센트이던 물류구매연합회 신규 수출주문지수가 5월에는 55.4퍼센트로 떨어지더니 11월에는 29퍼센트로 급락했다.

평가 절상 가속화의 영향은 여기에 그치지 않았다. 중국 경제 과열의 뿌리를 뽑기는커녕 오히려 심화시키고 만 것이다. 그 원인 중 하나는 평가 절상이 진행되면서 핫머니가 급속히 유입되었기 때문이다. 이에 정부가 자본에 대한 관리 감독을 강화하자 대량의 핫머니가 무역 거래를 위장해 국경을 넘는 바람에 중국의 무역 흑자는 해마다 증가했다. 물론 이것은 다시 위안 평가 절상을 압박하는 구실로 작용했다.

미국 의회는 최근 들어 매년 위안 환율을 겨냥한 안건을 제출해 평가 절상 압력을 넣고 있다. 입안 주도자들은 중국 상품에 높은 관세를 매겨 중국의 '환율 조작' 행위를 응징하자고 위협하며 이렇게 주장한다.

"중국 및 여타 국가들이 인위적으로 화폐 가치를 낮추는 바람에 위안 환율은 30퍼센트 혹은 그 이상 낮게 평가된 상태다. 또 수출 상품에 불법 보조금을 지급해 무역 이익을 왜곡하고 자유 무역 원칙을 위반했으며, 미국의 산업에 해를 끼치고 수백만 미국인의 일자리를 앗아갔다."

미국의 이런 문제 제기에도 불구하고 당시 화폐 업무 담당자들은 어떻게 해야 위안 평가 절상 기대를 해소할 수 있을지에 대해서만 골머리를 앓았다.

경제학자 리양은 중앙 관련 부서에 과제가 산적한 지금 상황에서는 손을 쓸 방법이 전혀 없다고 솔직하게 시인한다.

국제화의 길로 접어든 위안

2008년과 2009년 월스트리트 금융 위기가 전 세계를 휩쓸면서 달러가 주도하는 세계 화폐 시스템은 갈수록 많은 문제점을 드러냈다. 이때 한 가지 새로운 명제가 제기됐는데, 바로 전 세계를 향해 발걸음을 내딛은 위안의 국제화 문제였다.

위안, 세계를 향해 매진하라

세계 화폐인 달러가 급등락을 거듭하자 달러를 거래 수단이나 비축 자산으로 삼은 세계 각국은 위태위태한 상황에 놓였다. 그들은 심지어 달러가 오를 때조차 마음을 놓지 못했다. 오늘은 올랐지만 내일 다시 떨어져 재무 상황이 천당과 지옥 사이를 왔다 갔다 했기 때문이다.

중국도 세계 각국과 거래가 잦아지면서 화물 거래든 자금 거래든 모두 달러를 사용했다. 그런데 달러가 무책임한 행동을 보이자 다른 길을 모색할 필요성을 느꼈다. 여기에는 매우 복잡한 상황이 얽혀 있고 또 여러 갈래 길이 있겠지만, 가장 중요한 것은 위안의 국제화라고 할 수 있다.

중국의 8개 민주 당파 중 하나인 민건중앙(民建中央)은 '위안의 국제화를 위한 촉진 방안'이라는 보고서에서 비(非)세계 화폐인 위안이 경제 발전에 미치는 네 가지 부정적 영향을 밝혔다. 무역 기업의 환율 리스크, 국내 경제의 해외 의존도 상승, 외환 보유고에 따른 리스크, 화폐 발행의 부분적 손실이 바로 그것이다. 민건중앙은 위안이 비세계 화폐이기 때문에 중국이 1조 9500만 달러의 상품과 노동력을 미국 등 다른 나라에 저렴하게 제공하는 것이라고 주장했다.

그렇다면 위안의 국제화는 아직 요원한 것일까? 현재 중국의 세계 GDP 점유율은 약 6퍼센트이고, 일본과 미국은 각각 20퍼센트와 40퍼센트이다. 이 수치로만 비교해보면 중국의 국제화 과정은 여전히 멀게만 느껴진다.

하지만 실상은 이와 다르다. 현실적인 환율로 환산하면 중국은 미국과 일본의 뒤를 바짝 쫓고 있는 세계 3위의 경제 대국이다. 여기에 GDP 구매력 기준으로는 이미 미국에 이어 세계 2위를 기록하고 있다. 세계은행의 구매력 평가 기준에 따르면 중국은 세계 GDP의 10퍼센트를 차지하는 것으로 나타났다. 이처럼 위안의 국제화는 더 이상 막을 수 없는 추세에 있다.

2002년, 캐나다를 방문하기 위해 밴쿠버 공항에 도착한 다이샹룽(戴相龍) 당시 인민은행 총재는 놀라운 광경을 목격했다. 현지 ATM기를 통해 위안을 달러나 캐나다달러로 쉽게 환전할 수 있었던

현재 위안은 세계 어느 곳에서나 ATM기, 환전소를 통해 손쉽게 환전할 수 있다. 이는 위안이 전 세계 시장에서 인정받는 화폐가 되었음을 방증한다.

것이다. 다이샹룽은 이 사실에 흥분을 감추지 못하고 관련 연구를 강화하라고 지시했다.

아시아 국가들이 금융 위기에서 점차 벗어나고 중국 경제가 지속적인 성장세를 보임에 따라 위안이 주변 국가 및 지역에서 유통되기 시작하고 점점 시장에서 인정받는 분위기가 조성되었다. 위안의 가장 빠른 국제화는 바로 현금이 국경을 넘어 유통되는 형태로 볼 수 있다.

이뿐 아니라 2003년에는 말레이시아 중앙은행장이 중국을 방문해 외화 일부를 위안으로 보유하고 있는데 이를 투자할 방법이 있는지 물어보기도 했다.

이렇게 볼 때 중국의 준비 여부와 관계없이 위안은 이미 전 세계에 조용히 침투하고 있다. 2005년에는 필리핀 중앙은행장도 위안이 필리핀에서 자유 태환 통화가 되었다고 선포했다. 그리고 싱가포르, 베트남, 몽골은 물론 심지어 프랑스 파리의 거리에서도 위안 환전소가 심심찮게 눈에 띈다.

국제적 위상이 높아진 위안

위안의 국제적 위상을 보여주는 첫 번째 사례는 국제 거래에서 갈수록 많은 국가가 위안을 결제나 매개 화폐로 사용하길 원한다는 점이다. 두 번째 사례는 금융 위기를 겪으면서 중국 화폐 당국과 **통화 스와프** 협의에 서명하고 싶어 하는 나라가 늘어났다는 것이다.

"복숭아나무와 오얏나무는 말이 없으나 꽃과 열매가 사람을 끌어 그 아래 저절로 길이 생긴다." 이런 속담처럼 중국이 자발적으로 위안의 국제화를 호소한 적은 없지만 실제 시장에서 이런 분위기가 점차 형성되고 있는 것이다.

2008년 7월, 중국 정부는 '삼정(三定: 직책을 정하고, 기구를 정하고, 편제를 정한다 - 옮긴이)' 개편에서 인민은행에 환율사(換率司)를 신설했다. 이 문건에 따르면 환율사의 직무 중 하나는 '위안 국제화에 발맞춰 위안 역외 거래 시장 설립 문제를 연구하는 것'이다. 이는 정부 문건에서 최초로 위안의 국제화를 언급한 것이다. 최근 몇 년간 중국 정부는 위안의 국제화를 진지하게 연구하고 해결해야 할 현실적 문제로 인식해 점차 이를 의사일정에 포함시키고 있다.

2009년 런던 G20 정상 회의가 열리기 전, 세계는 '화폐전쟁' 분위기에 휩싸여 있

통화 스와프 (currency swap)_
두 나라가 자국 통화를 상대국 통화와 맞교환하는 방식으로, 외환 위기가 발생하면 자국 통화를 상대국에 맡기고 외국 통화를 단기 차입하는 중앙은행 간 신용 계약이다. 국가 사이에 이 협정을 체결하면 어느 한쪽이 외환 위기에 빠질 경우 다른 한쪽이 외화를 즉각 융통해준다.

위안 환전소는 이제 세계 곳곳에서 쉽게 찾아볼 수 있다. 전과 달리 지금은 세계 각국이 먼저 중국에 손을 내미는 형국이 되었다.

었다. 저우샤오촨이 달러를 배제한 새로운 초주권 화폐를 제안한 것에 대해 러시아, 브라질 등 신흥 국가들은 찬성을 표시한 반면, 미국과 유럽 선진국들은 거부 의사를 밝힌 것이다. 세계 화폐 시스템 개혁의 목소리가 날로 커갈 즈음, 통화 스와프로 서전을 장식한 위안의 국제화가 점차 사람들의 주목을 받게 되었다.

미국발 글로벌 금융 위기가 전 세계로 번지면서 많은 국가가 국제 지불 수단 부족 문제에 직면했다. 하지만 중국에는 이것이 위기이자 위안 국제화를 좀 더 강력하게 추진할 수 있는 기회로 다가왔다. 강대국 주요 화폐의 세력이 약화된 틈을 타 위안은 한 발짝 앞으로 나아갔다.

5년 전 만약 중국이 한국과 홍콩에 위안을 빌려준다고 했다면 모두들 고개를 저으며 비웃었을 것이다. 그때는 홍콩달러나 원화가 훨씬 값나가는 화폐여서 위안을 원할 이유가 없었다. 그러나 지금은 모두가 위안을 원하고 있다.

미국발 글로벌 금융 위기가 전 세계로 번지면서 많은 국가가 국제 지불 수단 부족 문제에 직면했다. 하지만 이것이 중국에는 위기이자 위안 국제화를 좀 더 강력하게 추진할 수 있는 기회로 다가왔다. 강대국 주요 화폐의 세력이 약화된 틈을 타 위안은 한 발짝 앞으로 나아갔다.

국제화를 향한 위안의 행보

최근에 일어난 몇 가지 상징적인 사건을 통해 국제화를 향한 위안의 행보를 엿볼 수 있다.

2007년, 아세안(동남아국가연합)+3(한중일) 재무장관 회의에서 회원국들이 외환 보유액을 출자해 공동 펀드를 만들고 역내 국가에 외환 위기가 발생할 경우 긴급 유동성을 지원하는 아시아통화기금(AMF) 설립에 합의했는데, 이때 아시아에서 영향력이 가장 큰 화폐가 위안임을 명확히 했다.

2008년 12월 국무원은 광둥(廣東), 창장삼각주와 홍콩·마카오 지구의 무역 결제, 광시(廣西)·윈난(雲南)과 아세안 국가와의 무역에서 위안 시범 결제 실시를 정식으로 승인했다.

2008년 말에서 2009년 4월까지 몇 달 안 되는 기간 동안 인민은행은 한국, 홍콩, 벨라루스 등 6개국의 중앙은행 및 화폐 당국과 6500억 위안의 통화 스와프 협정을 체결했다.

2008년 말에서 2009년 4월까지 몇 달 안 되는 기간 동안 인민은행은 한국, 홍콩, 벨라루스 등 6개국의 중앙은행 및 화폐 당국과 6500억 위안의 통화 스와프 협정을 체결했다. 2008년 12월에 한국의 중앙은행과 1800억 위안 규모의 양자 간 통화 스와프 계약을 체결하고, 2009년에 홍콩 금융관리국, 말레이시아 중앙은행, 벨라루스 국가은행, 인도네시아 중앙은행과 각각 2000억, 800억, 200억, 1000억 위안 규모의 양자 간 통화 스와프 협정을 체결한 것이다.

통화 스와프는 기본적으로 두 나라 사이에 체결하는 계약이며 일정한 범위나 비율 내에서 상호 화폐를 교환할 수 있다. 이 채널을 통해 쌍방은 경제적으로 밀접한 연계를 맺고 정치적으로 상호 신뢰를 쌓는다. 일테면 이 시스템이 위안 국제화를 추진하는 데 결정적인 역할을 담당하는 셈이다.

현재의 상호 협정은 대부분 유동성 제공이나 무역 결제 편의에 집중되어 있긴 하지만 위안 국제화에 미치는 영향은 결코 소홀히 볼 수 없다. 금융 위기를 맞아 중국이 여러 국가와 통화 스와프 협정을 체결하면서 전 세계에 대국의 이미지를 깊게 심어주는 계기가 되었으니 말이다.

인민은행의 후샤오롄(胡曉煉) 부총재는 이렇게 말한다.

"중국은 국내 경제의 안정과 성장에 온힘을 쏟아 부음과 동시에 역량이 미치는 범위 내에서 국제 경제의 위기 대응에도 적극 참여하고 있다. 우선 국가 간의 통화 스와프는 주변국의 경제 시스템에 유동성을 제공해줄 것이다. 통화 스와프를 통해 신흥 국가와 개발도상국을 지원하면 지역 경제 및 금융 안정에 유리할 뿐 아니라 이들 국가가 자신감을 되찾는 데도 도움이 될 것으로 본다."

전 세계가 금융 위기에 노출된 상황에서 위안 국제화는 더욱 절박한 것처럼 보인다. 중국은 현재 세계 최대의 외환 보유국으로서 그중 상당량을 달러나 달러화 표시 자산에 투자하고 있는 상태다. 그런데 달러 약세를 견지하는 미 화폐 당국의 느슨한 통화 정책은 향후 달러 평가 절하를 수반할 것이 틀림없다. 중국이 이로 말미암은 외화 자산 손실을 어떻게 막을 수 있을지는 매우 까다로운 문제이다. 하지만 이것이 위안의 국제적 위상을 높이는 기회가 될 것임은 분명하다.

한 나라의 화폐가 세계 기축 통화가 되기 위해서는 반드시 다른 나라에서 먼저 해당 화폐를 사용해야 한다. 중국은 줄곧 무역 수지 흑자를 기록했기 때문에 수익이 지출보다 훨씬 많았다. 이는 다른 나라 입장에서 볼 때 정상적인 무역이나 자본 유동을 통해 위안을 확보하기 어렵다는 뜻이다. 이런 면에서 중국이 추진하는 통화 스와프는 차관 방식을 통해 위안의 사용 범위를 역외로 확대하는 좋은 통로이다. 일테면 현재 중국이 처한 조건에서 실현할 수 있는 가장 확실한 위안의 국제화 루트인 셈이다.

위안의 사용 범위를 주변국에서부터 시작해 전 세계로 확대한다면 머지않은 미래에 위안의 국제화도 실현 가능할 것이다.

지금 중국은 위안의 국제화 추진에 유리한 다섯 가지 조건을 갖고 있다. 첫째, 중국 경제가 연평균 10퍼센트 이상 빠른 성장 속도를 기록하고 있다. 둘째, 거액의 외화 자산을 보유하고 있다. 국가외환관리국 통계에 따르면 2007년 말 기준으로 중국의 외환 보유고는 이미 1조 5700억 달러에 달한다. 외환 보유액이 넉넉하다는 것은 중국의 채무 상환 능력이 높다는 얘기다. 이는 달러 태환 수요에 든든한 실탄이 되고 위안의 신인도를 높여준다. 셋째, 주변 국가에 대한 중국의 무역 역조가 날로 심화되고 있다. 중국 무역의 특징은 유럽 및 미국에 대한 흑자와 주변 아시아 국가에 대한 적자가 병존하면서 무역량의 균형을 이루고 있다는 점이다. 최근 주변 국가와의 무역 규모가 확대되면서 중국의 무역 적자도 큰 폭으로 상승했다. 2007년 홍콩, 타이완, 아세안 10개국 그리고 한국, 일본 등과의 무역 적자 규모는 1540억 3000만 달러에 달해 중국 전체 무역 적자액의 57퍼센트를 차지했다. 이는 주변국과의 무역을 통해 위안의 국제화를 추진하는 데 매우 유리하게 작용할 것이다. 넷째, 위안의 평가 절상 기대가 계속되고 있다. 이는 통화의 국제화에 안정적인 외부 환경을 제공한다. 마지막으로, 중국이 계속해서 대외 개방 수준을 높임에 따라 시장 역시 위안의 국제화를 재촉하고 있다.

위안의 국제화 여정은 조용하지만 과거에는 상상하지도 못했던 속도로 진행되고 있다. 예를 들어, 한중 통화 스와프로 위안을 손에 넣은 한국은 이를 중국에 진출한 한국 기업에 투자할 가능성이 크다. 이는 곧 위안이 국제 투자 영역에 진입함을 뜻한다. 더욱 의미 있는 일은 벨라루스가 중국과 통화 스와프를 체결한 지 채 일주일도 안 되어 중국에서 빌린 200억 위안을 외환 보유고의 일부로 선포했다는 사실이다. 이는 위안이 현재 일부 국가에서 비축 통화로 인정받고 있음을 증명한다. 몇 년 전만 해도 이런 것들은 상상할 수조차 없는 일이었다.

2009년 3월 29일, 인민은행과 아르헨티나 중앙은행은 700억 위안 규모의 통화 스와프 잠정 합의안에 서명했다. 이번 협정은 업계 인사들의 커다란 관심을 유발했는데, 이전에 체결한 몇 차례 협정과 다소 차이가 있었기 때문이다. 바로 아르헨티나가 중국 상품을 수입할 때 달러가 아닌 위안으로 대금을 결제할 수 있도록 약정한 것이다. 이로써 위안은 무역 지불 수단으로도 이용이 가능해졌다. 통화 스와프가 긍정적으로 진척된다면 중국 기업과 아르헨티나 기업 간에는 달러로 결제할 일이 없어질지도 모른다. 이는 일대 혁신이라고 할 수 있다.

위안이 교훈으로 삼아야 할 것들

통화 스와프는 위안의 국제화라는 난제를 푸는 데 새로운 돌파구를 열어주었다. 그러나 중국과 통화 스와프에 서명한 국가들의 목적은 대부분 긴밀한 무역 거래와 지역 화폐 환경 안정에 있다. 따라서 빈번한 통화 스와프 체결이 위안의 국제화를 촉진한다고 단정하는 것은 지나치게 낙관적인 생각이다.

위안이 자신만만하게 문을 박차고 나가려 할 때, 사람들은 중국이 현재 처한 상황을 보면서 오히려 예전 일본의 모습을 떠올린다.

"화폐 가치가 계속해서 상승하고 시장에는 자금이 넘쳐나 주식과 부동산 시장으로 돈이 쉬지 않고 유입되면서 자산 가격은 급격히 팽창하고 주가는 날마다 신기록 행진을 거듭했다…."

지금의 중국 시장을 묘사한 말이다. 하지만 이는 바로 학자들이 1980년대 일본 경제의 모습을 서술한 것이기도 하다.

오늘날 중국의 금융 시장은 비약적으로 번영한 1980년대 일본 경제와 너무나도 닮았다. 그래서 사람들은 경제 버블에서 비롯된 일본의 재앙이 중국에서도 재현되지 않을까 염려하고 있다.

1955년에서 1970년까지 고속 성장기를 거치며 일본 경제는 국제화를 향해 내달렸다. 1973년, 일본은 변동환율제를 실시했다. 1980년대 들어 미국과 일본 감독 당국의 압력 아래 은행과 증권사를 시작으로 일본 금융계는 자유화 단계에 진입했다. 자유화, 국제화가 심화됨에 따라 일본은 거액의 무역 흑자를 기록하며 미국을 제치고 세계 최대 채권국으로 등극했다. 하지만 1985년 플라자 합의 후, 엔의 대달러 환율이 3년 만에 배로 치솟았다. 여기에 일본이 느슨한 통화 정책을 실시하면서 시장에는 일순간 투자 광풍이 몰아쳤다. 그러나 주식과 부동산 시장이 최고점에 오른 순간, 마침내 버

위안이 자신만만하게 문을 박차고 나가려 할 때, 사람들은 중국이 현재 처한 상황을 보면서 오히려 예전 일본의 모습을 떠올린다.

블이 꺼지면서 일본 경제는 침체기에 빠지고 말았다. 수많은 기업이 문을 닫고 금융 기관이 잇달아 도산하며 10여 년간 경제 불황을 겪어 지금까지도 원기를 회복 못하고 있다.

우리는 지금의 중국 경제에서도 '일본병' 증상을 찾아볼 수 있다.

당시 일본은 엔을 수출입 및 대량 원자재 상품 무역 결제에 사용하는 것을 포함해 아주 상세한 '엔 국제화' 전략을 제정했다. 그러나 미국의 꼬임에 넘어간 일본은 엔의 국제화 걸음을 잘못 내딛고 본토 경제의 버블화 및 버블 붕괴를 가속화하는 결과를 빚고 말았다.

1985년 9월, 플라자 합의에서 엔이 평가 절상 압력을 받은 것은 세계 경제 불균형이 초래한 필연적 결과였다. 그런데 이 합의 전에 미국이 엔-달러위원회를 이용해 일본 금융 시장 개방과 엔의 국제화를 추진한 것은 일종의 음모나 다름없었다. 오늘날 우리는 미국이 금융 자산을 투자해 엔 가치가 고점에 올랐을 때 재빨리 일본 경제 성장의 열매를 빼앗으려 했다는 것을 어렵지 않게 간파할 수 있다. 엔의 평가 절상 과정에서 일본의 과도한 통화 확장 정책과 금융 자유화는 대문을 활짝 열고 도둑을 불러들인 두 가지 중대한 실책이었다. 엔이 국제 기축 통화로 발돋움하며 국제화라는 성과를 얻은 순간, 버블이 붕괴하면서 모든 것이 연기처럼 사라져버렸다.

현재 엔은 여전히 국제 주요 화폐 중 하나이지만 달러나 유로의 위상에는 여전히 미치지 못하고 있다. 마찬가지로 위안의 국제화 여정도 매우 험난하고 많은 외부 장애물을 만나게 될 것이다. 그렇다면 중국은 일본의 경제 버블 붕괴를 통해 어떤 교훈을 얻어야 할까?

중국이 현재 맞닥뜨린 상황은 일본과 너무도 흡사하다. 미국이 외부에서 압력을 행사해 각종 투기 현상이 나타나고 있는데, 주식과 부동산 시장을 보면 이를 분명히 알 수 있다. 버블이 일정 단계까지 도달하면 금융 시장은 분명 타격을 입게 될 것이다. 다만 그 시기를 모를 뿐이다. 중국은 경제 버블의 속임수가 한두 번에 그친 것이 아니고, 또 지금이 결코 마지막이 아니라는 사실을 분명히 깨달아야

오늘날 중국의 금융 시장은 비약적으로 번영한 1980년대 일본 경제와 너무나도 닮았다. 사람들은 경제 버블에서 비롯된 일본의 재앙이 중국에서도 재현되지 않을까 염려한다.

한다.

위안 국제화의 첫 번째 난제는 어떻게 기존의 세계 화폐 시스템을 깨뜨리느냐는 것이다. 국제 금융 위기는 확실히 달러의 세계적 위상에 커다란 흠집을 남겼다. 그러나 현재 어느 화폐도 단시간 내에 달러의 지위를 대신할 수는 없을 것처럼 보인다. 이와 함께 유로와 엔의 위상도 경제가 다시 살아나며 강화되는 조짐을 보이고 있다. 이런 상황에서 위안이 진정으로 국제적 영향력을 갖춘 화폐로 자리매김하려면 아시아 지역에서 돌파구를 찾아야 할 뿐 아니라 국제적으로 발언권을 강화하는 것도 절실히 필요하다.

화폐 가치 안정도 국제화에 대단히 중요한 요소다. 중국은 2조 달러 가까운 외환 보유고로 인해 위안 발행량이 크게 증가해 분명 화폐 구매력이 약화될 것이다. 비록 중앙은행이 각종 화폐 정책을 통해 유동성을 회수하거나 헤징하고 있지만 이는 결코 근본적인 해결책이 아니다. 장기적으로 위안 평가 절하 압력이 현존하는 상황은 위안의 화폐 가치 안정과 국제화에 매우 불리할 수밖에 없다.

통상적으로 화폐의 국제화 과정은 무역 결제 수단, 금융 거래 수단, 기축 통화의 3단계를 거쳐 완성된다. 그러므로 통화 스와프는 위안이 내딛은 첫걸음에 불과하다. 이에 대해 리양은 기자와의 인터뷰에서 이렇게 말했다.

"현재 중국이 제1단계에 올라선 것은 위안이 점점 거래 및 중개 기능을 발휘하면서 이를 강력하게 지지한 결과다. 이어서 제2단계인 투자 수단은 좀 더 광범위하게 추진할 필요성이 있다. 위안이 금융 자산이 되려면 이를 보유하면 절대 손해 볼 일이 없어 사람들이 갖길 원하고 또 꼭 갖고 싶도록 만들어야 한다. 거래가 이루어지면 늘 화폐가 남는 법인데, 남은 화폐가 이전의 지불 수단에 사용된 것이라면 사람들은 지불 능력을 갖춘 이 화폐를 다음 거래 때까지 보관하게 되어 있다. 이를 잘 활용하면 위안으로 값을 매기는 금융 자산 시장, 특히 채권 시장의 발전을 좀 더 빨리 앞당길 수 있다."

위안으로 값을 매기는 금융 자산 시장이 어느 단계까지 발전했는지에 대해 리양은 아직도 멀었다고 말한다. 현재 달러의 힘이 많이 약화되었다고는 하지만 여전히 그 영향력에서 벗어날 수는 없다. 또 달러 대체 화폐로 엔과 유로가 있는데, 유로가 약세를 보이는 데다 유럽 상황도 많이 혼란스러워 현재로서는 엔이 좀 더 강세를 보이는 추세다. 하지만 엔은 시장이 너무 협소해 거대한 구매력을 감당할 수 없으므로 국제화하기에는 사실상 제약이 많다.

이에 비해 중국은 일본보다 경제 규모는 비록 크지만 여러 가지 제약으로 인해 시장에 탄력성이나 깊이가 없는 편이다. 그러므로 위안의 국제화를 추진하려면 내부적으로 내공을 쌓아야만 한다. 그래야만 위안으로 값을 매기는 채권 시장과 모든 금융 시장에서 발전이 가능하다. 이런 뒤에야 비로소 제3단계인 가치 저장 수단, 즉 기축 통화가 되어 당당하게 세계 화폐 시스템에 진입할 수 있다.

위안의 국제화 과정에 몇 가지 불리한 조건이 존재한다는 사실을 부인할 수 없다. 첫째, 중국은 자본 계정을 아직 전면 개방하지 않았다. 중국의 경상 계정은 이미 태환을 실시했지만 자본 계정은 개방을 꾸준히 확대하고 있긴 해도 태환하는 데는 여전히 제약이 따른다. 이것이 매우 중요한 장애 요소가 되고 있다. 둘째, 거래 가능한 위안 자산의 양이 매우 부족하다. 최근 급격한 성장을 통해 중국의 자본 시장이 크게 확대되고 거래 가능한 위안 자산도 크게 늘어났다. 현재 증권 시장 규모가 GDP와 맞먹을 정도이지만 전체적인 규모는 여전히 작은 편이다. 그리고 위안으로 거래되는 국제 상품 규모는 더욱 작다. 셋째, 국내 금융 시장이 아직 성숙되지 않았다. 중국의 은행업은 주식제로 전환해 면모를 크게 일신하고 관리 면에서 가시적인 효과를 보았다. 그러나 리스크 관리나 이익 창출 능력은 여전히 미미하고 국제 경쟁력도 많이 뒤처진다. 금융 상품이나 금융 시장 발전은 아직 초보적인 수준에 머물러 있다. 넷째, 경제 성장에 불안정한 면이 존재한다. 중국 경제가 고속 성장세를 유지하고 있지만 동시에 구조적 불균형, 사회 보장 시스템 결핍 등의 문제도 상존하고 있다. 만약 이런 상황에서 국내 시장에 자금 제한을 풀어버리면 금융 시장이 요동치고 심지어 심각한 문제를 초래할 가능성이 높다. 이 밖에 선진국들이 위안의 국제화를 직간접적으로 배척하는 것 등도 불리한 조건이다.

한 전문가는 이에 대해 다음과 같은 해결 방안을 내놓기도 한다.

"지금의 호기를 잃지 않는 방법이 있다. 바로 위안 채권을 가진 외국인을 상대로 중국 금융 시장에 일정한 투자 공간을 만들어주는 것이다. 중국 주식 구매를 예로 들면, 위안 채권을 가진 비거주민들에게 투자 기회를 점차 확대할 경우 더 많은 전 세계 투자자들이 위안을 보유하려 할 것이다."

위안은 일부 지역에서 불과 몇 개월 만에 무역 결제 수단부터 투자 수단 그리고 비축 화폐로까지 눈에 띄게 국제화를 향한 행보를 내딛었다. 세계 화폐 시스템이라는 공동체에서 결코 무시할 수 없는 존재로 자리매김된 것이다.

많은 학자와 전문가들도 중국의 미래에 대해 대단히 낙관적이다.

낙관적으로 보는 이유는 크게 두 가지다. 하나는 달러의 양극화, 세계 제패 국면이 이미 되돌릴 수 없는 과거의 일이 되었다는 것이고, 다른 하나는 위안이 머지않은 미래에 제2단계로 진입할 가능성이 높아 달러와 유로에 이은 파워를 지닐 것이라는 점이다. 지나친 예측일지 모르지만, 수년 안에 위안의 국제화는 우리가 상상하는 것 이상으로 진행될 수도 있다.

위안, 국제화의
중요한 걸음을 성큼 내딛다

결제 화폐에서 투자 화폐, 비축 화폐로 이어지는 전 세계 금융 판도의 진화 과정에서 위안의 국제화 노선은 명명백백해졌다. 이 특수한 시점에 선 중국은 위안의 미래에 대해 더욱 큰 확신을 갖고 있다.

30년 전 세계 화폐 시스템에서 보잘것없는 존재였던 위안은 오늘날 갈수록 많은 국가의 환전소, ATM기 그리고 중앙은행의 금고까지 진출했다. 위안이 걸어온 이러한 평범하지 않은 국제화의 길은 지난 30년 동안 이룩한 중국 경제의 부상을 직접 반영하고 있다.

우리는 파운드, 달러, 엔, 유로의 국제화 여정을 통해 화폐 전쟁이란 실상 각국의 국력이 화폐에 반영된 게임이라는 사실을 알 수 있었다. 이는 또한 각국의 정치와 경제 그리고 군사력에 의해 결정되며, 화폐 발행국에 확실하고도 엄청난 이익이 걸린 문제다.

세계 화폐의 지위는 발행국에 주조세와 금융 서비스 수입 등 현실적인 이익을 제공할 뿐만 아니라 특히 이 지위를 이용해 국제 화폐 가치와 대형 원자재 상품의 가격 결정권 등을 손에 쥐고 다른 나라의 경제 발전에 지대한 영향력을 행사하게 해준다. 이 밖에 발행국의 금융 상품, 금융 기관, 금융 시장 발전에도 편의를 제공해 화폐 발행에 유리한 시스템을 보호하고 공고하게 해준다.

세계의 정치경제적 경쟁에서 화폐 권력 쟁탈전은 중요한 부분을 차지하고 있다. 강국은 끊임없이 자국 화폐의 유통 지역 확대를 꾀하고, 다른 나라가 자국의 지위를 위협하거나 대신하는 것을 전력을 다해 배척한다. 그러므로 세계열강들의 역사는 화폐 주권의 투쟁 및 변천사라고도 할 수 있다.

무수한 사실이 증명하듯이 인류의 행위는 어떤 영역에서든 다원화만이 힘의 균형을 이룰 수 있다. 초주권이든 주권이든 어떠한 독점도 종국에는 신용 범람이라는 결말을 피할 수 없다.

이번 세계 금융 위기를 통해 사람들은 달러가 독점하는 세계 화폐 시스템에 폐단이 매우 많고 개혁이 피할 수 없는 현실이라는 것을 분명히 깨달았다. 이에 세계 3위의 경제 대국 중국의 주권 화폐에도 세계 화폐의 가능성이 열렸다. 세계 금융 위기는 경제 기반 및 정부 신용이라는 두 측면에서 달러 본위제의 기초를 흔들어 위안의 국제화에 기회를 제공했다.

그러나 위안이 국제화에 성공하려면 다음의 세 가지 조건을 충족해야 한다.

첫째, 지속 가능한 경제 발전이다. 이것은 중국 경제가 본토 소비 시장의 개척, 기술 진보, 산업 업그레이드, 경제 운용의 효율성 향상 등을 성공적으로 이룰 수 있는지 여부에 달려 있다.

둘째, 재산권 보호에 기초한 건전한 시장 경제 제도를 갖추는 것이다. 이는 정부 역할의 변화는 물론 상대적으로 독립적인 입법부와 사법부까지 포함한다.

셋째, 아시아에서 가장 영향력 큰 국제 금융 센터 건립이다. 이것은 규모뿐 아니라 유동성, 안전성, 성장성을 두루 갖춘 현대화된 금융 시장 시스템을 가리킨다.

중국 경제가 꾸준히 건강하게 성장하고 중요한 고비 때마다 책임 있는 대국의 역할을 수행한다면 이러한 자신감이 분명 전 세계에 전달될 것이다.

세계 화폐 시스템 개혁에 관한 단상

저우샤오촨
중국인민은행 총재

이번 금융 위기로 우리는 다시 한 번 오래도록 풀지 못한 숙제에 직면했다. 그것은 바로 어떤 세계 화폐가 세계 금융 시장을 안정시키고 세계 경제의 발전을 촉진시킬 수 있느냐는 문제다. 역사적으로 은본위, 금본위, 금환본위, 브레턴우즈 체제는 모두 이 문제를 해결하기 위한 제도로 안착했고, IMF 설립 취지도 다르지 않다. 그러나 이번 금융 위기로 문제 해결은 요원해졌고, 오히려 현행 세계 화폐 시스템이 갖고 있는 결함이 적나라하게 드러났다.

**루이청강
논 평** 금융 위기가 전 세계적으로 기승을 부리고 금융 시장이 점차 실물 경제 위주로 돌아가면서 국제 금융 시스템이 안고 있는 문제가 여실히 드러났고, 이에 따라 개혁의 필요성이 제기되었다. 이 개혁에는 세계 금융 시스템에서 주도적 위치를 점하고 있는 국가들의 국제적 책임 강화, 개발도상국의 역할 확대, 점진적인 세계 화폐 시스템 개선, 국제 금융 조직 개혁 및 관리 감독 강화, 지역 금융 협력 강화, 세계 화폐 시스템의 안정성 향상 등이 포함된다.

이론적으로 기축 통화는 가장 먼저 안정된 기준과 명확한 발행 규칙을 통해 공급 질서를 보장해야 한다. 또 총공급량을 수요 변화에 따라 적시에 그리고 융통성 있게 조정해야 한다. 이러한 조정은 특정 국가의 경제 상황이나 이익에 얽매여서는 안 된다. 역사적으로 주권 신용 화폐를 글로벌 기축 통화로 사용한 것은 보기 드문 사례다. 이번 금융 위기는 현행 세계 화폐 시스템을 창조적으로 개혁하고 보완해 글로벌 기축 통화가 화폐 가치 안정, 공급 질서 유지, 공급량 조절을 달성해야만 근본적으로 전 세계의 경제와 금융을 안정시킬 수 있다고 재차 경고하고 있다.

현재의 세계 화폐 시스템이 안고 있는 체제상의 폐단과 한계도 위기를 부른 요인 중 하나다. 다시 말해서, 기축 통화를 발행하는 주요 국가의 화폐 정책이 전 세계적으로 심각한 결과를 가져온 것이다. 이는 외부 효과를 전혀 고려하지 않고 오로지 자국의 정책 목표만 추진한 탓이 크다.

1. 이번에 발발한 금융 위기가 전 세계적으로 신속하게 퍼진 것은 현재의 세계 화폐 시스템이 안고 있는 결함과 체제적 위험성을 반영한다.

기축 통화 발행국 입장에서 보면, 국내 화폐 정책 목표와 기축 통화에 대한 각국의 요구 사항 사이에서 갈등하지 않을 수 없다. 화폐 당국은 자국 통화의 국제적 기능을 소홀히 하거나 단순히 국내 문제만 고려해 판단할 수 없을 뿐만 아니라 국내외의 각기 다른 목표를 동시에 수용할 수도 없다. 자국의 인플레를 억제하기 위해 세계 경제의 지속적 성장에 필요한 수요를 충족시키지 못할 가능성이 있고, 또 국내 수요를 과도하게 자극함으로써 세계적 유동성 범람을 초래할 수도 있다. 여기에는 이론적으로 '트리핀의 딜레마(Triffin's dilemma)'가 존재한다. 즉, 기축 통화 발행국은 전 세계에 유동성을 제공함과 동시에 화폐 가치의 안정성을 확보할 수 없다는 뜻이다(1950년대 미국에서 수년 동안 경상 수지 적자가 이어지자 이런 상태가 얼마나 지속될지, 또 미국이 흑자로 돌아서면 누가 국제 유동성을 공급할지에 대한 문제가 대두됐다. 당시 예일 대학 교수이던 로버트 트리핀은 미 의회 연설에서 "미국이 경상 적자를 허용하지 않고 국제 유동성 공급을 중단하면 세계 경제는 크게 위축될 것"이라면서도 "적자 상태가 지속되어 달러가 과잉 공급되면 달러 가치가 하락해 준비 자산으로서 신뢰도가 떨어지고 고정환율제도 붕괴할 것"이라고 증언했다. 한마디로 해답이 없다는 이야기인데, 여기서 '트리핀의 딜레마'라는 신조어가 생겼다. 이 모순을 극복하기 위해 한 나라의 통화에 의존하지 않고 국제적으로 관리하는 통화를 창출해야 한다는 주장이 제기되었고, 그 결과 나타난 것이 특별 인출권이다 - 옮긴이).

한 나라의 화폐가 전 세계 상품 가격 결정 화폐, 무역 결제 화폐, 비축 화폐가 되면 경제 불균형에 대한 해당국의 환율 조정 기능은 상실되고 만다. 왜냐하면 대다수 국가가 그 나라 화폐를 참고해 가격을 결정하기 때문이다. 글로벌 경제는 보편적으로 사용되는 기축 통화로 수익을 얻는 반면, 이 화폐가 갖고 있는 결함 때문에 피해를 입기도 한다. 브레턴우즈 체제 붕괴 후 금융 위기가 빈번히 발생하고 그 강도가 심해지는 것으로 볼 때, 전 세계가 현행 화폐 시스템으로 인해 치르는 대가는 그로 인해 얻는 이익보다 훨씬 큰 것 같다. 이는 기축 통화 사용국이나 발행국 모두에게 적용된다. 이번 위기는 기축 통화 발행국의 고의는 아닐지라도 제도적 결함의 필연적 결과인 것만은 확실하다.

현행 세계 화폐 시스템은 최근 들어 발생한 심각한 변화를 글로벌 경제에 반영하지 못하고 있다. 너무 시대에 뒤떨어져 적합하지 않기 때문이다. 1980년대만 해도 선진 7개국 혹은 3개국 중앙은행이 협력해 나서기만 하면 주요 기축 통화 환율에 영향을 미쳐 조정이 가능했다. 하지만 지금은 이런 것들이 아예 불가능하다.

2. 주권 국가에 얽매이지 않고 장기간 안정적인 화폐 가치를 유지할 수 있는 글로벌 기축 통화를 창출함으로써 주권 신용 화폐가 기축 통화가 되면서 수반하는 결함을 탈피하는 것이야말로 세계 화폐 시스템 개혁의 이상적인 목표다.

1) 초주권 기축 통화를 만들어야 한다는 주장은 예전부터 있었지만 지금까지 실질적인 진전은 없었다. 1940년대에 대표적인 상품 30개의 가치를 기준으로 삼아 세계 화폐 단위를 정하자는 케인스의 구상은 유감스럽게도 시행되지 못했다. 그러나 그 후 해리 화이트의 제안에 기초한 브레턴우즈 체제가 무너지면서 존 케인스의 제안이 더욱 원

대한 식견을 갖춘 것이었음이 밝혀졌다. 브레턴우즈 체제의 결함이 드러나기 시작한 1969년에 IMF는 특별 인출권을 창안해 주권 통화가 기축 통화가 됨으로써 수반되는 위험을 완화하고자 했다. 아쉽게도 분배 체제와 사용 범위의 제한으로 특별 인출권의 역할은 지금까지 충분히 발휘되지 못하고 있다. 그러나 특별 인출권의 존재는 세계 화폐 시스템 개혁에 한 줄기 희망을 제공한다.

2) 초주권 기축 통화는 주권 신용 화폐에 내재한 위험을 극복할 수 있을 뿐 아니라 전 세계적 유동성 조절에도 도움을 줄 수 있다. 범세계적인 기구가 관리하는 글로벌 기축 통화가 전 세계 유동성을 창출하고 컨트롤하는 반면 한 나라의 주권 화폐는 더 이상 전 세계 무역의 척도나 참고 기준이 되지 않을 때, 해당 국가의 환율 조정 효과는 대폭 강화될 것이다. 이는 향후 위기 발생 위험성을 크게 낮춤과 동시에 위기 처리 능력도 향상시킬 것이다.

초주권 기축 통화 출범에 대한 이러한 논조는 범세계적으로 큰 파문을 일으켰다. 어쩌면 이는 저우 총재가 처음 글을 게재할 당시에는 전혀 예측 못한 것일 수도 있다. 어떤 사람은 이 글이 미국의 폐부를 정확히 찔렀다고 말하고, 또 어떤 사람은 이 제안에 회의적인 반응을 보이기도 했다. 하지만 누가 뭐라 해도 저우 총재가 보여준 세계 금융·경제에 대한 생각이나 탐구 그리고 빛나는 지혜와 용기는 존경받을 만하다.

3. 개혁은 대국적인 견지에서 구체적인 일부터 순서에 따라 점진

적으로 진행하고 세계의 공통된 이익을 추구해야 한다.

안정된 가치 기준을 갖추고 각국이 수용할 수 있는 새로운 기축 통화를 재건하는 것은 오랜 시간이 걸려야 실현 가능한 목표다. 케인스처럼 세계 화폐 단위를 창조하는 것은 인류의 대담한 발상이자 각국 정치가들의 비상한 식견과 용기를 필요로 한다. 단기적으로 IMF는 적어도 현행 체제가 초래한 위험들을 인정하고 직시해 이를 끊임없이 감시하고 평가하며 적절한 시기에 예비 경보를 내려야 할 것이다.

동시에 특별 인출권이 충분히 역할을 발휘할 수 있도록 고려해야 한다. 특별 인출권은 초주권 기축 통화의 특징과 잠재력을 갖고 있다. 특별 인출권의 발행 확대는 IMF가 비용, 발언권, 대표권 개혁에서 직면한 어려움을 극복하는 데 도움이 될 것이므로 이것의 분배를 적극 추진할 필요성이 있다. 그러려면 각 회원국들의 적극적인 협조가 필요한데, 특히 1981년 이후 가입한 회원국도 특별 인출권의 이점을 누릴 수 있도록 한 1997년의 제4차 규정 수정 및 이에 상응한 특별 인출권 분배 결의를 가능한 한 빨리 통과시켜야 한다. 이를 기초로 특별 인출권의 확대를 고려할 수 있다.

특별 인출권의 사용 범위를 확대함으로써 기축 통화에 대한 각국의 요구를 충족시킬 수도 있다.

1) 특별 인출권과 기타 화폐 간 결제 관계를 수립한다. 특별 인출권을 정부 또는 국제기구 간 결제에만 사용하는 현 상황을 개혁해 국제 무역과 금융 거래의 공인된 지불 수단으로 삼아야 한다.

2) 국제 무역, 대형 원자재 상품, 투자 및 기업 장부에서 특별 인출권으로 가격을 매기는 방안을 적극 추진한다. 이는 특별 인출권의 역할을 강화하는 데 유리할 뿐만 아니라 주권 기축 통화로 계산함으로써 발생하는 자산 가격 변동과 이와 관련한 환율 위험을 효과적으로 줄일 수 있다.

3) 특별 인출권으로 가치를 계산하는 자산의 개발을 적극 추진하고 그 영향력을 확대한다. IMF는 현재 특별 인출권으로 가치를 계산하는 유가증권을 연구하고 있다. 만약 시행된다면 좋은 출발점이 될 것이다.

4) 특별 인출권의 가치 확정 및 발행 방법을 완벽하게 갖춘다. 특별 인출권의 가치를 확정하는 바스켓 통화 범위를 세계 주요 경제 대국으로 확대해야 한다. 이때 GDP는 매우 중요한 고려 요소 중 하나여야 한다. 이 밖에 특별 인출권의 가치에 대한 시장의 신뢰를 한층 높이기 위해 인위적인 통화 가치 계산에서 실질적인 자산에 기초한 방식으로 특별 인출권의 발행을 전환하고, 각국이 현재 보유한 기축 통화를 흡수해 특별 인출권 발행을 준비하는 것도 고려할 수 있다.

단기적으로는 적절한 기구를 설립해 주요 기축 통화 발행국이 화폐 정책을 실시할 때 전 세계에 미치는 영향을 고려하도록 하고, 장기적으로는 글로벌 경제가 지속적으로 발전하는 데 유리한 세계 화폐 시스템을 창조하는 것이 위기 해결 방법이다. 이 과정에서 특히 주요 기축 통화 발행국의 재정 및 통화 정책이 금융 불균형을 초래하지 않도록 구조 개혁을 총괄하는 IMF가 막중한 책임을 져야 한다.

4. IMF가 회원국의 일부 기축 통화를 집중 관리하는 것은 위기에

대처하고 세계 화폐 금융 시스템의 안정을 수호하는 국제 사회의 능력을 강화하는 데 유리하다. 더욱이 이는 특별 인출권의 역할을 강화하는 유력한 방법이기도 하다.

1) 신뢰할 만한 국제기구가 글로벌 기축 자금의 일부를 집중 관리하고, 합리적인 투자 수익률로 각국의 참여를 이끌어낸다면 각국이 각개 전투에 나서는 것보다 더욱 효과적으로 기축 자금의 역할을 제고할 수 있다. 여기에 참여한 국가들은 자국에 필요한 기축 통화를 줄일 수 있을뿐더러 자금을 절약해 자국의 발전과 성장에 사용할 수도 있다. IMF는 회원국의 거시 경제 정책을 감독하는 국제기구로서 이에 상응하는 전문성을 갖추고 있으므로 회원국의 기축 통화를 관리하는 데 최적의 국제 조직이다.

2) IMF가 회원국의 기축 통화를 집중 관리하는 것은 특별 인출권을 기축 통화로 삼는 유력한 방법이다. IMF는 시장화 모델에 따라 개방형 기금을 형성해 현재 회원국이 보유한 기축 통화를 집중 관리하는 방안을 고려할 수 있다. 특별 인출권으로 가치를 계산한 기금의 단위를 설정해 각 투자자들이 기존 기축 통화를 자유롭게 구매하고, 필요에 따라 다시 필요한 기축 통화를 되살 수 있도록 허용함으로써 특별 인출권의 발전을 촉진하는 동시에 부분적으로 기존 기축 통화의 유동성을 컨트롤할 수도 있다. 더 나아가 특별 인출권 발행량을 늘림으로써 기존 기축 통화를 점진적으로 대체할 수도 있다.

일부 해외 평론가들은 이 글 가운데 '새로운 기축 통화를 구축하자'는 등의 부분적인 내용에만 관심을 보이고 있다. 이 같은 현상에 대해 중국 경제학자 왕젠예(王建業)는 인터뷰에서 이렇게 말했다. "그런 편협한 시각은 문장을 오독한 것이다. 또 저우샤오촨 및 여러 중국 학자들이 '대공황' 이래 가장 심각한 위기에 대처하기 위해 내놓은 사상적 공헌을 무시하는 것이기도 하다." 이 글의 진짜 가치는 위기의 근원을 지적하고 아울러 그 해결 방법을 제시한 데 있다.

미국은 2008년

서브프라임 모기지 사태와 리먼 브라더스 파산으로 촉발된 경기 하락을 막기 위해 달러를 마구 찍어냈다. 당시 FRB 벤 버냉키 의장은 헬리콥터로 공중에서 돈을 뿌려서라도 경기를 부양하겠다는 발언과 함께 무려 2조 달러가 넘는 자금을 시장에 뿌려 미국 금융 시장을 벼랑 끝에서 건져내는 데 성공했다. 하지만 이런 양적 완화 정책은 달러 가치의 하락을 부추겨 전 세계 경제를 위기로 몰아넣는 결과를 초래했다.

미국이 달러 남발을 통해 대대적인 금융 부실 청산에 나서자 중국은 기축 통화인 달러의 권위를 정면으로 문제 삼고 나섰다. 2조 달러에 이르는 외환 보유고 중 3분의 2 이상을 미국 국채 등 달러 화폐 형태로 보유하고 있던 중국으로서는 자국 외환 보유고의 가치 하락을 더 이상 두고 볼 수 없었다. 이에 저우샤오촨 인민은행 총재는 인민은행 홈페이지에 기고한 글에서 "특정 국가의 화폐가 기축 통화가 되면 그 국가에 필요한 국내 통화 정책과 다른 나라의 요구가 서로 충돌할 수밖에 없다"며 기축 통화를 달러에서 초주권 화폐로 대체할 것을 주장했다.

2010년 11월, 서울에서 G20 정상회의가 개최되었다. 당시 초미의 관심사는 바로 위안의 평가 절상 문제였다. 버락 오바마 미국 대통령은 미중 무역 불균형 등의 이유를 들어 위안을 절상해야 한다고 압박했지만 후진타오 중국 국가주석은 오히려 미국의 양적 완화를 경계해야 한다며 맞받아쳤다. 결국 미국과 중국이 이견을 좁히지 못함으로써 환율 문제에 대한 진전된 논의와 구체적인 대안을 마련하지 못하고 여전히 양국 간 불씨를 남겨놓은 채 회담은 막을 내렸다.

이처럼 미국의 독주에 중국이 제동을 걸고 나서면서 양국 간 화폐전쟁은 본격적인 라운드에 돌입했다. 이런 시점에서 이 책은 과거의 화폐 발전사를 되돌아보는 과정을 통해 앞으로 위안이 나아가야 할 방향을 심도 있게 모색하고 있다. 식민지 확장을 발판으로 세계 최초의 기축 통화가 된 파운드, 제2차 세계대전의 승리로 세계 화폐 시스템을 재편한 달러, 일본의 급속한 경제 성장에 힘입어 달러의 자리를 넘보다가 몰락한 엔, 유럽이 단일 경제 체제로 통합되며 탄생한 유로, 1980년대 개혁개방 이후 세계 화폐 시스템에 새로운 강자로 등장한 위안 등 5개 주요 화폐의 역사가 그야말로 일목요연하면서도 숨 가쁘게 전개된다.

그리고 화폐 파워의 원천은 다름 아닌 그 나라의 국력이라고 말한다. 즉 실제로 기축 통화의 역할을 한 화폐는 파운드와 달러밖에 없으며, 이에 도전한 마르크나 엔 등은 결국 국력의 한계를 극복하지 못해 무릎을 꿇고 말았다는 것이다. 이에 중국도 국력을 키우는 것만이 위안을 좀 더 강력한 화폐로 만드는 길이라고 주장한다.

또한 이 책에서는 엔의 흥성과 몰락의 역사를 거울삼자고 강조한다. 30년 전 일본 경제는 오늘날의 중국과 유사한 점이 많았다. 일본 상품이 쉴 새 없이 해외로 팔려나가 경제가 급속도로 성장하면서 일본이 머지않은 미래에 미국을 뛰어넘어 세계 최고의 경제 대국으로 부상할 것이라는 전망이 여기저기서 흘러나왔다. 그러나 그렇게 득의양양하던 일본은 지금 불황에 늪에 빠져 전혀 헤어 나오지 못하고 있다. 이는 물론 맥을 잘못 짚은 통화 정책의 오류도 한몫했지만 결론적으로는 화폐 배후의 전면적인 힘겨루기에서 패배한 것이 더 크게 작용했다. 이 책에서는 실패한 일본의 선례를 교훈 삼아 똑같은 역사를 되풀이해서는 절대 안 된다고 강조한다.

개혁개방 이후 눈부신 경제 성장을 거듭한 중국은 현재 미국과 어깨를 나란히 하는 G2의 위치에 올라 있다. 하지만 이는 안정적인 최고의 자리와 절대 동의어가 아니다. 언제 미국의 반격에 무너질지, 또 중국 내부 정세의 변화에 요동칠지 누구도 장담하기 어렵다. 국제적으로 발언권은 강화됐지만 앞으로도 갈 길이 먼 중국의 행보에 전 세계인의 이목이 집중될 것이다. 하물며 일의대수(一衣帶水)의 관계인 우리로서는 더욱 관심을 가질 수밖에 없다.

위안이 과연 기축 통화의 지위에 오를 수 있을까? 아니면 엔처럼 몰락하고 말 것인가? 이 책에서 그 단초를 찾아보는 것도 매우 흥미로운 일이다.

2011년 3월

류방승

화폐전쟁, 진실과 미래

1판 1쇄 발행 2011년 4월 7일
1판 8쇄 발행 2018년 8월 10일

지은이 CCTV 경제 30분팀
옮긴이 류방승
감수 박한진

발행인 양원석
본부장 김순미
편집장 김건희
해외저작권 황지현
제작 문태일
영업마케팅 최창규, 김용환, 정주호, 양정길, 이은혜, 신우섭,
　　　　　유가형, 임도진, 우정아, 김양석, 정문희, 김유정

펴낸 곳 ㈜알에이치코리아
주소 서울시 천구 가산디지털2로 53, 20층(가산동, 한라시그마밸리)
편집문의 02-6443-8859 **구입문의** 02-6443-8838
홈페이지 http://rhk.co.kr
등록 2004년 1월 15일 제2-3726호

ISBN 978-89-255-4265-2 (03320)